U0453413

旗帜和道路
——中国特色社会主义论集

BANNERS AND ROADS
SOCIALISM WITH CHINESE CHARACTERISTICS
COLLECTED WORKS

姜 辉 著

中国社会科学出版社

图书在版编目（CIP）数据

旗帜和道路：中国特色社会主义论集/姜辉著. —北京：中国社会科学出版社，2020.10（2021.6 重印）

ISBN 978–7–5203–7019–6

Ⅰ.①旗…　Ⅱ.①姜…　Ⅲ.①中国特色社会主义—文集　Ⅳ.①D610–53

中国版本图书馆 CIP 数据核字（2020）第 151327 号

出 版 人	赵剑英
责任编辑	王　茵　喻　苗
责任校对	冯英爽
责任印制	王　超

出　　版	中国社会科学出版社
社　　址	北京鼓楼西大街甲 158 号
邮　　编	100720
网　　址	http://www.csspw.cn
发 行 部	010–84083685
门 市 部	010–84029450
经　　销	新华书店及其他书店
印　　刷	北京君升印刷有限公司
装　　订	廊坊市广阳区广增装订厂
版　　次	2020 年 10 月第 1 版
印　　次	2021 年 6 月第 2 次印刷

开　　本	710×1000　1/16
印　　张	25.75
字　　数	362 千字
定　　价	139.00 元

凡购买中国社会科学出版社图书，如有质量问题请与本社营销中心联系调换
电话：010–84083683
版权所有　侵权必究

作者自序

这部《旗帜和道路》，收入了我在20多年学术研究过程中关于中国特色社会主义理论与实践研究的主要文章，集中研究阐释中国特色社会主义理论体系形成发展的标志性成果，即邓小平理论、"三个代表"重要思想、科学发展观、习近平新时代中国特色社会主义思想，以及关于马克思主义基本理论与方法、马克思主义中国化进程和规律、坚持和发展中国特色社会主义的重大理论与实践问题研究等。其中一些文章分别刊发在《人民日报》《光明日报》《经济日报》和《求是》杂志这"三报一刊"上，一些文章发表在学术期刊或党政理论刊物上，是不同时期为阐释宣传党的创新理论和路线方针政策而作。按照文章主题和发表时间综合考虑，分为两个部分：中国特色社会主义理论体系研究（2002—2012），收入20余篇代表性文章；新时代中国特色社会主义研究（2012—2020），收入30余篇代表性文章。为整体结构和逻辑顺序起见，文章总体上按照党的理论创新成果发展逻辑来编排，其次则适当考虑发表时间。每篇文章基本上保持发表时的文字内容不变，有的文章标题在收入时为了表达准确清晰而做了适当调整修改。另外考虑到书内容完整的需要，收入了五篇我作为第一作者的合写文章，具体情况在注释中做了说明，还有一些我作为第二作者的文章或集体研究的成果没有纳入。总的看，文章的选取和编排，尽量保持了自己长期以来关于中国特色社会主义研究的总体面貌、思想逻辑、风格体例，以及随着党的理论创新步伐而与时俱进地拓展深化研究。

出版这部书,是对自己长期以来关于中国特色社会主义研究的一个检视、梳理和总结,集中留存研究成果也便于今后的研究阐释和宣传教育工作,以更好地服务于党的创新理论的研究和宣传事业。中国特色社会主义进入新时代,马克思主义中国化进入新的阶段,实现了新的飞跃,形成了习近平新时代中国特色社会主义思想这一当代中国马克思主义、21世纪马克思主义。习近平新时代中国特色社会主义思想,既是我们开展理论研究宣传的指导思想,也是我们深入研究的对象。按照学懂弄通做实的要求,深入研究阐释这一思想的核心要义、科学内涵、历史地位、实践要求,深入研究掌握其时代意义、理论意义、实践意义、世界意义,深刻认识这一思想贯穿的马克思主义立场观点方法,对发展马克思主义的原创性贡献,在马克思主义发展史、世界社会主义发展史、人类社会发展史上的重要地位和巨大贡献。这本书中"新时代中国特色社会主义研究(2012—2020)"部分,汇编了30余篇研究阐释习近平新时代中国特色社会主义思想的文章,旨在深入学习和深刻掌握这一思想,深入研究新时代中国特色社会主义重大理论和现实问题,更好服务于继续发展当代中国马克思主义、21世纪马克思主义的理论事业和时代任务。

这本书能够顺利出版,衷心感谢以下同志的支持和帮助:中国社会科学出版社党委书记、社长赵剑英同志的大力支持、精心策划和宝贵建议;中国社会科学院马克思主义研究院党委书记、副院长辛向阳同志受出版社委托作为同行专家审读了书稿;中国社会科学院马克思主义研究院于海青研究员在编排、设计和审读中做了大量具体工作;中国社会科学出版社副总编辑王茵同志对本书的编排、设计和出版付出辛劳;中国社会科学院当代中国研究所毕研永同志对文章汇集和分类编辑做了许多认真细致的工作;中国社会科学院人事教育局陈学强同志、中国社会科学院马克思主义研究院单超同志、秦振燕同志等,为本书的编辑出版做了前期准备和反复校阅。这里一并致以谢意。

由于作者智识和水平有限，本书一定存在许多不足和疏漏之处，诚恳希望专家学者及广大读者批评指正。

姜　辉
2020年10月于北京

目　录

中国特色社会主义理论体系研究（2002—2012）

马克思主义发展史告诉我们什么？……………………（3）
树立科学的马克思主义观………………………………（11）
邓小平的马克思主义观…………………………………（17）
邓小平"如何认识和发展马克思主义"…………………（32）
邓小平的社会主义本质观………………………………（46）
"三个代表"重要思想形成和发展的实践基础…………（57）
"三个代表"重要思想与重大观念变革…………………（66）
科学发展观的精神实质与基本内涵……………………（71）
科学发展观是坚持以人为本与"五个统筹"的有机统一……（78）
科学发展观和构建和谐社会对"三大规律"认识的深化……（81）
构建社会主义和谐社会是中国特色社会主义事业发展的
　　必然要求………………………………………………（88）
构建社会主义和谐社会的重大理论和实践意义………（96）
中国特色社会主义理论体系的实践基础………………（104）
增强坚持和发展中国特色社会主义理论体系的自觉性
　　坚定性…………………………………………………（107）

毫不动摇地坚持和发展中国特色社会主义 …………………（110）
宽广的道路　创新的理论 …………………………………（115）
全面推进中国特色社会主义事业 …………………………（121）
树立科学的马克思主义民主观 ……………………………（124）
划清"四个界限"　筑牢思想防线 …………………………（137）
加强马克思主义执政理论建设 ……………………………（141）
加强马克思主义党建理论建设 ……………………………（149）
坚持宝贵经验　不断发展党的先进性………………………（152）
用党的先进性建设促进新农村建设 ………………………（155）
中国共产党对马克思主义反腐倡廉理论的继承与发展 ………（158）
"坚持以经济建设为中心"的现实思考 ……………………（161）

新时代中国特色社会主义理论与实践研究（2012—2020）

习近平新时代中国特色社会主义思想对发展 21 世纪
　　马克思主义的原创性贡献 ………………………………（165）
习近平新时代中国特色社会主义思想对科学社会主义的
　　原创性贡献 ………………………………………………（175）
习近平新时代中国特色社会主义思想开辟了马克思主义
　　新境界 ……………………………………………………（188）
习近平新时代中国特色社会主义思想是马克思主义
　　中国化的新飞跃 …………………………………………（194）
习近平对"三大规律"认识的深化 …………………………（196）

习近平治国理政思想的理论贡献 …………………………（203）
在新起点上坚持和发展中国特色社会主义 ………………（213）
决胜全面小康社会实现中国梦的行动纲领 ………………（219）
科学指导伟大实践的行动指南 ……………………………（225）
开辟治国理政新境界的马克思主义光辉著作 ……………（228）
马克思主义为什么"行" ……………………………………（232）
中国特色社会主义为什么"好" ……………………………（236）
新中国70年的奋斗历程、辉煌成就与历史经验…………（241）
为什么我们依然处在马克思主义所指明的历史时代 ……（262）
中国特色社会主义进入新时代在人类社会发展史上的
　　重大意义 ………………………………………………（279）
新时代要正确看待和坚持两个"没有变" …………………（284）
始终坚持以人民为中心的根本立场 ………………………（288）
不断深化对改革开放的规律性认识 ………………………（294）
充分发挥制度优势，成功实现"中国之治" ………………（303）
加强对新时代党治国理政新经验的研究 …………………（306）
坚持制度自信和制度创新的有机统一 ……………………（311）
"初心"是中国共产党人不懈奋斗的根本动力 ……………（321）
进一步增强当代中国主流意识形态自信 …………………（324）
新时代意识形态工作要在增强凝聚力和引领力上下功夫 ……（331）
坚持马克思主义在意识形态领域指导地位的根本制度 ………（337）
全面治党建党的基本经验 …………………………………（349）
全面从严治党思想的科学内涵 ……………………………（358）
把党的政治建设作为党的根本性建设 ……………………（370）

坚持以伟大自我革命引领伟大社会革命 …………………（378）

在推进"两个伟大革命"中践行党的执政使命 ……………（384）

将新时代党的伟大自我革命进行到底 ………………………（392）

深入把握科学思想方法和工作方法 …………………………（399）

中国特色社会主义理论体系研究
（2002—2012）

马克思主义发展史告诉我们什么?[*]

一部马克思主义发展史,为人类提供了用之不竭的精神财富。在人类思想史上,形形色色的理论,或迟或早地退出了历史舞台,唯有马克思主义却永葆青春,指导着无产阶级及其政党不断把革命和建设事业推向前进。马克思主义发展史告诉了我们什么呢?

实践是马克思主义与时俱进的不竭动力

人类为了生存与发展,必须不断从事各种形式的实践活动,这就使实践具有了无限发展的特质。与此相应,作为能动反映客观实际的先进思想和理论,也必须随着实践的发展而发展。马克思主义作为指导无产阶级革命实践的科学世界观,与先前一切理论体系的根本区别,就在于它产生于实践,在实践中不断发展完善,并以指导实践作为最终归宿。可以说,实践孕育了马克思主义,实践推动了马克思主义的发展,实践是马克思主义与时俱进、永葆青春的不竭动力。

马克思主义产生于19世纪40年代欧洲如火如荼的无产阶级革

---

[*] 原题为《150多年马克思主义发展史告诉我们什么?》,发表于《光明日报》2001年9月25日,姜辉、沈宗武、于海青执笔,编辑时有删改。

命运动之中，它通过对革命斗争经验的深刻总结，揭示了社会主义必将取代资本主义的客观规律，阐明了无产阶级进行革命和寻求解放的正确道路，从而成为指导无产阶级革命的纲领。在马克思主义的发展进程中，其创始人从不拘泥于已有结论，而是根据所处具体历史条件，根据现实社会的发展变化，不断对自己的理论进行修正和创新，使之在实践中完善和发展。恩格斯公开声明："马克思的整个世界观不是教义，而是方法。它提供的不是现成的教条，而是进一步研究的出发点和供这种研究使用的方法。"① 作为第一个社会主义国家的缔造者，列宁在俄国实践马克思主义的基本原理，但是他并没有被理论的框框所束缚，而是从变化着的社会历史条件出发，在深入分析世界资本主义政治经济发展不平衡规律的基础上，创造性地做出了社会主义革命可以在一个或几个国家首先取得胜利的科学论断。在中国，从形成和发展于新民主主义革命和社会主义改造实践中的毛泽东思想，到立足于社会主义初级阶段的客观实际，正确回答了什么是社会主义及如何建设社会主义问题的邓小平理论，再到着眼于解决新的历史条件下如何建设党和建设一个什么样的党这样一个根本问题，江泽民同志提出的"三个代表"重要思想，都是依据我国革命、建设和改革不同时期出现的新情况和新问题，立足于活生生的实践丰富和发展马克思主义的典范。

马克思主义与时俱进的理论品质，生动地表现在它主动接受实践检验，并在实践检验中不断进行理论创新上。马克思主义历来重视实践的能动作用，主张以实践来检验理论，并且把实践作为检验理论真理性的唯一标准。马克思认为，"人的思维是否具有客观的真理性，这不是一个理论的问题，而是一个实践的问题"②。毛泽东也指出，"判定认识或理论之是否真理，不是依主观上觉得如何而定，而是依客观上社会实践的结果如何而定。真理的标准只能是社会的

---

① 《马克思恩格斯选集》第4卷，人民出版社2012年版，第664页。
② 《马克思恩格斯选集》第1卷，人民出版社2012年版，第134页。

实践"①。整个马克思主义发展史无不印证着这样一条真理：什么时候坚持了实践标准，什么时候就能推进理论和实践的发展；而任何背离实践标准的行为，都会导致革命事业的挫折和失败。

马克思主义的发展历史表明，马克思主义不是一个自我封闭的体系，而是在实践中不断创新和发展的思想体系；它从不满足现状，主张批判地吸收人类文明所创造的一切优秀成果，根据实践的发展不断进行理论的发展与完善。正如江泽民同志指出的，"马克思主义的发展史告诉我们一个深刻的道理：社会实践是不断发展的，我们的思想认识也必须不断前进，不断根据实践的要求进行创新。思想解放、理论创新，是引导社会前进的强大力量。我们始终要坚持以马克思列宁主义、毛泽东思想特别是邓小平理论为指导，这一点丝毫不能动摇。同时，我们也必须根据新的实践不断进行新的探索，不断为实践提出新的理论指导"②。

正确回答时代课题是马克思主义与时俱进的鲜明特征

人类历史的潮流滚滚向前。敏锐地把握时代课题的理论必定要与时俱进，而不能正确把握时代课题的理论则必然被淘汰。马克思主义之所以能够永葆青春，还在于它能够准确地把握住时代课题。而不断地正确回答时代课题也就成为马克思主义与时俱进的鲜明特征。

马克思主义从诞生之日起，就向世人展示了它善于准确把握时代课题的科学本色。19世纪四五十年代，自由资本主义在西欧展示着其辉煌的经济成就，但资产阶级为了维护其初步确立起来的统治

---

① 《毛泽东选集》第1卷，人民出版社1991年版，第284页。
② 《江泽民文选》第3卷，人民出版社2006年版，第68页。

地位也开始在政治上走向反动。自由资本主义在全球疯狂扩张,其基本矛盾即生产资料私人占有和社会化大生产的矛盾充分暴露。时代提出的课题就是如何正确认识资本主义。在这样的历史条件下,马克思恩格斯正确地回答了时代提出的课题,创立了科学社会主义。此时,其他形形色色的"社会主义"思潮虽然也先后出现,然而它们对时代课题不准确的把握,使之难逃退出历史舞台的命运。

在自由资本主义向垄断资本主义过渡的时代,列宁同样准确地把握住了时代课题。恩格斯晚年已经意识到历史条件正在发生着新的变化,他开始研究资本主义垄断时期无产阶级夺取政权的不同道路和东方国家跨越资本主义"卡夫丁峡谷"的问题,希望俄国革命与西欧无产阶级革命能够相互补充。在垄断资本主义时代,垄断资本对无产阶级进行更加残酷的剥削,同时资本主义国家之间的矛盾也日益激化。时代迫切要求对这一时期的时代特征和无产阶级革命斗争的新方式做出回答和指明方向。此时,伯恩施坦对时代课题做出了错误的回答,背离了马克思主义,抛弃了无产阶级革命斗争历史任务,沦为修正主义者。而列宁却牢牢地把握住了垄断资本主义的时代特征,深刻地揭示了资本主义发展的不平衡性,分析了资本主义国家内部资产阶级与无产阶级的矛盾、帝国主义国家之间的矛盾以及殖民地宗主国与殖民地国家之间的矛盾,大胆地扬弃了马克思恩格斯关于社会主义革命同时在几个发达资本主义国家取得胜利的具体论断。

在以"战争与革命"为主题的时代背景下,世界无产阶级革命运动蓬勃兴起,民族解放运动此起彼伏。以毛泽东为核心的中国共产党第一代领导集体敏锐地把握住了推进世界社会主义运动发展的历史机遇,创立了作为马列主义普遍原理与中国革命具体实际相结合的毛泽东思想。毛泽东思想的出现,生动地体现了马克思主义在时代演进中不断创新的品质,极大地丰富了马克思主义理论宝库。与马克思恩格斯和列宁生活时代有着显著差异的新的革命形势,要求人们对与民族解放运动和民主主义革命相交织的无产阶级革命的道路做出回答。毛泽东清醒地意识到发展马克思主义的必然性。他说:"马克思活着的时候,不能将后来出现的所有的问题都看到,也就不能在那时把所有的这些问题都加以解决。俄国革命的问题只能由列宁解决,中国的问题只能由中国人解决。"① 他勇敢地突破了苏俄中心城市暴动的革命形式,发动工农群众走农村包围城市、武装夺取政权的革命道路,带领中国人民取得了新民主主义革命的胜利,建立起了人民当家作主的新中国。如果毛泽东教条地固守马克思主义的某些具体结论,不对马克思主义进行创新,仍然坚持走中心城市暴动的道路,中国革命就仍将在黑暗中摸索,甚至遭受更大的失败。

20世纪70年代后期以来,世界形势发生了巨大变化,人类迎来了一个以"和平与发展"为主题的时期,传统的社会主义实践模式逐渐不能满足时代的要求。以邓小平为核心的中国共产党第二代中央领导集体果敢地抓住历史机遇,在东欧剧变给社会主义运动带来的巨大挫折中,给马克思主义注入了新的生机与活力。邓小平以极大的政治勇气和理论勇气指出:"绝不能要求马克思为解决他去世之后上百年、几百年所产生的问题提供现成答案。列宁同样也不能承担为他去世以后五十年、一百年所产生的问题提供现成答案的任务。真正的马克思列宁主义者必须根据现在的情况,认识、继承和发展马克思列宁主义。"② 他带领全国人民大胆地纠正了"左"的错误,把党的工作重心转移到经济建设上来,坚持改革开放,开创了建设有中国特色社会主义的新道路。在这个以"和平与发展"为主题的时代里,世界形势继续出现重大的变化,科技革命迅猛发展,经济全球化和政治多极化的新格局开始出现。我们党深刻地洞察这一时代的基本特征,着眼于时代特点,深入总结社会主义运动的历史经验,不断推进马克思主义中国化进程,再次实践马克思主义与时俱进的理论品质。

---

① 《毛泽东文集》第8卷,人民出版社1999年版,第5页。
② 《邓小平文选》第3卷,人民出版社1993年版,第291页。

与本国国情相结合是马克思主义与时俱进的基本途径

马克思主义对于时代课题的回答,是以各个国家和民族的革命和建设实践为依托的。处于同一时代的不同类型的国家,或类型相同但发展程度不同的国家,由于历史传统和具体国情的差异,其实践的内容和方式、时代课题的表现程度和形式也各有不同。正如马克思所说的那样,理论在一个国家实现的程度,总是决定于理论满足这个国家需要的程度。马克思主义正是在针对各国各时期不同的政治、经济和文化需要而提供具体的"满足"手段的。马克思主义的与时俱进,正是在同各国各民族不同发展阶段的国情有机结合的过程中实现的。

马克思主义基本原理只有在具体针对各国各时期不同国情,正确地适应于国家和民族的差异加以运用时,才能转变为推动社会主义革命和建设事业的巨大力量。马克思主义创始人和革命领袖在不同的历史时期都反复地诠释这一道理。恩格斯就曾多次批评那些侨居在美国的德国的"马克思主义者"根本不了解美国的国情,不研究美国的工人运动和具体需要,不了解实践和时代提出问题的重点、内容和形式在欧洲国家的体现不同于在美国的体现,"一点不懂得把他们的理论变成推动美国群众的杠杆"。他劝告这些人不要把自己那一套从故土搬到美国的、常常自己还没有弄懂的理论,教条地强加给美国工人,而是应该向美国工人指明理论应用于美国国情的具体途径。列宁生活在马克思主义理论广泛传播、理论迅速地转变为实践的历史时期,但他认为马克思主义的基本原理在应用到各国时,必须"在某些细节上正确地加以改变,使之正确地适应于民族的和民族国家的差别,针对这些差别正确地加以运用"①。他经常强调,各国要独立地探讨马克思主义的理论,这些理论的具体应用在英国不同于法国,在法国不同于德国,在德国又不同于俄国。100多年前恩格斯对一些德国"马克思主义者"的告诫,80多年前列宁对俄国革命党人的教诲,在今天对于社会主义革命和建设者来说,无疑仍具有深刻的启示意义。

毛泽东、邓小平是把马克思主义同中国国情和具体实践有机结合的光辉典范。在民主革命时期,毛泽东曾鲜明地强调,必须把马克思主义的普遍真理和中国革命的具体实践完全地恰当地统一起来,使之和中国民族的特点相结合。这个结合"经过一定的民族形式,才有用处,决不能主观地公式地应用它。公式的马克思主义者,只是对于马克思主义和中国革命开玩笑,在中国革命队伍中是没有他们的位置的"②。以毛泽东为代表的中国共产党人,在把"马克思主义中国化"和"中国马克思主义化"的双向运动过程中,创立了适合中国国情的新民主主义革命和社会主义革命的理论。以邓小平为核心的党的第二代中央领导集体,在改革开放时期又再一次创造性地把马克思主义同中国国情有机结合起来,开创了一条建设有中国特色社会主义的现代化道路。

把马克思主义基本原理与各国国情正确结合,绝不是轻而易举、一蹴而就的,而是需要各国共产党人在科学对待普遍性原理和准确把握国情特殊性这两个方面做出艰苦的努力。历史经验表明,人们对这一"结合"本身达到正确的理解,也是以许多错误和失败为代价换来的。例如在国际共产主义运动史上,苏联曾经把自己的理论和模式当作社会主义革命和建设的普遍性真理,强行向其他国家的共产党和人民推广。而大多数从事社会主义革命和建设的国家,也都曾程度不同地犯过照抄照搬苏联的错误。邓小平曾指出,把马克

---

① 《列宁选集》第4卷,人民出版社2012年版,第200页。
② 《毛泽东选集》第2卷,人民出版社1991年版,第707页。

思列宁主义基本原理同中国实际相结合，走自己的路，"这是我们吃了苦头总结出来的经验"①。以错误和失败为代价换来的经验弥足珍贵。列宁、毛泽东和邓小平在领导本国人民完成这一艰巨任务上为我们树立了榜样。

---

① 《邓小平文选》第3卷，人民出版社1993年版，第95页。

树立科学的马克思主义观*

马克思主义是我们立党立国的根本指导思想，是社会主义意识形态的灵魂。坚持和巩固马克思主义指导地位，是党和人民团结一致、始终沿着正确方向前进的根本思想保证。坚持和巩固马克思主义指导地位，要求我们首先搞清楚"什么是马克思主义、怎样对待马克思主义"这一重大问题，树立科学的马克思主义观。

毫不动摇地坚持马克思主义的立场、观点和方法

毛泽东同志曾经说过，我们研究马克思列宁主义，"就要能够真正领会马克思列宁主义的实质，真正领会马克思列宁主义的立场、观点和方法"。树立科学的马克思主义观，应着重掌握和毫不动摇地坚持马克思主义的立场、观点和方法。做到这一点，就抓住了马克思主义最本质的东西。

坚持马克思主义的立场，牢固树立群众观点。胡锦涛同志指出："马克思主义政党的一切理论和奋斗都应致力于实现最广大人民的根

---

* 本文发表于《人民日报》2009年10月15日，姜辉、王卫东、赵培杰执笔，编辑时有删改。

本利益，这是马克思主义最鲜明的政治立场。"马克思主义是源于实践、扎根人民的科学理论。马克思主义经典作家认为，人民群众是历史的创造者，是真正的英雄，是推动社会发展的决定性力量。坚持马克思主义的立场，就是要坚持人民主体地位，就是要代表最广大人民的根本利益。80多年来，我们党始终坚持全心全意为人民服务的根本宗旨，坚持相信人民、依靠人民、为了人民，坚持把实现好、维护好、发展好最广大人民的根本利益作为一切工作的出发点和落脚点。所有这些，都是坚持马克思主义立场具体而生动的体现。

坚持马克思主义的观点，着力掌握基本原理。马克思主义是被实践证明了的科学理论，它深刻揭示了自然界、人类社会和人的思维发展的客观规律。比如，关于生产力和生产关系、经济基础和上层建筑关系的原理，关于资本主义必然灭亡、共产主义必然胜利的原理，关于阶级、政党、国家的原理，关于社会进步与人的全面发展的原理等，都科学反映了事物发展的根本规律，正确揭示了历史发展的必然趋势。虽然时代在不断发展，但马克思主义的基本原理永远不会过时，我们必须毫不动摇地予以坚持。同时也要看到，马克思主义的基本原理只是为人们的实践活动提供了指导思想和原则方法，而不可能提供解决一切问题的现成答案。这就要求我们始终坚持解放思想、实事求是、与时俱进，不断推进马克思主义基本原理同本国具体实际相结合，在实践中不断丰富和发展马克思主义。

坚持马克思主义的方法，正确运用唯物辩证法。马克思主义不仅是科学的世界观，而且是科学的方法论。唯物辩证法是马克思主义的根本方法，为我们认识世界和改造世界提供了有力的思想武器。在80多年的奋斗历程中，我们党正确运用唯物辩证法这一思想武器，创造性地提出了一切从实际出发，坚持走群众路线，分清主流和支流，统筹兼顾、全面安排等观点和方法，推动了革命、建设、改革事业的不断发展。正确运用唯物辩证法，要求我们从事物的运动变化、内在矛盾及相互联系的各个方面出发观察和分析问题，在对立中把握统一、在统一中把握对立，坚持矛盾普遍性与特殊性的统一,坚持两点论与重点论的统一;要求我们正确认识现象与本质、形式与内容、偶然与必然、原因与结果、可能与现实等一系列基本范畴和基本关系。

始终着眼于马克思主义理论的运用和发展

《共产党宣言》发表以来160多年的历史证明:马克思主义只有与本国国情相结合、与时代发展同进步、与人民群众共命运,才能焕发出强大的生命力、创造力、感召力。在新的时代条件下坚持和发展马克思主义,必须坚持以我国改革开放和社会主义现代化建设的实际问题、以我们正在做的事情为中心,着眼于马克思主义理论的运用,不断赋予当代中国马克思主义鲜明的实践特色、民族特色、时代特色。

以实际问题为中心,突出实践特色。马克思主义从来不是象牙塔中的学问,而是具有鲜明的实践性。历史经验表明,孤立地、静止地、教条地研究马克思主义,把马克思主义同实践割裂开来、对立起来,离开本国实际谈论马克思主义,把马克思主义经典作家的个别结论神圣化,是毫无出路的。党的十一届三中全会以来,我们党始终立足改革开放和社会主义现代化建设的实际,以巨大的政治勇气和理论勇气,不断推进实践基础上的理论创新,创造性地探索和回答了什么是马克思主义、怎样对待马克思主义,什么是社会主义、怎样建设社会主义,建设什么样的党、怎样建设党,实现什么样的发展、怎样发展等重大理论和实际问题,形成了中国特色社会主义理论体系,奠定了中国特色社会主义伟大实践的理论基石。在新的历史起点上,我们应自觉坚持以马克思主义为指导,以实际问题为中心,在实践中不断回答新问题、总结新经验、形成新结论,推动中国特色社会主义事业蓬勃发展。

与具体国情相结合,突出民族特色。马克思主义是真理、是科学,具有普遍指导意义。然而,由于各个国家的具体国情不同,对马克思主义的应用也就不尽相同。正如列宁所指出的,马克思主义基本原理的应用,在英国不同于法国,在法国不同于德国,在德国又不同于俄国。要发挥马克思主义对我国实践的指导作用,必须使之同我国的具体国情紧密结合起来,同中华民族的文化特质、思维模式、价值取向等结合起来。这就要求我们大力推动马克思主义中国化:一方面,用马克思主义之"矢"射中国实际之"的",把马克思主义基本原理应用于中国的具体环境和特殊条件,形成适应中国国情、能够解决中国现实问题的中国化马克思主义;另一方面,运用通俗易懂、为人民大众所喜闻乐见的表达形式传播马克思主义,推动马克思主义的民族化和大众化,形成具有中国特色、中国气派、中国风格的中国化马克思主义。

解答时代课题,突出时代特色。每个时代都有属于它自己的课题。只有准确把握和解决时代提出的课题,才能不断推动人类社会发展进步。马克思列宁主义、毛泽东思想、邓小平理论、"三个代表"重要思想以及科学发展观等重大战略思想,正是在回答和解决自己时代所面临的历史性课题的过程中得以形成并不断发展的。当前,我国发展正处在一个新的历史起点上:放眼全球,和平、发展、合作成为世界潮流,经济全球化和世界多极化深入发展,各种思想文化交流交融交锋呈现新特点;纵观国内,进入新世纪新阶段,我国经济社会发展呈现一系列新的阶段性特征,人们的思想困惑日益增多,前进道路上还面临不少新课题新挑战。这就要求我们运用马克思主义的立场、观点和方法,科学分析当今时代的新特征、新变化,努力回答改革发展中的重大理论和实际问题。

坚持和发展中国特色社会主义理论体系

改革开放以来,我们党始终坚持马克思主义思想路线,自觉把思想认识从那些不合时宜的观念、做法和体制的束缚中解放出来，从对马克思主义的错误的和教条式的理解中解放出来，从主观主义和形而上学的桎梏中解放出来，不断推进马克思主义中国化、时代化、大众化，实现了马克思主义基本原理同中国具体实际和时代特征相结合的新的历史飞跃，形成了中国特色社会主义理论体系。在当代中国，坚持中国特色社会主义理论体系，就是坚持马克思主义。树立科学的马克思主义观，必须坚持和发展中国特色社会主义理论体系。

坚持和发展中国特色社会主义理论体系，要求我们深刻把握其科学内涵和精神实质。中国特色社会主义理论体系是当代中国共产党人在改革开放和社会主义现代化建设的伟大实践中，在总结我国社会主义建设正反两方面历史经验和改革开放以来的新鲜经验、借鉴其他社会主义国家兴衰成败的经验教训的基础上逐步形成和发展起来的，是马克思主义中国化最新成果，是引领中国发展进步、实现中华民族伟大复兴的正确理论。这一理论体系，从纵向上说，包括邓小平理论、"三个代表"重要思想以及科学发展观等重大战略思想；从横向上看，涵盖了党和国家事业的各个方面，涉及经济建设、政治建设、文化建设、社会建设和党的建设以及国防和军队现代化建设、祖国统一、国际战略和外交工作等各个领域，包括中国社会主义发展道路、发展阶段、根本任务、发展动力、外部条件、政治保证、战略步骤、党的领导和依靠力量等一系列重大问题，是一个科学、严整的理论体系。我们应从历史与现实相结合、理论与实践相结合的角度，全面、深入、系统地学习和掌握这一科学理论体系。

坚持和发展中国特色社会主义理论体系，要求我们继续解放思想，不断推动理论创新。解放思想是我们党带领人民取得革命、建设、改革胜利的一大法宝，也是贯穿中国特色社会主义理论体系的灵魂。只有坚持解放思想，才能使思想始终跟上时代和实践的变化，及时回答改革开放和社会主义现代化建设中的问题；只有解放思想，才能在继承前人的基础上又突破前人，不断推动理论和实践创新。

当前，我国改革发展正处于关键阶段，新情况新问题层出不穷。这就要求我们继续解放思想，不断研究新情况、解决新问题、积累新经验，不断深化对中国特色社会主义建设和发展规律的认识，不断丰富中国特色社会主义理论体系的内涵，努力开拓中国特色社会主义更为广阔的发展前景。

邓小平的马克思主义观[*]

邓小平的马克思主义观，是其对马克思主义的精髓和本质的深刻理解和把握，并在此基础上，对马克思主义的内容、方法、功能、发展机制和理论风格的深入而独特的阐释。全面学习和深入领会这一科学的马克思主义观，对于我们更加准确地掌握邓小平理论的精神实质和完整内容，更加深刻地认识邓小平理论在当代中国的重要历史地位，更加自觉地以邓小平理论和"三个代表"重要思想为指导，努力开创中国特色社会主义建设事业的新局面，具有重要意义。

邓小平的马克思主义观，是邓小平理论的有机组成部分，是马克思主义理论宝库中的珍贵财富。"实事求是是马克思主义的精髓"[①]这一论断是邓小平的马克思主义观的核心，是他认识、运用和发展马克思主义的出发点和根本点。正是遵循实事求是的立场和方法，邓小平深刻地认识马克思主义的理论品质，全面地掌握马克思主义的严整体系，创造性地把马克思主义的科学性、时代性、实践性和群众性有机地统一于建设中国特色社会主义的伟大实践中，在继承的基础上发扬光大了马克思主义。

---

[*] 本文发表于《中国社会科学院院报》2004年8月17日，收录于《邓小平百周年纪念——全国邓小平生平和思想研讨会论文集》（上），中央文献出版社2005年版，编辑时有删改。

[①]《邓小平文选》第3卷，人民出版社1993年版，第382页。

全面掌握马克思主义的严整性，倡导"准确完整地理解"科学思想体系

马克思主义是彻底而严整的科学体系，以其内容的全面性、结构的系统性和逻辑的严整性为显著特征。正如列宁指出的那样："马克思的观点极其彻底而严整，这是马克思的对手也承认的，这些观点总起来就构成作为世界各文明国家工人运动的理论和纲领的现代唯物主义和现代科学社会主义。"① 只有把马克思主义当作严整的科学体系来看待、理解和掌握，才能真正领会马克思主义的精神实质，从而自觉地坚持、捍卫和发展马克思主义。

作为伟大的马克思主义者，邓小平深知从整体上理解和运用马克思主义的重要性。他坚决反对任何对马克思主义的割裂、歪曲和肢解。他在中国社会主义建设历史转折的关键时刻，以无产阶级革命家的政治胆略和理论勇气，挺身捍卫马克思主义的严整性和系统性，反对将马克思主义断章取义和庸俗化。这集中地体现在他对马克思主义与中国实际相结合的第一大理论成果——毛泽东思想的捍卫上。他在1977年4月致党中央的信中指出："我们必须世世代代地用准确的完整的毛泽东思想来指导我们全党、全军和全国人民，把党和社会主义的事业，把国际共产主义运动的事业，胜利地推向前进。"② 邓小平对马克思主义、特别是对毛泽东思想的严整性的认识和捍卫，主要体现在以下方面：

第一，必须完整地掌握，反对割裂歪曲。邓小平把毛泽东思想作为马克思主义发展的重要阶段和有机组成部分来看待。他反复强调，毛泽东思想继承和发展了马克思主义，这不是在个别的方面，

---

① 《列宁选集》第2卷，人民出版社2012年版，第418页。
② 《邓小平文选》第2卷，人民出版社1994年版，第39页。

而是在许多领域发展了马克思主义,"毛泽东思想是个体系,是发展了的马克思主义"。他号召理论工作者从"各个领域阐明毛泽东思想的体系。要用毛泽东思想的体系来教育我们的党,来引导我们前进"①。他严厉地批判林彪把毛泽东思想同马克思列宁主义割裂开来的做法,批判那种用"老三篇""老五篇"简单代替整个思想体系的做法,也反对那些抓住只言片语的片面理解和随意解释。他在1975年针对"四人帮"对毛泽东思想的割裂歪曲,举例指出,毛泽东同志讲了四个现代化,还讲过阶级斗争、生产斗争、科学实验是三项基本社会实践,而当时却把科学实验割裂出来,作为"唯生产力论"的罪状批判,就是别有用心的歪曲。他强调,不仅要在整体上,而且就一个领域、一个方面的问题来说,也要准确完整地理解毛泽东思想。邓小平对毛泽东思想严整性的理解和捍卫,是基于对马克思主义精神实质和体系结构的深刻掌握。列宁在捍卫马克思主义哲学的严整性时,把辩证唯物主义和历史唯物主义之间不可分割的联系比作"一块整钢",邓小平也是以同样坚决、科学的态度,捍卫了中国化马克思主义的第一个理论成果——毛泽东思想的严整性。

第二,必须历史地看待,反对机械搬用。马克思主义是科学的理论,但它的基本原理的运用,随时随地都要以当时的历史条件为转移。正如马克思所说的那样,"正确的理论必须结合具体情况并根据现存条件加以阐明和发挥"②。列宁也曾经概括了历史地对待和运用马克思主义的基本要求:"马克思主义的全部精神,它的整个体系,要求人们对每一个原理都要(α)历史地,(β)都要同其他原理联系起来,(γ)都要同具体的历史经验联系起来加以考察。"③ 邓小平毫不动摇地坚持这种科学态度,并结合对"两个凡是"错误理

---

① 《邓小平文选》第2卷,人民出版社1994年版,第44页。
② 《马克思恩格斯全集》第47卷,人民出版社2004年版,第35页。
③ 《列宁选集》第2卷,人民出版社2012年版,第785页。

论的深刻批判,提出必须根据时间、地点和条件的变化来历史地、完整地对待和运用毛泽东思想。他这样说:"毛泽东同志在这一个时间,这一个条件,对某一个问题所讲的话是正确的,在另外一个时间,另外一个条件,对同样的问题讲的话也是正确的;但是在不同的时间、条件对同样的问题讲的话,有时分寸不同,着重点不同,甚至一些提法也不同。所以我们不能够只从个别词句来理解毛泽东思想,而必须从毛泽东思想的整个体系去获得正确的理解。"① 言极平实,却集中体现出他对待马克思主义的历史的科学的态度。

第三,必须现实地运用,反对教条主义。邓小平对"两个凡是"的批判,捍卫了毛泽东思想的科学性,否定并制止了新的造神主义,破除了林彪、"四人帮"制造的精神枷锁。他强调,高举毛泽东思想的伟大旗帜,并不是喊口号,而是用来解决中国的现实问题。他当时就这样明确地讲:"在中国的现实条件下,搞好社会主义的四个现代化,就是坚持马克思主义,就是高举毛泽东思想伟大旗帜。你不抓住四个现代化,不从这个实际出发,就是脱离马克思主义,就是空谈马克思主义。"② 解决中国的现实问题,是邓小平捍卫毛泽东思想体系严整性的根本目的。正如他深刻表明的那样,用准确的完整的毛泽东思想作指导的意思是,要对毛泽东思想有一个完整的准确的认识,要善于学习、掌握和运用毛泽东思想的体系来指导我们的各项工作。

邓小平从体系的严整性上深刻地理解和运用马克思主义,特别是毛泽东思想,捍卫了科学理论的指导地位,并与真理标准的讨论一起,成为推动中国改革开放和现代化建设的巨大思想力量。他从科学体系的高度理解和掌握毛泽东思想的精神实质和完整内容,并在实践中发扬光大,其理论结晶形成了马克思主义中国化的第二大理论成果——邓小平理论,它同样是一个严整、完备的马克思主义

---

① 《邓小平文选》第2卷,人民出版社1994年版,第42—43页。
② 同上书,第162—163页。

科学理论体系。而中国共产党人运用邓小平理论指导新时期中国改革开放的伟大实践，对其进一步完善、丰富和发展，从而又实现了新的理论飞跃，形成了"三个代表"重要思想这一崭新的马克思主义中国化的科学理论体系。

深刻认识马克思主义的时代性，主张"不会让马克思主义停留在几十年或一百多年前的个别论断的水平上"

马克思主义具有与时俱进的理论品质，它在同无产阶级及广大劳动人民认识世界和改造世界的实践活动密切结合的过程中，不断地回答时代提出的新课题，从而获得理论发展的不竭动力，真正发挥其作为科学的行动指南的作用。马克思主义既是时代的产物，又从时代的发展中不断获得新的内容和形式。马克思主义创始人始终把自己的理论看作历史的、具有时代特征的科学，他们认为每一个时代的理论思维，包括他们自己所处时代的理论思维，都是一种历史的产物，它在不同的时代具有完全不同的形式，同时具有完全不同的内容。因而他们十分坦率地表明自己理论的时代特点和时代局限："我们只能在我们时代的条件下去认识，而且这些条件达到什么程度，我们就认识到什么程度。"① 因而，如何科学地认识马克思主义的时代性，从而根据各个不同时代的实践要求来坚持和发展马克思主义，是真正的马克思主义者应承担的重大而艰巨的历史任务。邓小平作为伟大的马克思主义者，深刻地认识和理解马克思主义随着时代发展而不断发展的品质。

改革开放之初，邓小平就鲜明地提出："科学社会主义是在实际斗争中发展着，马列主义、毛泽东思想是在实际斗争中发展着。我

---

① 《马克思恩格斯选集》第 3 卷，人民出版社 2012 年版，第 933 页。

们当然不会由科学的社会主义退回到空想的社会主义,也不会让马克思主义停留在几十年或一百多年前的个别论断的水平上。"① 这种实事求是的科学态度,是从时代和实践发展的高度认识和对待马克思主义的唯一正确的态度。邓小平深刻地总结国际共产主义运动的经验教训,强调多年来存在一个对马克思主义、社会主义的理解问题。他在1989年同当时的苏联领导人戈尔巴乔夫谈话时明确地指出,马克思去世以后100多年,究竟发生了什么变化,在变化的条件下,如何认识和发展马克思主义,没有搞清楚。他明确指出,"绝不能要求马克思为解决他去世之后上百年、几百年所产生的问题提供现成的答案。列宁同样也不能承担为他去世以后五十年、一百年所产生的问题提供现成答案的任务"②。不以新的思想、观点去继承、发展马克思主义,不是真正的马克思主义者。

是从书本出发,还是从时代和实际生活出发,是能否立足于马克思主义固有根基的分水岭,是能否正确对待、运用和发展马克思主义的关键。邓小平对此有着深刻的理解和把握。他的结论是:"必须根据现在的情况,认识、继承和发展马克思列宁主义。"③ 的确,马克思主义不是从原则出发,而是从事实出发,是历史运动之真实关系的理论概括。列宁曾经指出,马克思主义者只能以经过严格证明和确凿证明的事实作为自己的政策的前提。毛泽东曾反复强调,马克思主义者必须从客观存在的事实出发,并用中国百姓喜闻乐见的成语"实事求是"做出精当的概括。邓小平遵循实事求是的精神,用朴实的语言把马克思主义形成和发展的根基表述为"必须根据现在的情况",这与马克思、恩格斯、列宁、毛泽东的思想一脉相承,揭示了马克思主义善于在不同的历史时期抓住具有决定作用的历史事实,根据实际生活的生动经验来解决时代问题的鲜明特征,从而

---

① 《邓小平文选》第2卷,人民出版社1994年版,第179页。
② 《邓小平文选》第3卷,人民出版社1993年版,第291页。
③ 同上。

进一步丰富、完善和发展马克思主义。那种试图抱住昨天的理论不放，在语录堆中寻找现成答案的教条主义的做法，实质上是离开了马克思主义的根基，必然流于空谈。

邓小平深信，马克思主义为社会主义建设和改革提供了科学的理论基础和行动指南，同时他郑重强调，马克思主义必须发展，我们不能把马克思主义当作教条。他认为，发展马克思主义是在建设社会主义的实践探索中实现的，在新的实践中回答了新情况下出现的新问题，就是真正地坚持了马克思主义和社会主义，就是真正地发展了马克思主义。他深刻地揭示了实践探索和理论发展之间互相促进的过程和规律："马克思主义理论从来不是教条，而是行动的指南。它要求人们根据它的基本原则和基本方法，不断结合变化着的实际，探索解决新问题的答案，从而也发展马克思主义理论本身。"[①]他对改革开放中取得的理论和实践探索的新成绩感到由衷的喜悦。例如，他对1984年党的十二届三中全会通过的《关于经济体制改革的决定》作了高度的肯定和赞扬，说这是写出了马克思主义政治经济学的初稿，是很好的文件，就是解释了什么是社会主义，有些是我们老祖宗没有说过的话，有些是新话。他深刻地总结说："我们现在所干的事业是一项新事业，马克思没有讲过，我们的前人没有做过，其他社会主义国家也没有干过，所以，没有现成的经验可学。我们只能在干中学，在实践中探索。"[②] 正是基于这种科学地对待马克思主义的立场和方法，以邓小平为核心的党的第二代领导集体在带领全国人民建设中国特色社会主义的伟大实践中，形成了新时代条件下当代中国的马克思主义——邓小平理论，从而把马克思主义发展到所处时代的最新水平上。

[①] 《邓小平文选》第3卷，人民出版社1993年版，第146页。
[②] 同上书，第258—259页。

彻底贯彻马克思主义的实践性，坚持"必须同中国的实际相结合"

邓小平坚持在实践中丰富、完善和发展马克思主义，坚持把马克思主义普遍真理同中国的具体实际相结合，从而开辟了中国特色社会主义建设的光明道路，创立了建设中国特色社会主义理论，在实践中把马克思主义发展到崭新的境界。

"只有结合中国实际的马克思主义，才是我们所需要的真正的马克思主义。"① 这是邓小平从理论与实践、普遍性与特殊性之辩证关系的角度，对如何在实际中具体运用马克思主义做出的精辟论断。马克思主义是科学真理，但它所提供的只是基本的指导原理和一般的指导原则，只能从总体上概括实际生活的一般现象和规律。这些基本原理、原则和规律，必须与各国各时期具体的国情和实际问题结合起来，才能发挥巨大的指导作用，否则就只能是被束之高阁的书斋哲学。马克思自己就曾这样讲，"极为相似的事变发生在不同的历史环境中就引起了完全不同的结果"，这样，"使用一般历史哲学理论这一把万能钥匙，那是永远达不到这种目的的"②。的确，理论在一个国家实现的程度，总是决定于理论满足于这个国家需要的程度。马克思主义正是针对各国各时期不同的政治、经济和文化需要而提供具体的"满足"手段的。马克思主义的发展，正是在同各国各民族不同发展阶段的国情有机结合的过程中实现的。中国共产党人对此有着深刻独特的理解。民主革命时期，毛泽东曾鲜明地强调，必须将马克思主义的普遍真理和中国革命的具体实践完全地恰当地统一起来，使之和民族的特点相结合。这个结合"经过一定的民族

---

① 《邓小平文选》第3卷，人民出版社1993年版，第213页。
② 《马克思恩格斯选集》第3卷，人民出版社2012年版，第730页。

形式,才有用处,决不能主观地公式地应用它。公式的马克思主义者,只是对于马克思主义和中国革命开玩笑,在中国革命队伍中是没有他们的位置的"①。邓小平对什么是"我们所需要的真正的马克思主义"做出的科学回答,与毛泽东的深刻见解一脉相承,交相辉映。他这样明确指出:"我们建设社会主义,准确地说是建设有中国特色的社会主义,这样才是真正地坚持了马克思主义。我们历来主张世界各国共产党根据自己的特点去继承和发展马克思主义,离开自己国家的实际谈马克思主义,没有意义。"② 正是根据这样的思想,邓小平成功地开辟了中国特色社会主义建设道路,同时也形成了马克思主义与中国实际相结合的第二次理论飞跃成果——邓小平理论。这是对马克思主义实践性的最彻底的贯彻。

"走自己的道路,建设有中国特色的社会主义。"③ 这是邓小平从中国革命和建设的长期历史经验中得出的基本结论,也是代表中国共产党和中国人民做出的庄严宣言。他曾经郑重地教育全党,革命和建设都要走自己的路。照抄照搬别国经验、别国模式,从来不能得到成功。他强调,把马克思列宁主义基本原理同中国实际相结合,走自己的路,是我们吃了苦头总结出来的经验。他强调,社会主义国家的改革开放必须从各国自己的条件出发。每个国家的基础不同,历史不同,所处的环境不同,左邻右舍不同,还有其他许多不同。别人的经验可以参考,但是不能照搬。过去我们中国照搬别人的,吃了很大苦头,中国只能搞中国特色的社会主义。他曾经对波兰朋友说,看来苏联也不是成功的。即使苏联是百分之百的成功,但是能够符合中国的情况吗?能够符合波兰的实际情况吗?各国的实际情况是不同的。这是伟大的马克思主义者的坦率之言,是从历史和实践的经验中得出的真谛。与此同时,邓小平强调,根据本国

---

① 《毛泽东选集》第2卷,人民出版社1991年版,第707页。
② 《邓小平文选》第3卷,人民出版社1993年版,第191页。
③ 同上书,第3页。

的特点和国情建设有中国特色的社会主义，不能丢掉社会主义制度的优越性。比如共产党的领导、民主集中制原则、公有制的主体地位、共同富裕的社会发展目的，等等，都是我们社会制度的优势，决不能放弃。这是邓小平对马克思主义基本原理和中国具体实际相结合的科学辩证的思考。

今天，中国人民正沿着邓小平开辟的中国特色社会主义道路开拓进取，奋勇前进。改革开放20多年的发展和进步，造就了全面建设小康社会、开创中国特色社会主义建设事业新局面的新的辉煌。中国人民也必将毫不动摇地继续沿着"自己的道路"，走向国家的繁荣强盛，走向民族的伟大复兴。

深入理解马克思主义的群众性，提出马克思主义"是很朴实的道理"

马克思主义是指导广大群众认识世界、改造世界的科学理论武器，必须为广大群众掌握和运用。马克思主义的实践是作为历史主体和创造者的人民群众的实践，马克思主义的实践性和群众性密不可分。这种科学性、实践性和群众性的高度统一，在邓小平的马克思主义观中得到了深刻体现。其中最具鲜明特色的论断就是邓小平对马克思主义的群众性和朴实性的表述："我们讲了一辈子马克思主义，其实马克思主义并不玄奥。马克思主义是很朴实的东西，很朴实的道理。"[①] 这一论断，深入浅出，平实而精要，从一个重要方面揭示了马克思主义的理论品质和理论风格。

邓小平认为马克思主义是"很朴实的道理"，在于抓住了实事求是这一马克思主义的精髓。实事求是本身就是很朴实的道理，它体现了马克思主义作为广大人民群众的世界观和方法论，与人民群众

---

① 《邓小平文选》第3卷，人民出版社1993年版，第382页。

的朴实品格与认识具有内在的一致性。马克思主义哲学主张物质第一性,意识第二性,这种唯物主义自然观与人民群众的生活体验是相通的。马克思主义历史观的出发点是非常朴实明了的,它确认一切历史的第一个前提就是:人们为了能够创造历史,必须能够生活。但是为了生活,首先就需要吃喝住穿以及其他一切东西。第一个历史活动就是生产物质生活本身。这种历史观,曾被唯心主义者指责为像一根棍子那样微不足道,然而这就是客观历史本身,是能够为广大群众亲身体验和直接感受到的朴实道理。马克思主义认识论和方法论的集中体现,就是一切从客观存在和实际出发的观点,也就是实事求是。这是广大人民群众容易理解和掌握的。邓小平对马克思主义的群众性和朴实性的深刻理解就集中在实事求是上。他说:"我读的书并不多,就是一条,相信毛主席讲的实事求是。过去我们打仗靠这个,现在搞建设、搞改革也靠这个。"①

邓小平之所以认为马克思主义并不玄奥,是因为他深刻认识到马克思主义是指导无产阶级和广大人民群众的行动指南,与广大人民群众改造世界的实践紧密相连,而不是抽象的、教条的"本本"。马克思主义是博大精深的理论体系,但它绝不是神秘哲学。它不同于黑格尔的"绝对精神"自我体现和发展的唯心主义体系,也不同于杜林之流的"蹩脚的哲学博士"们动辄杜撰、"创造"的完整"体系"。马克思主义创始人没有任何凭空制造体系的想法,他们的观点之所以发展成为严整的科学体系,是他们在为争取解放的无产阶级锻造思想武器的过程中,在无产阶级及广大群众认识世界和改造世界的实践中,不断扩展、深化和升华,从而形成各部分有机联系、不可分割的整体。列宁曾经这样论述马克思主义理论和群众实践斗争的关系:"马克思主义同任何抽象公式、任何学理主义方法是绝对不相容的,它要求细心对待进行中的群众斗争……马克思主义在这方面可以说是向群众的实践学习的,决不奢望用书斋里的'分

---

① 《邓小平文选》第3卷,人民出版社1993年版,第382页。

类学家'臆造的斗争形式来教导群众。"① 邓小平深刻地理解马克思主义的群众性，深知其科学性和真理性来源于广大人民群众的实际斗争和现实生活。他反对把马克思主义理论当作神秘和玄奥的东西来看待，坚决反对本本主义。他曾经引用毛泽东的话说："我们说马克思主义是对的，决不是因为马克思这个人是什么'先哲'，而是因为他的理论，在我们的实践中，在我们的斗争中，证明了是对的。我们的斗争需要马克思主义。我们欢迎这个理论，丝毫不存'先哲'一类的形式的甚至神秘的念头在里面。"② 邓小平认为马克思主义之所以打不倒，并不是因为大本子多，而是因为马克思主义的真理颠扑不破。他这样讲："学马列要精，要管用的。长篇的东西是少数搞专业的人读的，群众怎么读？要求都读大本子，那是形式主义的，办不到。"③ 这里，邓小平所说"管用的"，就是马克思主义的基本原理，就是马克思主义的立场、观点和方法。可见，把马克思主义的真理性、群众性和朴实性紧密结合起来，是邓小平的马克思主义观的鲜明特点，也是邓小平理论的鲜明特点和风格。从邓小平的马克思主义观中，我们能深刻体悟到科学理论的辩证法：越深刻的理论越贴近现实，越贴近群众，真理往往是朴实的。

坚决捍卫马克思主义的科学性，深信"世界上赞成马克思主义的人会多起来的"

20世纪末，东欧国家发生剧变，苏联解体，世界社会主义运动遭受严重挫折。"社会主义失败"论、"马克思主义过时"论一度甚

---

① 《列宁选集》第1卷，人民出版社2012年版，第722—723页。
② 《邓小平文选》第2卷，人民出版社1994年版，第115页。
③ 《邓小平文选》第3卷，人民出版社1993年版，第382页。

嚣尘上。中国的社会主义也面临着严峻的挑战。中国的改革开放向何处去？中国特色社会主义道路能否继续走下去？这又是中国历史发展的关键时刻。邓小平以对马克思主义科学性的精深理解，以伟大无产阶级革命家的坚强信念，以对社会主义制度和建设中国特色社会主义伟大实践的必胜信心，以非常朴实但振聋发聩的话语向全党全国人民说："我坚信，世界上赞成马克思主义的人会多起来的，因为马克思主义是科学。"① 面对东欧剧变后世界社会主义运动的复杂形势，他无比乐观、无比坚定地指出，一些国家发生的严重曲折，社会主义好像被削弱了，但人民会吸取教训，经受锻炼，这将促使社会主义向着更加健康的方向发展，因此，"不要惊慌失措，不要认为马克思主义就消失了，没用了，失败了。哪有这回事！"②

邓小平对马克思主义的科学态度和坚定信仰，对社会主义革命和建设事业的不可动摇的立场和勇气，正如120多年前马克思辞世后不久国际无产阶级失去伟大导师的困难时刻，恩格斯对革命前景的科学分析和乐观态度。当时恩格斯这样鼓励工人阶级及其政党："最后的胜利依然是确定无疑的，但是迂回曲折的道路，暂时的和局部的迷误——虽然这也是难免的——现在将会比以前多得多了。不过我们一定要克服这些障碍，否则，我们活着干什么呢？我们决不会因此丧失勇气。"③ 虽然时隔一个多世纪，但两位无产阶级革命家的思想信念息息相通，这主要是因为他们有着一脉相承的科学的马克思主义观。概括起来，邓小平对马克思主义科学性的认识和捍卫，主要体现在以下方面：

第一，把理论的科学性和坚定信仰结合起来，注重从历史经验中阐释印证马克思主义的真理性。邓小平经常运用中国共产党领导人民进行革命斗争的历史事实和经验，说明科学的理论在革命斗争

---

① 《邓小平文选》第3卷，人民出版社1993年版，第382页。
② 同上书，第383页。
③ 《马克思恩格斯文集》第10卷，人民出版社2009年版，第505页。

中转化为革命群众内在信仰的巨大威力。他认为，对马克思主义的信仰是中国革命胜利的一种精神动力，如果我们不是马克思主义者，没有对马克思主义的充分信仰，中国革命就搞不成功。他指出，坚持马克思主义对中国十分重要，坚持社会主义也十分重要。中国自鸦片战争以来的一个多世纪内，处于被侵略、受屈辱的状态，是中国人民接受了马克思主义，才使中国革命取得了胜利。他语重心长地告诫，我们马克思主义者过去闹革命，就是为社会主义、共产主义崇高理想而奋斗。现在我们搞经济改革，仍然要坚持社会主义道路，坚持共产主义的远大理想。我们搞改革开放和现代化建设，没有丢马克思，没有丢列宁，也没有丢毛泽东。老祖宗不能丢啊！

第二，把理论的科学性和批判性结合起来，坚持在同错误观点的斗争中捍卫马克思主义。马克思主义的发展，是在同各种各样的错误观点和思潮的不断斗争中实现的。列宁曾经强调，当马克思主义的理论基础和基本原理受到了来自截然相反的各方面的曲解的时候，团结一切意识到克服危机必要性的马克思主义者起来捍卫马克思主义，是再重要不过的了。邓小平在领导中国人民进行中国特色社会主义建设的伟大实践中，始终坚持有"左"反"左"，有右反右，在开展正确的理论斗争中捍卫马克思主义。他曾坚决反对打着发展马克思主义的旗号搞资产阶级自由化的右倾观点，指出这样的观点不是向前发展，而是向后倒退，倒退到马克思主义以前去了。他坚决反对带着革命色彩的"左"的东西，强调右可以葬送社会主义，"左"也可以葬送社会主义。中国要警惕右，但主要是防止"左"。邓小平的科学立场和态度，是对待和捍卫马克思主义的典范。

第三，把理论的科学性同现实需要结合起来，强调在实际工作中创造性地论证和宣传马克思主义。邓小平认为，捍卫马克思主义，研究和宣传马克思主义，决不能停留在理论"本本"上，要针对现实，面向实际，创造性地解释和论证马克思主义。他曾批评一些理论工作者，对于社会主义现代化建设实践中提出的种种重大理论问题缺乏兴趣，表示"同现实保持距离"，或者认为没有学术价值，这样就可能离开马克思主义方向。他还曾对思想理论工作提出要求,对四项基本原则在新形势下所具有的新的意义,要根据新的丰富的事实做出新的有充分说服力的论证。他说,思想理论的宣传教育"决不是改头换面地抄袭旧书本所能完成的工作,而是要费尽革命思想家心血的崇高的创造性的科学工作"[①]。这些深刻的见解,对于我们今天研究、宣传和运用马克思主义,具有十分重要的指导意义。

在纪念邓小平诞辰 100 周年之际,在重温、学习他的科学的马克思主义观的时候,我们应牢牢铭记他在 25 年前的谆谆教导:"我们是一个马克思主义的大党,我们自己不重视马克思主义的研究,不按照实践的发展来推动马克思主义的前进,我们的工作还能够做得好吗?"[②] 我们相信,在党中央的坚强领导下,全党全国人民一定能很好地完成各项工作,从而推动中国特色社会主义建设事业不断走向新的胜利,为丰富和发展马克思主义做出新的贡献。

---

① 《邓小平文选》第 2 卷,人民出版社 1994 年版,第 180 页。
② 同上书,第 181 页。

邓小平"如何认识和发展马克思主义"[*]

"如何认识和发展马克思主义"的问题,即"什么是马克思主义、怎样对待马克思主义"的问题,是中国共产党人在中国革命、建设和改革的整个历史时期必须回答的根本问题,始终关系党和国家事业的前途命运。邓小平作为伟大的马克思主义者,在领导党和人民开创中国特色社会主义事业的过程中,对这个重大的、根本的问题做出了卓越探索和创造性的科学回答。习近平曾指出,坚持和发展中国特色社会主义是一篇大文章,邓小平为它确定了基本思路和基本原则。① 邓小平关于"如何认识和发展马克思主义"的重要论述,为我们在新的历史起点上坚持和发展中国特色社会主义提供了宝贵的、永恒的思想理论遗产。在邓小平诞辰110周年之际,认真总结和深刻领会他这方面的丰富思想,具有十分重要的意义。

---

[*] 原题为《邓小平对"如何认识和发展马克思主义"的科学回答及其现实意义》,作为提交给2014年8月"中国道路——全国纪念邓小平同志诞辰110周年学术研讨会"的论文,收录在中共中央文献研究室科研管理部会议论文集,编辑时有删改。

① 参见《毫不动摇坚持和发展中国特色社会主义》,《人民日报》2013年1月6日第1版。

坚持马克思主义的科学性和真理性，坚定"对马克思主义的充分信仰"

对马克思主义科学性的笃信和执着，对马克思主义和共产主义信仰的笃定和坚守，是邓小平回答"如何认识和发展马克思主义"的前提。20世纪80年代末90年代初的东欧剧变，使世界社会主义运动遭受严重挫折。"社会主义失败"论、"马克思主义过时"论一度甚嚣尘上。中国的社会主义也面临着严峻的挑战。中国的改革开放向何处去？中国特色社会主义道路能否继续走下去？这又是中国历史发展的关键时刻。邓小平以对马克思主义科学性的精深理解，以伟大无产阶级革命家的坚强信念，以对社会主义制度和建设中国特色社会主义伟大实践的必胜信心，向全党全国人民振聋发聩地说："我坚信，世界上赞成马克思主义的人会多起来的，因为马克思主义是科学。"面对东欧剧变后世界社会主义运动的复杂形势，他无比乐观、无比坚定地指出，一些国家发生的严重曲折，社会主义好像被削弱了，但人民会吸取教训，经受锻炼，这将促使社会主义向着更加健康的方向发展，因此，"不要惊慌失措，不要认为马克思主义就消失了，没用了，失败了。哪有这回事！"①

"世界上赞成马克思主义的人会多起来的"！邓小平20多年前做出的庄严而科学预言，得到了历史和实践的检验和证明。东欧剧变后，世界社会主义步入低谷，世界对马克思主义的关注与研究也曾出现短暂沉寂。21世纪初资本主义金融经济危机爆发以来，在世界各地再次出现了"马克思热"，甚至在西方资本主义国家，对马克思的关注与研究又重新活跃起来，西方媒体接连爆出马克思被评为"千年最伟大的思想家"，马克思的《资本论》《共产党宣言》销量

---

① 《邓小平文选》第3卷，人民出版社1993年版，第383页。

激增并重新走进大学课堂、论坛和会议，西方学者或惊呼"马克思又回来了"，或强调"马克思的思想依然有生命力"，或坦言"必须向马克思求教"等，甚至一些资产阶级政治家提出了"能否用卡尔·马克思来挽救资本主义"的问题。世界上赞成马克思主义的人的确又多起来了！这再次证明了邓小平这位历史伟人的科学预见。

邓小平善于把坚持马克思主义科学性和坚定马克思信仰有机结合起来。他经常运用中国共产党领导人民进行革命斗争的历史事实和经验，说明科学的理论在革命斗争中转化为革命群众内在信仰的巨大威力。他认为，对马克思主义的信仰是中国革命胜利的一种精神动力，如果我们不是马克思主义者，没有对马克思主义的充分信仰，中国革命就搞不成功。他指出，坚持马克思主义对中国十分重要，坚持社会主义也十分重要。中国自鸦片战争以来的一个多世纪内，处于被侵略、受屈辱的状态，是中国人民接受了马克思主义，才使中国革命取得了胜利。他指出，"过去我们党无论怎样弱小，无论遇到什么困难，一直有强大的战斗力，因为我们有马克思主义和共产主义的信念"①。他语重心长地告诫，我们马克思主义者过去闹革命，就是为社会主义、共产主义崇高理想而奋斗。现在我们搞经济改革，仍然要坚持社会主义道路，坚持共产主义的远大理想。我们搞改革开放和现代化建设，"没有丢马克思，没有丢列宁，也没有丢毛泽东。老祖宗不能丢啊！"②

"老祖宗不能丢"！丢了就丧失了党和国家事业的根本，就会走上改旗易帜的邪路。这是中国特色社会主义发展的整个历史时期必须坚持的根本原则。我们说解放思想是法宝，改革开放是法宝，"不丢老祖宗"同样是法宝。正如习近平说的那样，中国特色社会主义是社会主义而不是其他什么主义，科学社会主义基本原则不能丢，

---

① 《邓小平文选》第3卷，人民出版社1993年版，第144页。
② 同上书，第369页。

丢了就不是社会主义。① 这是在当今时代和条件下对邓小平"老祖宗不能丢"的彻底坚持。

邓小平善于在同各种错误倾向和观点的斗争中捍卫马克思主义。马克思主义的发展，是在同各种各样的错误观点和思潮的不断斗争中实现的。列宁曾经强调，当马克思主义的理论基础和基本原理受到了来自截然相反的各方面的曲解的时候，团结一切意识到克服危机必要性的马克思主义者起来捍卫马克思主义，是再重要不过的了。邓小平在领导中国人民进行中国特色社会主义建设的伟大实践中，始终坚持有"左"反"左"，有右反右，在开展正确的理论斗争中捍卫马克思主义。他曾坚决反对打着发展马克思主义的旗号搞资产阶级自由化的右倾观点，也曾坚决反对带着革命色彩的"左"的东西，强调右可以葬送社会主义，"左"也可以葬送社会主义。邓小平的科学立场和态度，是坚持和捍卫马克思主义的典范。

邓小平反复强调创造性地宣传和研究马克思主义。邓小平认为，捍卫马克思主义，研究和宣传马克思主义，决不能停留在理论"本本"上，要针对现实，面向实际，创造性地解释和论证马克思主义。他曾批评一些理论工作者，对于社会主义现代化建设实践中提出的种种重大理论问题缺乏兴趣，表示"同现实保持距离"，或者认为没有学术价值，这样就可能离开马克思主义方向。他还曾对思想理论工作提出要求，他指出，思想理论的宣传教育"决不是改头换面地抄袭旧书本所能完成的工作，而是要费尽革命思想家心血的崇高的创造性的科学工作"②。

邓小平关于坚持马克思主义科学性和坚定马克思主义信仰的重要论述，今天具有十分重要的现实指导意义。习近平在系列讲话中反复强调，马克思主义、共产主义信仰是共产党人的命脉和灵魂，

---

① 参见《毫不动摇坚持和发展中国特色社会主义》，《人民日报》2013年1月6日第1版。

② 《邓小平文选》第2卷，人民出版社1994年版，第180页。

坚定理想信念，坚守共产党人精神追求，始终是共产党人安身立命的根本。共产党人之所以为共产党人，就是因为有马克思主义、共产主义信仰。这是共产党人身份的象征，是共产党人区别于其他人的最醒目的标志，是共产党人站稳政治立场、抵御各种诱惑的决定性因素。革命理想高于天。没有理想信念，或者理想信念不坚定，精神上就会"缺钙"，就会得"软骨病"。在我们的党员干部队伍中，信仰迷茫、精神迷失是一个需要引起高度重视的问题。有的对共产主义心存怀疑，认为那是虚无缥缈、难以企及的幻想；有的"不问苍生问鬼神"。有的人在大是大非和政治原则问题上，"爱惜羽毛"，态度暧昧、退避三舍、不敢亮剑，甚至模糊立场、耍滑头；有的甚至向往西方社会制度和价值观念，对马克思主义和社会主义前途命运丧失信心，丢失了共产党人的远大目标，迷失方向，变成功利主义、实用主义。习近平还指出，在新的历史时期，我们既要坚定走中国特色社会主义道路的信念，也要胸怀共产主义的崇高理想，矢志不移贯彻执行党在社会主义初级阶段的基本路线和基本纲领，做好当前每一项工作，取得中国特色社会主义接力赛中我们这一棒的优异成绩。

坚持马克思主义的时代性和发展性，"必须根据现在的情况"认识和发展马克思主义

马克思主义是时代精神的精华，随着时代、实践和科学的发展而发展，具有与时俱进的品质。正如恩格斯指出的："每一个时代的理论思维，包括我们这个时代的理论思维，都是一种历史的产物，它在不同的时代具有完全不同的形式，同时具有完全不同的内容。"[①]因而，如何科学地认识马克思主义的时代性，从而根据各个不同时

---

① 《马克思恩格斯选集》第3卷，人民出版社2012年版，第873页。

代的实践要求来坚持和发展马克思主义,是共产党人必须认真思考和回答的重大问题。

邓小平作为伟大的马克思主义者,深刻地认识和理解马克思主义随着时代发展而不断发展的品质。改革开放之初,邓小平就鲜明提出:"科学社会主义是在实际斗争中发展着,马列主义、毛泽东思想是在实际斗争中发展着。我们当然不会由科学的社会主义退回到空想的社会主义,也不会让马克思主义停留在几十年或一百多年前的个别论断的水平上。"① 这种实事求是的科学态度,是从时代和实践发展的高度认识和对待马克思主义的唯一正确的态度。邓小平深刻地总结国际共产主义运动的经验教训,强调多年来存在一个对马克思主义、社会主义的理解问题。他明确指出:"马克思去世以后一百多年,究竟发生了什么变化,在变化的条件下,如何认识和发展马克思主义,没有搞清楚。"② 他提出,绝不能要求马克思为解决他去世之后上百年、几百年所产生的问题提供现成的答案。列宁同样也不能承担为他去世以后五十年、一百年所产生的问题提供现成答案的任务。不以新的思想、观点去继承、发展马克思主义,不是真正的马克思主义者。这种态度,就是真正的马克思主义者的态度。邓小平对待马克思主义的态度,正如马克思主义经典作家自己坦率表明的那样:"我们只能在我们时代的条件下去认识,而且这些条件达到什么程度,我们就认识到什么程度。"③

邓小平总结出的重要结论是:从而,"必须根据现在的情况,认识、继承和发展马克思列宁主义"④。"实事求是是马克思主义的精髓。"⑤ 马克思主义不是从原则出发,而是从事实出发。马克思指出:

---

① 《邓小平文选》第 2 卷,人民出版社 1994 年版,第 179 页。
② 《邓小平文选》第 3 卷,人民出版社 1993 年版,第 291 页。
③ 《马克思恩格斯选集》第 3 卷,人民出版社 2012 年版,第 933 页。
④ 《邓小平文选》第 3 卷,人民出版社 1993 年版,第 291 页。
⑤ 同上书,第 382 页。

"正确的理论必须结合具体情况并根据现存条件加以阐明和发挥。"① 列宁也说,马克思主义者只能以经过严格证明和确凿证明的事实作为自己的政策的前提。毛泽东则反复强调,马克思主义者必须从客观存在的事实出发,并用中国百姓喜闻乐见的成语"实事求是"做出精当的概括。邓小平遵循实事求是的精神,用朴实的语言把马克思主义形成和发展的根基表述为"必须根据现在的情况",这与马克思、恩格斯、列宁、毛泽东的思想一脉相承,揭示了马克思主义善于在不同的历史时期抓住具有决定作用的历史事实,根据实际生活的生动经验来解决时代问题的鲜明特征,从而进一步丰富、完善和发展马克思主义。

邓小平认为,马克思主义为社会主义建设和改革提供了科学的理论基础和行动指南,同时他强调,马克思主义必须发展,我们不能把马克思主义当作教条。他认为,发展马克思主义是在建设社会主义的实践探索中实现的,在新的实践中回答了新情况下出现的新问题,就是真正地坚持了马克思主义和社会主义,就是真正地发展了马克思主义。他指出:"马克思主义理论从来不是教条,而是行动的指南。它要求人们根据它的基本原则和基本方法,不断结合变化着的实际,探索解决新问题的答案,从而也发展马克思主义理论本身。"② 他对改革开放中取得的理论和实践探索的新成绩感到由衷的喜悦。例如,他对1984年党的十二届三中全会通过的《关于经济体制改革的决定》作了高度的肯定和赞扬,说这是写出了马克思主义政治经济学的初稿,是很好的文件,就是解释了什么是社会主义,有些是我们老祖宗没有说过的话,有些新话。他深刻地总结说:"我们现在所干的事业是一项新事业,马克思没有讲过,我们的前人没有做过,其他社会主义国家也没有干过,所以,没有现成的经验可

---

① 《马克思恩格斯全集》第47卷,人民出版社2004年版,第35页。
② 《邓小平文选》第3卷,人民出版社1993年版,第146页。

学。我们只能在干中学,在实践中探索。"①

正是邓小平对马克思主义时代性和发展性的深刻掌握,对马克思主义与时俱进品格和实事求是精髓的深刻理解和实际运用,才带领全党全国人民不断推进马克思主义中国化,形成了邓小平理论。也正是此后几代共产党人继续坚持这样科学对待马克思主义的态度和立场,才有了中国特色社会主义理论体系的不断丰富和发展。正如习近平在系列讲话中反复强调的,坚持马克思主义,坚持社会主义,一定要有发展的观点,一定要以我国改革开放和现代化建设的实际问题、以我们正在做的事情为中心,着眼于马克思主义理论的运用,着眼于对实际问题的理论思考,着眼于新的实践和新的发展。② 习近平强调的"以我们正在做的事情为中心",在精神实质上正与邓小平强调的"必须根据现在的情况"认识和发展马克思主义的立场一脉相承,都是对马克思主义时代性和发展性的深刻掌握和运用。

坚持马克思主义的实践性和民族性,我们需要的真正的马克思主义是"结合中国实际的马克思主义"

马克思说过:"理论在一个国家实现的程度,总是取决于理论满足这个国家的需要的程度。"③ 这深刻地揭示了马克思主义的实践特性和民族特性。马克思主义正是针对各国各时期不同的政治、经济和文化需要而提供具体的"满足"手段的。马克思主义的发展,正

---

① 《邓小平文选》第 3 卷,人民出版社 1993 年版,第 258—259 页。
② 参见《人民日报》,《毫不动摇坚持和发展中国特色社会主义》2013 年 1 月 6 日第 1 版。
③ 《马克思恩格斯选集》第 1 卷,人民出版社 2012 年版,第 11 页。

是在同各国各民族不同发展阶段的国情有机结合的过程中实现的。列宁也曾经指出，运用马克思主义，要"把这些原则在某些细节上正确地加以改变，使之正确地适应于民族的和民族国家的差别，针对这些差别正确地加以运用"①。毛泽东曾鲜明地强调，必须将马克思主义的普遍真理和中国革命的具体实践完全地恰当地统一起来，使之和民族的特点相结合。这个结合"经过一定的民族形式，才有用处，决不能主观地公式地应用它。公式的马克思主义者，只是对于马克思主义和中国革命开玩笑，在中国革命队伍中是没有他们的位置的"②。

邓小平对马克思主义实践性和民族性的深刻理解的具体表达，就是他精辟指出的："只有结合中国实际的马克思主义，才是我们所需要的真正的马克思主义。"③ 这是他对什么是"我们所需要的真正的马克思主义"做出的科学回答。他明确指出："我们建设社会主义，准确地说是建设有中国特色的社会主义，这样才是真正地坚持了马克思主义。我们历来主张世界各国共产党根据自己的特点去继承和发展马克思主义，离开自己国家的实际谈马克思主义，没有意义。"④ 他从中国革命和建设的长期历史经验中得出的基本结论，那就是："把马克思主义的普遍真理同我国的具体实际结合起来，走自己的道路，建设有中国特色的社会主义。"⑤ 他总结国际共产主义运动的经验教训，得出这样的深刻启示，革命和建设都要走自己的路。照抄照搬别国经验、别国模式，从来不能得到成功。"我们都根据自己的特点，自己国家的情况，走自己的路。我们既不能照搬西方资本主义国家的做法，也不能照搬其他社会主义国家的做法，更不能

---

① 列宁：《共产主义运动中的"左派"幼稚病》，人民出版社2016年版，第74—75页。
② 《毛泽东选集》第2卷，人民出版社1991年版，第707页。
③ 《邓小平文选》第3卷，人民出版社1993年版，第213页。
④ 同上书，第191页。
⑤ 同上书，第3页。

丢掉我们制度的优越性。"① 他强调，把马克思列宁主义基本原理同中国实际相结合，走自己的路，是我们吃了苦头总结出来的经验。他强调，社会主义国家的改革开放必须从各国自己的条件出发。"每个国家的基础不同，历史不同，所处的环境不同，左邻右舍不同，还有其他许多不同。别人的经验可以参考，但是不能照搬。过去我们中国照搬别人的，吃了很大苦头，中国只能搞中国的社会主义。"②

"中国只能搞中国的社会主义！"极为朴实的话语，正是对中国革命和建设历史经验和国际共产主义运动经验的最深刻、最精辟的提炼和概括。他这样解释："我们搞四个现代化和改革、开放，以后还会遇到风险、困难，包括我们自己还会犯错误。中国是这么大的国家，我们做的事是前人没有做过的。中国有自己的特点，所以我们只能按中国的实际办事，别人的经验可以借鉴，但不能照搬。"③的确，"只能按中国的实际办事"，这就是对马克思主义民族性和实践性的最好诠释和坚持。

今天，中国人民正沿着邓小平开创的中国特色社会主义道路奋勇前进。经过30多年的改革开放，中国特色社会主义事业取得了举世瞩目的成就和辉煌。中国共产党和中国人民坚定不移地走"自己的道路"，实现"两个一百年"的奋斗目标，实现中华民族伟大复兴的中国梦。习近平对邓小平当年提出的"结合中国实际的马克思主义"作了深入阐发，他在系列讲话中强调，任何科学的理论和制度，必须本土化才能真正起到作用。马克思主义也好，社会主义也好，能够在中国取得胜利，关键就是我们党不断推进其中国化，紧密结合中国实际加以运用。搞教条主义、本本主义，"言必称希腊"，都是不能成功的。他在论述中国特色社会主义制度的独特性和民族性时指出，我国今天的治理体系，是在我国历史传承、文化传统、

---

① 《邓小平文选》第3卷，人民出版社1993年版，第256页。
② 同上书，第265页。
③ 同上书，第229页。

经济社会发展的基础上长期发展、渐进改进、内生性演化的结果。如果不顾国情照搬照抄别人的制度模式，就是画虎不成反类犬，不仅不能解决任何实际问题，而且还会因水土不服造成严重后果。① 习近平的这些深刻论述，与邓小平的有关论述在精神实质上完全一致，是在新的时代条件下继续坚持马克思主义实践性和民族性、从而继续推进马克思主义中国化的具体表达和践行。

坚持马克思主义的群众性和朴实性，马克思主义是"很朴实的东西，很朴实的道理"

马克思主义具有鲜明的群众性，是指导广大群众认识世界、改造世界的科学理论，同时也必须要为广大群众掌握和运用。马克思说："理论一经掌握群众，也会变成物质力量。理论只要说服人，就能掌握群众；而理论只要彻底，就能说服人。"② 正是马克思主义具有彻底的群众性，它也就具备了广泛的大众性和朴实性。马克思主义是博大精深的理论体系，但它不是"神秘哲学"。马克思主义与广大人民群众改造世界的实践紧密相连，而不是抽象的、教条的"本本"。马克思主义创始人没有任何凭空制造体系的想法，他们的观点之所以发展成为严整的科学体系，是他们在为争取解放的无产阶级锻造思想武器的过程中，在无产阶级及广大群众认识世界和改造世界的实践中，不断扩展、深化和升华，从而形成科学的思想理论体系。列宁这样论述马克思主义理论的群众性和朴实性："马克思主义同任何抽象公式、任何学理主义方法是绝对不相容的，它要求细心对待进行中的群众斗争……马克思主义在这方面可以说是向群众的

---

① 参见《完善和发展中国特色社会主义制度》，《人民日报》2014年2月18日第1版。

② 《马克思恩格斯选集》第1卷，人民出版社2012年版，第9—10页。

实践学习的，决不奢望用书斋里的'分类学家'臆造的斗争形式来教导群众。"①

邓小平一生都在彻底践行马克思主义的群众性和朴实性，他这样实际而朴实地讲："我们讲了一辈子马克思主义，其实马克思主义并不玄奥。马克思主义是很朴实的东西，很朴实的道理。"② 邓小平之所以认为马克思主义是"很朴实的东西，很朴实的道理"，是因为邓小平对马克思主义的群众性和朴实性的深刻理解，集中体现在对实事求是这一马克思主义精髓的掌握和运用上。他说："我读的书并不多，就是一条，相信毛主席讲的实事求是。过去我们打仗靠这个，现在搞建设、搞改革也靠这个。"③ 邓小平之所以认为马克思主义并不玄奥，是因为他深刻理解马克思主义的群众性，深知其科学性和真理性来源于广大人民群众的利益要求和创造新生活的鲜活实践。邓小平坚决反对把马克思主义理论当作神秘和玄奥的东西来看待，坚决反对本本主义和教条主义。他引用毛泽东的话论述说："我们说马克思主义是对的，决不是因为马克思这个人是什么'先哲'，而是因为他的理论，在我们的实践中，在我们的斗争中，证明了是对的。我们的斗争需要马克思主义。我们欢迎这个理论，丝毫不存什么'先哲'一类的形式的甚至神秘的念头在里面。"④ 邓小平指出："马克思主义是打不倒的。打不倒，并不是因为大本子多，而是因为马克思主义的真理颠扑不破。实事求是是马克思主义的精髓。要提倡这个，不要提倡本本。我们改革开放的成功，不是靠本本，而是靠实践，靠实事求是。"⑤ 他这样讲："学马列要精，要管用的。长篇的东西是少数搞专业的人读的，群众怎么读？要求都读大本子，那

---

① 《列宁选集》第1卷，人民出版社2012年版，第722页。
② 《邓小平文选》第3卷，人民出版社1993年版，第382页。
③ 同上。
④ 《邓小平文选》第2卷，人民出版社1994年版，第115页。
⑤ 《邓小平文选》第3卷，人民出版社1993年版，第382页。

是形式主义的,办不到。"① 这里,邓小平所说"管用的",就是马克思主义的基本原理,就是马克思主义的立场、观点和方法。

邓小平认为,坚持马克思主义的群众性,就要彻底地贯彻马克思主义的群众观点和群众路线。他坚定地相信:"凡是符合最大多数人的根本利益,受到广大人民拥护的事情,不论前进的道路上还有多少困难,一定会得到成功。"② 他指出:"群众是我们力量的源泉,群众路线和群众观点是我们的传家宝。党的组织、党员和党的干部,必须同群众打成一片,绝对不能同群众相对立。如果哪个党组织严重脱离群众而不能坚决改正,那就丧失了力量的源泉,就一定要失败,就会被人民抛弃。"③ 他提出了一个检验党员领导干部的工作业绩的根本标准,那就是要看人民拥护不拥护、赞成不赞成、高兴不高兴、满意不满意、答应不答应。这五句话标准,是对马克思主义群众观的最彻底贯彻,也是马克思主义朴实性的最朴实表达。

党中央一以贯之地坚持和践行马克思主义的群众观点和群众路线,在全面深化改革的新的历史时期,把邓小平提出的重要思想发扬光大。习近平指出:"检验我们一切工作的成效,最终都要看人民是否真正得到了实惠,人民生活是否真正得到了改善,这是坚持立党为公、执政为民的本质要求,是党和人民事业不断发展的重要保证。"④ 这与邓小平提出的五句话标准一脉相承。他强调,人民是历史的创造者,是我们的力量源泉。推进任何一项重大改革,都要站在人民立场上把握和处理涉及改革的重大问题,都要从人民利益出发谋划改革思路、制定改革举措。他说,我们讲宗旨,讲了很多话,但说到底还是为人民服务这句话。今天,衡量一名共产党员、一名领导干部是否具有共产主义远大理想,是有客观标准的,那就要看

---

① 《邓小平文选》第3卷,人民出版社1993年版,第382页。
② 同上书,第142页。
③ 《邓小平文选》第2卷,人民出版社1994年版,第368页。
④ 参见习近平《全面贯彻落实党的十八大精神要突出抓好六个方面工作》(2012年11月15日),《求是》2013年第1期。

他能否坚持全心全意为人民服务的根本宗旨。

邓小平曾谆谆教导全党:"我们是一个马克思主义的大党,我们自己不重视马克思主义的研究,不按照实践的发展来推动马克思主义的前进,我们的工作还能够做得好吗?"① 这对当时及此后的共产党人都提出了明确而艰巨的理论任务和政治任务,即根据时代和实践的发展不断探索和科学回答"如何认识和发展马克思主义"的重大问题。今天,党中央领导全党全国人民接过了历史的接力棒,继续谱写坚持和发展中国特色社会主义的绚丽华章。习近平同志指出:"解放思想、实事求是、与时俱进,是马克思主义活的灵魂。"他提出,全党同志首先是各级领导干部"必须坚持马克思主义的发展观点,坚持实践是检验真理的唯一标准","不断有所发现、有所创造、有所前进,不断推进理论创新、实践创新、制度创新。"② 这是当代中国共产党人在新的历史起点上对"如何认识和发展马克思主义"的继续探索和科学回答,也是对邓小平的最好纪念。

---

① 《邓小平文选》第 2 卷,人民出版社 1994 年版,第 181 页。
② 参见《毫不动摇坚持和发展中国特色社会主义》,《人民日报》2013 年 1 月 6 日第 1 版。

邓小平的社会主义本质观[*]

纵观社会主义发展的历史，我们看到："什么是社会主义"这一问题是常现常新并因此让人常省常思的基本问题。在社会主义发展的不同阶段对其不同方式、不同深度的揭示与回答，决定了该阶段社会发展的内容和方向，从而使其成为一以贯之的基点问题。社会主义在20世纪末经受了前所未有的大变动和大挫折的洗礼之后，人类的思维对其又进行了深刻的反思，探本溯源地重新把对"什么是社会主义"这一问题的回答提上日程，以求确立新形势下现实社会主义发展的基点。这样，邓小平社会主义本质观就作为现实社会主义的一个基点理论应运而生了。"社会主义的本质，是解放生产力，发展生产力，消灭剥削，消除两极分化，最终达到共同富裕。"[①] 这一精辟的科学论断是对社会主义内涵的首次明确表述和直接界定，从而在社会主义思想发展史上树立了新的里程碑。邓小平的社会主义本质观包括相互联系、相互制约、相辅相成的三个方面，因此构成了具有完整系统的科学理论。

---

[*] 原题为《邓小平社会主义本质观系统探析》，发表于《社会主义研究》1995年第6期。

[①] 《邓小平文选》第3卷，人民出版社1993年版，第373页。

"解放生产力,发展生产力"是社会主义本质的核心

马克思曾经指出:"物质生活的生产方式制约着整个社会生活、政治生活和精神生活的过程。"① 而生产方式中的生产力又是社会发展的决定力量,"手工磨产生的是封建主的社会,蒸汽磨产生的是工业资本家的社会"②。邓小平坚持历史唯物主义的基本观点,把马克思主义的普遍原理和中国的社会主义实践结合起来,明确提出解放和发展生产力是社会主义的本质,并把它放在首位,把它看作核心内容。这是从社会主义内部固有的深层规律方面界定社会主义本质。

邓小平指出:"马克思主义最注重发展生产力。"③ "在社会主义国家,一个真正的马克思主义政党在执政以后,一定要致力于发展生产力,并在这个基础上逐步提高人民的生活水平。"④ 坚持生产力标准是邓小平从事社会主义建设工作一贯坚持的。早在20世纪60年代,邓小平就提出了生产力的标准,并把是否有利于解放和发展生产力当作检验生产关系的标准。1962年,他就当时关于农业生产的问题强调指出:"生产关系究竟以什么形式为最好,恐怕要采取这样一种态度,就是哪种形式在哪个地方能够比较容易比较快地恢复和发展农业生产,就采取哪种形式,群众愿采取哪种形式,就应该采取哪种形式,不合法的使它合法起来。"⑤ 在1975年邓小平于国家危难之际主持日常工作时,他对"四人帮"掀起的批"唯生产力

---

① 《马克思恩格斯选集》第2卷,人民出版社2012年版,第8页。
② 《马克思恩格斯选集》第1卷,人民出版社2012年版,第222页。
③ 《邓小平文选》第3卷,人民出版社1993年版,第63页。
④ 同上书,第28页。
⑤ 《邓小平文选》第1卷,人民出版社1993年版,第323页。

论"不屑一顾，旗帜鲜明地提出要把国民经济搞上去。粉碎"四人帮"后，他号召全党全国把工作重心转移到经济建设上来。1980年，他在讲话中指出："社会主义制度优于资本主义制度。这要表现在许多方面，但首先要表现在经济发展的速度和效果方面。没有这一条，再吹牛也没有用。"[①] 10多年来的改革开放，就是为解放和发展生产力采取的切实措施。1989年政治风波过后，人们担心党的发展生产力的政策是否会改变，邓小平坚定地指出：无论发生什么事情，发展生产力这一大事不变。100年不动摇。为使中国的经济迈上一个新台阶，邓小平在1992年初南方谈话中明确指出解放和发展生产力是社会主义的核心本质。他认为，一切有利于生产力发展的东西，都是符合人民利益的，因而是社会主义所要求的，或者是社会主义所允许的。否则，都是违反社会主义的，是社会主义不允许的。

邓小平把解放和发展生产力作为社会主义本质的核心，使社会主义在新的时代获得了存在和发展的新条件，从而迅速更新了社会主义内在的深层内容。这体现在以下三方面。

其一，当今世界是生产力高度发展的时代，以空间技术、微电子技术、信息技术、生物工程技术和能源技术为主要内容的新科技革命，空前地扩大了人类认识世界的视野，它使一切事物，包括自然和社会事物，在它面前重新审视自己，改变自己，社会主义内涵本身也受到这不可遏制的挑战。而社会主义本质内容的生产力规定，正是顺应时代要求的具体体现。

其二，现代生产力在西方发达资本主义国家以及在一些后起的资本主义国家和地区的迅速发展，形成了对社会主义的严重挑战；苏联、东欧社会主义国家由于生产力发展缓慢，最终导致演变和解体的历史性倒退，使国际社会主义运动面临着前所未有的考验。而社会主义本质内容的生产力规定，正是社会主义在严峻形势下继续

---

① 《邓小平文选》第2卷，人民出版社1994年版，第251页。

存在和发展的必然要求。

其三，当代社会主义和资本主义竞争的主要内容是和平经济竞争，虽然看不见冷战时的硝烟，但竞争的激烈程度不亚于冷战的对峙。因此说，在两大制度在地球上共存、竞争的时代，社会主义能否最终取胜，从根本上讲，取决于生产力的发展水平。可见，社会主义本质内容的生产力规定，是社会主义战胜资本主义的根本要求。

综上所述，邓小平把解放和发展生产力作为社会主义的核心本质，使现实社会主义的建设与发展有了明确的目标和任务，从而也使社会主义运动更加符合历史发展的客观规律。社会主义核心本质的生产力规定，适应了时代的转变，从而也使社会主义在剧烈的历史大变动中保持了内在的蓬勃生机和活力。

"消灭剥削，消除两极分化"是社、资区别的首要标志

就解放和发展生产力而言，如果把它看作是从社会主义自身固有的深层内涵角度为社会主义下定义的话，那么"消灭剥削，消除两极分化"则是从社会主义外部联系的角度，即从社会主义与当代资本主义的关系的角度为社会主义作明确的界定。总体来看，邓小平关于社会主义"消灭剥削，消除两极分化"的这一本质规定至少包含以下几方面的内容。

其一，"剥削"和"两极分化"不是社会主义应具有的社会现象，消灭剥削和两极分化是社会主义区别于资本主义的首位标志，是社会主义本质的题中之义。邓小平坚持马克思主义的基本原则：社会主义是对资本主义的必然的历史否定。而这个历史否定的首要标志就是：社会主义要消灭剥削和两极分化，资本主义则要维持剥削和两极分化状态。马克思曾经指出："消费资料的任何一种

分配，都不过是生产条件本身分配的结果。"① 资本主义之所以出现剥削和两极分化现象，是因为资本主义生产资料的私人占有制。而社会主义生产的根本目的是满足全体人民的物质和文化的需要，是要从根本上消除不合理的剥削和两极分化现象的。邓小平指出："社会主义的目的就是要全国人民共同富裕，不是两极分化。如果我们的政策导致两极分化，我们就失败了；如果产生了什么新的资产阶级，那我们就真是走了邪路了。"② 社会主义只有消灭了剥削和两极分化现象，才能体现它较之于资本主义的优越性和历史进步。

其二，社会主义"消灭剥削，消除两极分化"是现实性和历史性的统一。既然社会主义要消灭剥削和两极分化，那么在社会主义的一定发展阶段上就必然存在着剥削和两极分化现象。只有承认这一点，才能深刻地认识社会主义的本质。这里便涉及了社会主义和"剥削与两极分化"的现象的关系问题。首先，二者在本质上是不相容的，这决定了社会主义消灭剥削和两极分化的现实性；其次，社会主义存在剥削和两极分化现象，这体现了二者非本质的一定历史阶段上的相容性，从而决定了社会主义消灭剥削和两极分化的历史性。社会主义"消灭剥削，消除两极分化"就是现实性和历史性的辩证统一。社会主义改革的每一个步骤，社会主义向前发展的每一步，都体现了消灭剥削和两极分化现象的现实性。由社会主义的本质决定，消灭剥削和两极分化现象必须从现实做起，为全面达到这个目标创造经济、政治、文化以及社会等各方面的条件。允许局部范围内、小规模的剥削和两极分化现象的存在，并使之处于社会主义的国家政权控制之下，让它在某种程度上为社会主义服务，体现了消灭剥削和两极分化现象的历史性。在社会主义历史发展的一定阶段上，之所以存在剥削和两极分化现象，是有其历史的和现实的

---

① 《马克思恩格斯选集》第3卷，人民出版社2012年版，第365页。
② 《邓小平文选》第3卷，人民出版社1993年版，第110—111页。

多方面的原因的。其中最主要的原因有两个：第一，在社会主义社会的初级阶段，还存在着资本主义和封建主义的残余，这符合马克思所说的"脱胎出来的那个社会的痕迹"。剥削和两极分化现象是作为旧社会残余存在于现代社会中，而不是社会主义固有的东西。第二，是由社会主义初级阶段较为低下的生产力发展水平决定的。不发达的生产力要求有适当形式的生产关系与之相适应。在现阶段这种生产关系的表现形式是以公有制为主体的各种经济成分并存，而剥削和两极分化现象就作为补充成分的派生物存在于社会主义的历史阶段中。

其三，社会主义"消灭剥削，消除两极分化"这一本质内容的实现途径是大力发展社会生产力。在社会主义社会历史发展阶段上，对剥削和两极分化现象的"消灭"和"消除"不再是像社会主义革命和改造时期那样通过以人为对象的革命方式进行，而是要大力发展生产力，进行一场人对自然的革命。由此可见，社会主义消灭剥削和两极分化现象已和以前革命和改造时期对剥削的消灭有质的不同。消灭剥削和两极分化现象与发展生产力是紧密联系的。考察一下社会发展的历史，我们就会发现：由于生产力的发展，产生了剥削和两极分化；生产力再进一步发展，又导致消灭剥削和两极分化。在社会主义初级阶段，这方面的任务便是大力发展生产力、为消灭剥削和两极分化现象不断创造条件，绝对不能用强制性手段达到"消灭"或"消除"的目的，否则就会适得其反。社会主义初级阶段的生产力水平还没有达到杜绝剥削和两极分化现象存在的程度。马克思指出："人类始终只提出自己能够解决的任务，因为只要仔细考察就可以发现，任务本身，只有在解决它的物质条件已经存在或者至少是在生成过程中的时候，才会产生。"[①]

[①] 《马克思恩格斯选集》第2卷，人民出版社2012年版，第3页。

"最终达到共同富裕"是社会主义运行的目的

把人民的共同富裕当作社会主义运作的目的，并从本质规定的高度把它提出来，这一方面体现了邓小平一贯坚持的马克思主义的求实精神，另一方面也表明了他对社会主义发展规律的深谙洞悉。以往论述社会主义的发展目标，或者笼统地说是为向将来的共产主义过渡创造条件，或者仅从政治、经济、文化等各方面的具体特征方面来泛泛地加以阐释，不能明确指出社会主义的切实奋斗目标。邓小平提出的"共同富裕"，使现实社会主义运动有了明确的具体的发展方向，是科学社会主义理论的一个新突破。具体地说最终达到"共同富裕"这一简练精确的概括蕴含着以下几方面的内容。

其一，社会主义是富裕的，不是贫穷的。邓小平指出："社会主义必须摆脱贫穷。"[①]"文革"时期"四人帮"荒谬地提出宁要贫穷的社会主义和共产主义，不要富裕的资本主义。针对这种谬论，邓小平严厉指出："不要富裕的资本主义还有道理，难道能够讲什么贫穷的社会主义和共产主义吗？"[②] 社会主义从本质上说是富裕的。"社会主义要消灭贫穷。贫穷不是社会主义，更不是共产主义。"[③] 过去我们搞"穷过渡"，搞平均主义，这种做法本身就是对社会主义本质的曲解，是对社会主义发展规律的违背。社会主义唯有富裕起来，才最终证明了它的历史优越性。马克思早就指出：在未来社会的低级阶段即社会主义阶段，人民将创造出比资本主义更多的财富，而在共产主义的高级阶段上，社会财富的一切源泉要"充分涌流"。

---

① 《邓小平文选》第3卷，人民出版社1993年版，第223页。
② 同上。
③ 同上书，第63—64页。

现实的社会主义是在落后的国家建立的,但这并不说明社会主义可以是贫穷的。社会主义的根本任务就是要大力发展生产力,最快地富裕起来。

其二,社会主义的富裕是人们的共同富裕。仅仅"富裕"还不能完整说明社会主义的本质。"社会主义的特点不是穷,而是富,但这种富是人民共同富裕。"① 共同富裕是社会主义社会发展的必然。列宁曾经说过:"只有社会主义才可能广泛推行和真正支配根据科学原则进行的产品的社会生产和分配,以便使所有劳动者过最美好、最幸福的生活。只有社会主义才能实现这一点。"② 毛泽东在1955年指出:"要巩固工农联盟,我们就得领导农民走社会主义道路,使农民群众共同富裕起来。"③ 在这时毛泽东已多次明确提出"共同富裕",并已把它和社会主义发展道路联系起来。邓小平继承和发展了马克思主义关于社会主义共同富裕的思想,并把它作为社会主义发展和资本主义发展的本质区别。他明确指出:"社会主义的经济是以公有制为基础的,生产是为了最大限度地满足人民的物质文化需要,而不是为了剥削。"而"资本主义无论如何不能摆脱百万富翁的超级利润,不能摆脱剥削和掠夺,不能摆脱经济危机。不能形成共同的理想和道德,不能避免各种极端严重的犯罪、堕落、绝望"④。要坚持社会主义,就必须引导全体人民走共同富裕之路。

其三,社会主义也是以物质利益为基点的。马克思曾指出,人们所奋斗的一切,都和他们的物质利益有关。恩格斯曾设想,在未来的新社会中,"通过社会化生产,不仅可能保证一切社会成员有富足的和一天比一天充裕的物质生活,而且还可能保证他们的体力和智力获得充分的自由的发展和运用"⑤。社会主义作为一种切实的社

---

① 《邓小平文选》第3卷,人民出版社1993年版,第265页。
② 《列宁选集》第3卷,人民出版社2012年版,第546页。
③ 《建国以来重要文献选编》(第七册),中央文献出版社1993年版,第322页。
④ 《邓小平文选》第2卷,人民出版社1994年版,第167页。
⑤ 《马克思恩格斯选集》第3卷,人民出版社2012年版,第814页。

会存在，绝不是停留在空泛的口号上。邓小平"共同富裕"思想把社会主义的奋斗目标落在物质利益的基点上，抛弃了以往关于社会主义的无谓争辩和不切实际的幻想，也结束了过去对物质利益既承认又不敢大胆承认的模棱两可、羞羞答答的思维方法和做法。早在1978年，邓小平就明确指出，"不重视物质利益，对少数先进分子可以，对广大群众不行，一段时间可以，长期不行。革命精神是非常宝贵的，没有革命精神就没有革命行动。但是，革命是在物质利益的基础上产生的，如果只讲牺牲精神，不讲物质利益，那就是唯心论"①。

其四，社会主义共同富裕的目的不是马上实现的，要通过长期的努力，才能"最终达到"。邓小平不仅为社会主义规定了本质目标，而且探究和指明了达到这个目标的途径。"在经济政策上，我认为要允许一部分地区、一部分企业、一部分工人农民，由于辛勤努力成绩大而收入先多一些，生活先好起来。一部分人生活先好起来，就必然产生极大的示范力量，影响左邻右舍，带动其他地区、其他单位的人们向他们学习。这样，就会使整个国民经济不断地波浪式地向前发展，使全国各族人民都能比较快地富裕起来。"② 这充分体现了社会主义的按劳分配原则，也反映了社会主义经济发展的客观规律。

总之，邓小平把"最终达到共同富裕"作为社会主义的目的，这使社会主义的运作有了明确、切实具体的目标。

以上分析了邓小平社会主义本质观的三方面构成内容。其中的每一方面都不是独立存在的，都是与其他两方面密切相连、共同处于一个整体之中。尽管三方面的内容在统一整体中的地位和侧重点不同，但缺少任何一方面，都不能完整地说明社会主义的本质。这种密切相关、相辅相成的内在结构联系和逻辑关系主要体现在以下

---

① 《邓小平文选》第2卷，人民出版社1994年版，第146页。
② 同上书，第152页。

两个方面。

第一，三个方面的界定充分体现了邓小平社会主义本质观的系统性。系统是事物的存在方式，是由事物内部互相联系的各个要素组成的有机整体。邓小平关于社会主义本质的新论断是把社会主义作为一个有机系统进行考察的。三大方面中的五个要素在相互制约、相互影响的关系中发生作用，使系统发挥出巨大的整体功能。从一方面看，"解放生产力，发展生产力"和"消灭剥削，消除两极分化"是两个手段或途径，而"最终达到共同富裕"是目的，这体现了内部要素相互联结的"目的和手段的统一"这一纽带。从另一方面看，社会主义本质系统的五大要素以一种递进的结构方式发生联系：只有"解放生产力"才能"发展生产力"，只有解放和发展生产力才能"消灭剥削，消除两极分化"，只有在以上基础上才能达到"共同富裕"。这里，系统的层次性表现得清晰明了。邓小平社会主义本质观的系统性正是现实社会主义能够适应内外环境而自我调整和发展、富有极强生命力的表现。

第二，三方面的界定体现了社会主义作为一种社会形态的完整性。历史唯物主义认为，社会形态是生产力和生产关系、经济基础和上层建筑的统一，是由社会的生产方式决定的。邓小平关于社会主义本质论断正是依据马克思主义关于社会结构的理论创造性地提出的。邓小平社会主义本质观既把社会主义看作全面发展的社会，又突出强调生产力在社会主义发展中的核心地位。有人认为邓小平关于社会主义本质的论断只是强调生产力，没有谈及生产关系。这是一种片面的误解。毫无疑问，解放和发展生产力是社会主义本质的核心，这是生产力决定生产关系并最终决定整个社会面貌的历史唯物主义基本原理的具体体现。但是，邓小平社会主义本质观始终贯穿着判断社会性质的两条根本标准：一是生产力的水平；二是生产关系的阶级性。这样就把现实社会主义置于社会形态的整体性和生产力的重点性的相互统一中来考察。具体地说，"解放生产力，发展生产力"既强调了生产力在社会主义发展中的核心地位，又强调了生产关系、上层建筑改革的历史必然性和判断改革得失成败的根本标准;"消灭剥削,消除两极分化"正是社会主义生产关系的根本要求;而"最终达到共同富裕"正是以上二者的有机统一,是现实社会主义的切实奋斗目标。

"三个代表"重要思想形成
和发展的实践基础*

"三个代表"重要思想形成和发展的根本依据是什么？其科学性亦即真理性应怎样判断和检验？它又是如何从一种科学的理论形态转化为能动改造世界的物质力量的？答案必然是也只能是：在于和通过实践。只有从实践的观点出发，才能真正抓住"三个代表"重要思想与马克思列宁主义、毛泽东思想和邓小平理论一脉相承的主线，才能真正掌握这一思想在当今时代条件下创新和发展马克思主义的钥匙，才能深刻理解它的科学内涵，从而更加自觉地运用这一强大的思想武器开创中国特色社会主义事业新局面，推动中华民族的伟大复兴。

继承并发扬了马克思主义的实践观

实践的观点是马克思主义认识论的首要的、基本的观点。科学的实践观既是马克思主义哲学形成的根本前提，又是马克思主义哲学的重要内容。马克思主义的各个组成部分，都由实践赋予内容，

---

* 原题为《实践是"三个代表"重要思想形成和发展的根本依据》，发表于《求是》2003年第13期。

通过实践有机地统一起来，被实践所检验，在指导实践中发挥巨大的作用，并不断丰富和发展。"三个代表"重要思想作为当代中国发展着的马克思主义，既继承了马克思主义实践观的核心内容，又在新的历史条件下发扬光大了马克思主义的实践品格。

"三个代表"重要思想坚持"实践高于（理论的）认识"的原则，通过实践检验和发展真理，用发展着的马克思主义指导新的实践。在理论（认识）与实践这对矛盾中，实践是主导的、决定性的方面。列宁对此进行过深刻的论述，并明确揭示了实践的品格："实践高于（理论的）认识，因为它不仅具有普遍性的品格，而且还具有直接现实性的品格。"① 实践的这种双重品格，使它不断赋予理论以新的内容，并成为检验认识的唯一标准。从马克思主义发展史上看，马克思主义经典作家从未把自己的学说当成"终极真理"，始终强调用实践检验自己的理论，使之不断丰富和发展。他们认为自己的理论不是教条，而是行动的指南；不是教义，而是方法。他们总是不断根据实践条件的变化，根据革命斗争形势的发展，来修正、补充和丰富自己的理论。"三个代表"重要思想形成的主旨和目的，就是用发展着的马克思主义指导新的实践。它坚持运用马克思主义的实践观来科学地看待马克思主义，从当代现实出发，运用实践的力量来解决理论与现实之间的矛盾。党的十六大报告精辟指出："我们一定要适应实践的发展，以实践来检验一切，自觉地把思想认识从那些不合时宜的观念、做法和体制的束缚中解放出来，从对马克思主义的错误的和教条式的理解中解放出来，从主观主义和形而上学的桎梏中解放出来。"这"三个解放出来"，就是以实践为主导对理论与实践之矛盾的真正解决，从而弘扬了马克思主义与时俱进的理论品格，把中国特色社会主义建设的伟大实践推向一个新的发展阶段。

"三个代表"重要思想坚持实践的客观性和能动性的辩证统一，

---

① 《列宁全集》第55卷，人民出版社2017年版，第183页。

既尊重和掌握规律，又勇于和善于创新。马克思主义认为，实践是主体为满足一定的需要而能动地认识和改造客体的活动。它一方面具有客观性，从这个意义上说，人的实践的规律就是客观事物发展的规律；另一方面具有能动性，是人们自觉的有目的的创造活动。这二者的有机统一，使马克思主义哲学同唯心主义和旧唯物主义彻底区别开来。"三个代表"重要思想坚持了实践的客观性和能动性的辩证统一。它尊重并深刻地把握共产党执政规律、社会主义建设规律和人类社会发展规律，又提出了立足于新的实践不断深化对这些规律的认识、不断进行创新的任务。它既坚信人类社会必然走向共产主义的必然规律，又提出"最低纲领与最高纲领的统一"；既坚持以往对社会主义本质和建设规律的科学认识，又提出"三大文明"共建与促进人的全面发展的新要求；既强调始终坚持共产党的工人阶级先锋队性质，又提出在不断增强党的阶级基础和扩大党的群众基础的有机结合中具体地、历史地实现党的先进性，等等，这些新论断、新思想，都是在尊重客观规律基础上的自觉的能动创造。

"三个代表"重要思想把社会活动归结为广大人民群众的实践，尊重人民群众的历史主体地位和创造精神，代表最广大人民的根本利益。马克思主义的实践观把人作为社会活动的主体，坚持认为历史最终是由广大人民群众创造的，他们是社会物质财富和精神财富的创造者，是变革社会制度、推动历史前进的决定性力量。只有把社会活动归结为人民群众的实践，归结为人民群众根本利益的实现，才是彻底的、科学的实践观。我们党在革命、建设和改革的不同历史时期，都始终坚持唯物史观关于人民群众创造历史的观点，相信群众，依靠群众，与人民群众同呼吸共命运，自觉坚持党的群众路线。

"三个代表"重要思想则在新的历史条件下把党的群众路线发扬光大。它把"代表中国最广大人民的根本利益"，作为党的理论、路线、纲领、方针、政策和各项工作的出发点和归宿，把依靠人民群众的智慧和力量作为我们推进事业的根本工作路线，致力于使人民群众不断获得切实的经济、政治、文化利益，坚持尊重社会发展规律与尊重人民历史主体地位的一致性，坚持为崇高理想奋斗与为最广大人民谋利益的一致性，坚持完成党的各项工作与实现人民利益的一致性，从而把实践的客观性与价值性有机地结合起来，彻底地贯彻了马克思主义的科学实践观。

以建设中国特色社会主义的伟大实践为理论源泉

马克思列宁主义、毛泽东思想、邓小平理论和"三个代表"重要思想的一脉相承，不仅体现在理论上的前后承继，而且更根本地体现在实践纽带的联结。人类的实践活动是不断发展的，伟大的实践创造伟大的理论。建设中国特色社会主义是前无古人的伟大实践，为新的科学理论的形成提供了沃土，"三个代表"重要思想植根于此，形成于此，获得了深厚的实践基础。它发挥科学理论的巨大指导作用，与建设中国特色社会主义的伟大实践并进偕行，使实践创新和理论创新都达到了更高的水平。

"三个代表"重要思想以我们党80多年的全部实践经验为依托，以十一届三中全会以来、特别是十三届四中全会以来的改革开放实践为直接理论源泉，进一步回答了"什么是社会主义、怎样建设社会主义"和"建设一个什么样的党、怎样建设党"这两大根本问题，在实践中创造性地丰富和发展了邓小平理论。党的十六大报告集中概括了党领导人民建设中国特色社会主义的十条基本经验，并指出这些经验，联系党成立以来的历史经验，归结起来就是"三个代表"重要思想。建设中国特色社会主义事业的伟大实践，使当代中国共产党人形成了一系列新论断、新观点、新思想，并凝聚成全党智慧的结晶——"三个代表"重要思想。

建设中国特色社会主义的伟大实践，使"三个代表"重要思想深化了对共产党执政规律的认识。"三个代表"重要思想是以回答"建设一个什么样的党、怎样建设党"这一时代课题为理论基点的。共产党从领导革命到执政、再到长期执政的实践发展，不断推动马克思主义党建理论的发展。20世纪80年代末以来，世界上一些长期执政的党纷纷丧失政权，中国共产党所置身的环境、条件和肩负的任务发生了深刻变化，实践已经把党如何长期执政的问题极为迫切和尖锐地提了出来。十三届四中全会以来，以江泽民同志为核心的党的第三代中央领导集体适应中国特色社会主义实践发展的需要，围绕解决提高党的领导水平和执政水平、提高拒腐防变和抵御风险能力这两大历史性课题，推进党的建设新的伟大工程，并对实践提供的新经验进行理论升华。在党的思想路线上，提出要坚持解放思想，实事求是，与时俱进；在党的性质上，提出要保证我们党始终成为"两个先锋队"；在党的社会基础上，提出要不断增强党的阶级基础，扩大党的群众基础，不断提高党在全社会的影响力和凝聚力；在党的先进性上，提出党的先进性是具体的历史的，要把坚持党的先进性和发挥社会主义制度的优越性，落实到发展先进生产力、发展先进文化、实现最广大人民的根本利益上来；在党的任务上，提出要把发展作为党执政兴国的第一要务；在党的组织原则上，提出要坚持和健全民主集中制，认真执行"集体领导、民主集中、个别酝酿、会议决定"的原则，建立健全充分反映党员和党组织意愿的党内民主制度；在党的宗旨和价值观上，提出"立党为公，执政为民"，并把坚持执政为民作为贯彻"三个代表"重要思想的本质；在党的领导上，提出要改革和完善党的领导方式和执政方式，加强党的执政能力建设，等等。这些新思想和新论断，是在实践的基础上对共产党长期执政规律认识的进一步深化，为马克思主义党建理论宝库增添了新的内容。

建设中国特色社会主义的伟大实践，使"三个代表"重要思想深化对社会主义建设规律的认识。中国共产党人坚持把科学社会主义基本原理同我国具体实际结合起来，在中国特色社会主义建设的伟大实践中不断探索社会主义建设规律，创造性地发展了科学社会主义理论。邓小平理论初步系统地回答了在中国这样一个经济文化比较落后的国家如何建设社会主义、如何巩固和发展社会主义的一系列基本问题，为中国特色社会主义建设事业确立了基本原则，指明了前进方向。十三届四中全会以来，以江泽民同志为核心的中国共产党人高举邓小平理论伟大旗帜，不断总结社会主义建设的新的实践经验，在理论上不断拓展新视野，做出新概括，形成了"三个代表"重要思想，使建设中国特色社会主义理论更加丰富和深化：提出我国进入"全面建设小康社会"的新阶段，丰富和发展了社会主义初级阶段理论；提出社会主义物质文明、政治文明和精神文明并举共建，丰富和发展了马克思主义关于社会主义全面发展的理论；提出"必须最广泛最充分地调动一切积极因素"的论断，表明我们党对社会主义建设的主体有了更明确的认识和把握；提出经济体制改革、政治体制改革和文化体制改革全面推进，形成了更为完善系统的社会主义改革动力观，等等。总之，建设中国特色社会主义的伟大实践，使中国共产党人对社会主义建设规律的认识更加深刻，理论更加完善，行动更加自觉。

建设中国特色社会主义的伟大实践，使"三个代表"重要思想深化了对人类社会发展规律的认识。马克思主义揭示了人类社会发展的普遍规律，即生产力与生产关系、经济基础与上层建筑的矛盾运动推动着人类社会由低级向高级发展的规律，并据此得出社会主义和共产主义必然代替资本主义的客观结论，为工人阶级和广大人民群众认识世界、改造世界提供了科学的思想武器。人们要深入认识和掌握规律并进行自觉的历史创造活动，完全取决于具体的社会实践。在这个意义上，马克思曾明确指出，"我们是不断发展论者，我们不打算把什么最终规律强加给人类"。"三个代表"重要思想正是在建设中国特色社会主义的伟大实践探索中深化、拓展了对人类社会发展规律的认识。它提出要坚持最低纲领和最高纲领的辩证统一，通过在社会主义各发展阶段中各方面的实际努力，不断为实现共产主义创造条件；要根据时代的新变化正确认识社会主义和资本主义的历史进程，正确处理不同社会制度国家之间的关系；要积极参与经济全球化进程，并努力推动这一进程朝着有利于人类社会共同繁荣的方向发展；要推进人的全面发展，使人的全面发展程度与社会生产力和经济文化的发展水平相互结合、相互促进，为实现"每个人的自由发展是一切人的自由发展的条件"的美好社会不断努力，等等。

正是建设中国特色社会主义的伟大实践所提供的丰富经验，形成了"三个代表"重要思想各方面的具体内容并使之系统化。正是因为有了这样深厚的实践基础，"三个代表"重要思想才成为我们党的立党之本、执政之基、力量之源，成为推进我国社会主义自我完善和发展的强大理论武器。

在理论与实践的辩证运动中进一步完善和发展

理论与实践的辩证运动是永无止境的发展过程。"三个代表"重要思想形成于建设中国特色社会主义的伟大实践，它还要转化为实践，通过实践为人民群众所掌握，并根据新的实践经验进一步完善和发展。正如党的十六大报告所指出和要求的："三个代表"重要思想是发展的、前进的。全党必须在思想上不断有新解放，理论上不断有新发展，实践上不断有新创造。

科学的理论只有回到实践中去，才能转化为改造世界的物质力量。"三个代表"重要思想在实践的基础上形成，这是从实践到理论的飞跃；"三个代表"重要思想要发挥科学理论的作用，指导建设中国特色社会主义的伟大实践，这就实现了从理论到实践的飞跃。从认识论上说，第二次飞跃是更重要的，是理论目的的实现。"三个代表"重要思想形成和发展的过程，是马克思主义基本原理同当代中国实践相结合的过程，是马克思主义转化为中国实践的过程。"三个代表"重要思想贯彻落实的过程，也是一般的指导思想转化为具体的社会实践的过程。要把"三个代表"重要思想贯彻到党的建设的各个方面和社会主义现代化建设的各个领域中去，仍然要靠广大党员干部和亿万人民群众具体生动的实践，需要我们发扬与时俱进的精神，探索切实可行的途径和方法，创造性地推进党和国家的各项工作。

科学的理论只有通过实践才能为广大群众所掌握。理论指导实践，归根结底是指导实践活动中的人的行动；理论回到实践，实际上就是回到群众中去，变为广大群众的自觉行动。如果实现不了这一点，再好的理论也只能束之高阁。而理论要掌握群众，靠泛泛的说教和空洞的宣传是无济于事的。正如恩格斯曾经讲的那样，"即使掌握了从一个大民族本身的生活条件中产生出来的出色理论，并拥有比社会主义工人党所拥有的还要高明的教员，要用空谈理论和教条主义的方法把某种东西灌输给该民族，也并不是那样简单的事情"[①]。贯彻落实"三个代表"重要思想，必须使人民群众在实践中深入领会，在实现自己利益的过程中切实感受理论的正确性并转化为自觉的行动。正如党的十六大报告强调的那样，我们既要善于通过提出和贯彻正确的理论路线带领群众前进，又要善于从群众的实践创造和发展要求中获得前进动力。唯有如此，"三个代表"重要思想才能真正发挥科学理论的巨大指导作用，成为亿万群众改造世界的行动指南。

理论只有随着实践的发展而发展，才能保持旺盛的生命力。实践标准是确定性和不确定性的统一，从实践中获得的真理性认识，也是绝对性和相对性的统一。一方面，"三个代表"重要思想反映了当代世界和中国的发展变化对党和国家工作的新要求，以建设中国特色社会主义的伟大实践为直接理论源泉，是当代中国发展着的马克思主义。我们必须坚定不移地以这一科学理论指导我们的各项工

[①]《马克思恩格斯文集》第10卷，人民出版社2009年版，第623页。

作，开创中国特色社会主义建设事业的新局面。另一方面，任何实践都是具体的、历史的，是不断发展的过程，"三个代表"重要思想也必然随着实践的发展而发展。当前，世界局势正发生着深刻的变化。经济全球化和政治多极化在曲折中发展，综合国力竞争日趋激烈，霸权主义和强权政治依然存在，甚至有愈演愈烈之势，各种文化之间的碰撞、融合更加激烈。在国内，改革开放的实践向纵深推进，许多深层次的问题涌现出来。21世纪头20年，我们要实现全面建设小康社会的宏伟目标，党肩负的任务更加艰巨。实践不断提出新问题，亟须研究和解决，要不断总结新经验，做出新概括。我们一定要发扬与时俱进的精神，永不自满，永不懈怠，不断开拓进取，推动科学理论进一步完善和发展，推动建设中国特色社会主义的伟大实践达到更高的水平。

"三个代表"重要思想与重大观念变革*

伟大的实践创造伟大的理论。建设中国特色社会主义是前无古人的伟大实践创举,引起了一系列重大观念的变革,为新的科学理论的形成提供了沃土。"三个代表"重要思想植根于此,形成于此,获得了深厚的实践基础。它发挥科学理论的巨大指导作用,与建设中国特色社会主义的伟大实践并进偕行,使实践创新和理论创新都达到了更高的水平。

建设中国特色社会主义事业的伟大实践以及在此基础上所发生的一系列重大观念变革,使当代中国共产党人形成了一系列新论断、新观点、新思想,并凝聚成全党智慧的结晶——"三个代表"重要思想。这些重大观念变革主要有以下几个方面。

形成了"既不落后于时代、又不超越阶段"的党情国情观

清醒地判断党自身的和社会发展的历史方位,是在21世纪建设

---

* 原题为《"三个代表"与重大观念变革——谈新的党情观、国情观、发展观、社会进步观、建设主体观、价值观之形成》,发表于《北京日报》2003年7月21日。

中国特色社会主义的根本前提。党的十六大报告明确指出：我们党历经革命、建设和改革，已经从领导人民为夺取全国政权而奋斗的党，成为领导人民掌握全国政权并长期执政的党；已经从受到外部封锁和实行计划经济条件下领导国家建设的党，成为对外开放和发展社会主义市场经济条件下领导国家建设的党。前一个是党的地位的变化，后一个是党的领导环境的变化，它们构成了对党的历史方位的科学判断。在对我国社会发展的历史方位判断上，既坚持我国正处于并将长期处于社会主义初级阶段，又根据实践的发展和社会的阶段，这是长期的初级阶段中的一个飞跃阶段，是总量变过程中的局部质变，是求真务实中的积极举措。总之，这种"既不落后于时代、又不超越阶段"的党情国情观，是建设中国特色社会主义的伟大实践赋予"三个代表"重要思想形成的重要前提条件，也是科学制定和正确执行党的路线、方针和政策的基础。

形成了"把发展作为党执政兴国的第一要务"的发展观

从 1992 年邓小平提出发展是硬道理，到江泽民在党的十六大报告中提出发展是党执政兴国的第一要务，这是经由实践达到的理论升华，是对马克思主义发展观的重大发展。一方面，"第一要务"的命题把发展同保持党的先进性的要求紧密地结合起来，是具体地、历史地看待和坚持党的先进性的集中表现。恩格斯曾经说过，一个政党，"如果它的一切要求都符合本国经济发展的需要，而且正是这种经济发展的政治表现的话"，那么"这样的政党将是不可战胜的"。建设中国特色社会主义的伟大实践，世界社会主义运动的经验教训，使中国共产党人更深刻地认识了这一道理。正如江泽民指出的那样，"离开发展，坚持党的先进性、发挥社会主义制度的优越性和实现国富民强都无从谈起"。另一方面，坚持这一命题，实质上就是彻底地坚持了"三个代表"重要思想。因为抓住发展这一执政兴国的第一要务,就是把坚持党的先进性和发挥社会主义制度的优越性,落实到发展先进生产力、发展先进文化和实现最广大人民的根本利益上来,这也就抓住了"三个代表"重要思想的本质和全部内容。

形成了"三个文明"共建和"促进人的全面发展"的社会进步观

改革开放以来,我们党始终坚持社会主义物质文明和精神文明一起抓的方针,促进社会的全面进步和发展。随着经济体制改革向纵深发展,这就必然要求政治建设和政治体制改革在实践上有新的进步,在理论上有新的突破。另外,发展社会主义民主、建设社会主义法治国家的实践经验的积累,为理论突破奠定了基础。我们党不失时机地提出了建设社会主义政治文明的任务,并把它作为全面建设小康社会的重要目标,同建设社会主义物质文明和精神文明并举。"三个文明"共建,准确、全面地反映了唯物史观关于社会全面发展进步的要求。从"两个文明"到"三个文明",正是实践经验的升华。"三个文明"共建,其目的是推动社会主义协调、全面地发展,同时也是促进人的全面发展需要。马克思、恩格斯在《共产党宣言》中展望,在未来的共产主义社会,"每个人的自由发展是一切人的自由发展的条件",中国特色社会主义建设的伟大实践,正不断地为人的全面发展创造着条件。"三个文明"共建和"促进人的全面发展"的社会进步观,是"三个代表"重要思想对科学社会主义的重大理论贡献。

形成了"最广泛最充分地调动一切积极因素"的建设主体观

列宁指出,生气勃勃的、创造性的社会主义是由人民群众自己创立的。他还曾这样论述政党、政治和群众的关系:"数以千百万计的群众,哪里有千百万人,哪里才是政治的起点;哪里有千百万人,而不是几千人,哪里才是真正的政治的起点。"我们党始终依靠最广大人民群众的创造,从而取得了革命、建设和改革的伟大胜利。特别是改革开放的伟大实践,使我们党对社会主义建设的主体有了更明确的认识和把握。随着经济生活和社会生活的多样化,在社会变革中出现了新的社会阶层的成员,他们都是中国特色社会主义的建设者。我们党根据社会的发展和新的实践经验,提出了"必须最广泛最充分地调动一切积极因素"的论断,提出了"四个尊重"的方针,提出了在不断增强党的阶级基础的同时,不断扩大党的群众基础,让最广大人民群众的创造性和积极性充分体现,让一切创造社会财富的源泉充分涌流。这样的社会主义建设主体观,抓住了当代中国"真正的政治的起点",也是"三个代表"重要思想掌握群众、转化为实践的物质力量的关键。

形成了"立党为公,执政为民"的价值观

我们党在不同的历史时期,都根据人民群众的现实状况、真实意愿和发展要求,根据最广大人民的长远利益和现实利益的统一,来制定自己的路线、方针和政策。建设中国特色社会主义的伟大实践,使我们党对"全心全意为人民服务"的宗旨有了更深刻地理解和更完整地把握。邓小平曾提出把人民拥护不拥护、人民赞成不赞

成、人民高兴不高兴、人民答应不答应,作为我们党制定一切政策的根本前提。江泽民则鲜明提出并反复强调要"立党为公、执政为民"。胡锦涛在"七一"重要讲话中明确提出,"立党为公、执政为民"是"三个代表"重要思想的本质。这是我们党结合社会变化的新实际,对党的宗旨做出的新的理论概括。

  理论的方案需要通过实际经验的大量积累才臻于完善。正是建设中国特色社会主义的伟大实践所带来的重大观念的变革、所提供的丰富经验,才形成了"三个代表"重要思想各方面的具体内容并使之系统化。正是因为有了这样深厚的实践基础,"三个代表"重要思想才最终成为指导我们推进社会主义自我完善和发展的强大理论武器。

科学发展观的精神实质
与基本内涵[*]

科学的理论一旦被广大人民群众所掌握，就会变为改造世界的巨大力量。紧紧围绕建设中国特色社会主义的主题，从理论和实践的结合上，进一步理解和把握科学发展观的精神实质与基本内涵，对于统一思想、凝聚力量，更加坚定自觉地用科学发展观统领经济社会发展全局，具有十分重要的意义。

科学发展观是唯物史观与中国新的
发展实践有机结合的崭新发展理念

科学发展观的形成，是马克思主义与时俱进的理论品质在当代中国的又一次生动而具体的展现。我们党坚持和运用马克思主义的科学原理，准确把握时代发展的脉搏和趋势，着眼于回答我国改革发展关键时期面临的复杂而深刻的时代课题，立足社会主义现代化建设新的实践，继续推进党的理论创新，提出了科学发展观，从而为推进中国特色社会主义经济建设、政治建设、文化建设、社会建

---

[*] 原题为《全面理解和准确把握科学发展观的精神实质与基本内涵》，发表于《求是》2006年第9期。

设的全面发展，提供了强大的思想武器和行动指南。

科学发展观继承和弘扬了马克思主义关于人类社会发展的基本原理和观点。马克思主义蕴含着极为丰富的关于人类社会发展的观点：社会是由物质生产力的进步所决定和推动的自然与历史的发展过程；社会是经济生活、政治生活和精神生活互相联系、相互制约、共同作用的有机整体；社会发展进程是社会规律的决定性与社会主体的能动性辩证统一的过程；实现人、社会和自然之间关系的理想状态，是由人的实践活动所主导的持续的、和谐的物质交换过程；人民群众是社会发展的主体和历史的创造者；社会发展的最高目标是人的自由而全面的发展；等等。我们党提出以人为本、全面协调可持续的科学发展观，正是以这样的基本原理和观点为理论基础与思想源泉的。

科学发展观是中国特色社会主义建设经验的理论升华。回顾中国 20 多年改革开放和现代化建设波澜壮阔的进程，在每一个关键阶段，我们党都围绕面临的突出问题，进行实践和理论的创造性探索，从而形成指导全局的重大理论创新成果。以邓小平为主要代表的中国共产党人，坚持和发展毛泽东思想，创造性地回答了"什么是社会主义、怎样建设社会主义"的历史课题，形成了邓小平理论；以江泽民同志为主要代表的中国共产党人，在邓小平理论的基础上，进一步回答了什么是社会主义、怎样建设社会主义的问题，创造性地回答了"建设什么样的党、怎样建设党"的问题，形成了"三个代表"重要思想；以胡锦涛同志为总书记的党中央坚持以邓小平理论和"三个代表"重要思想为指导，进一步创造性地回答了"什么是发展、怎样发展"的历史性课题，形成了科学发展观。这一崭新的理论创新成果，既是中国特色社会主义建设长期经验的积累和升华，也是党的十六大以来我们党带领人民继续开拓创新的新鲜经验的结晶。在新的历史条件下，全面贯彻落实科学发展观，是坚持邓小平理论和"三个代表"重要思想的最好体现，是建设中国特色社会主义的最好行动。

科学发展观是具有历史视野、面向世界的开放的科学发展理论。作为与时俱进的马克思主义发展理论，科学发展观具有马克思主义面向整个人类文明的理论特征，吸收借鉴了世界上不同类型国家和地区在发展上的经验教训。其一，它吸收借鉴了西方发达国家从第二次世界大战后到现在半个多世纪发展的经验教训，反思了这些国家从经济增长发展论到综合发展论、从增长极限论到可持续发展论的理论与实践变化轨迹，吸收借鉴了关于增长不等于发展、经济发展不等于社会进步、发展目标从以物为中心到以人为中心、社会与自然必须协调等诸多启示。其二，它吸收借鉴了发展中国家和地区发展的经验教训，特别是比较和反思了"拉美模式"及20世纪80—90年代亚洲一些国家和地区的发展道路，得出既要吸收发达国家的积极成果和有益经验，又不能照抄照搬，盲目追随，而必须坚持从本国实际出发探索自己的发展道路的启示。其三，它着眼于当今世界经济全球化迅猛发展的趋势，把中国的发展纳入世界发展的大潮之中，既积极融入又坚持独立自主，既扩大开放又立足自主创新。其四，它坚持发展的客观性和价值性的统一，把发展的要求同坚持社会主义制度的要求有机地结合起来，通过科学发展充分地证明社会主义制度的优越性。坚持走中国特色社会主义道路，实现经济社会又快又好发展，是为人类社会的发展提供有益的探索和经验，是一个发展中大国对人类进步应做的贡献。

全面理解和准确把握科学发展观的精神实质与基本内涵

恩格斯在谈到如何正确认识科学社会主义的实质和内容时说过，这一理论"是从历史事实和发展过程中得出的确切结论；不结合这些事实和过程去加以阐明，就没有任何理论价值和实际价值"。科学发展观作为与时俱进的马克思主义发展理论，直接反映了现阶段中国发展的迫切要求,是从当前我国经济社会发展的"事实和过程"得出的确切结论。全面理解和准确把握科学发展观的精神实质与基本内涵,首先必须做到党中央提出的四个"准确认识",即准确认识国际国内的发展环境,准确认识我国发展的阶段性特征,准确认识我国经济社会发展面临的主要问题,准确认识实现我国经济社会又快又好发展的基本要求。

当前,我国改革发展正处于关键时期,我国经济社会发展呈现出一系列新的阶段性特征。比如,我国的经济实力和综合国力显著增强,经济总量迈上新台阶,但粗放型增长方式并没有根本改变,自主创新能力还不强,能源、资源、环境的瓶颈制约突出;结构调整取得新进展,区域发展总体战略全面推进,但农业、社会发展仍是薄弱环节,发展不平衡问题仍很突出,城乡发展、区域发展、经济社会发展不平衡的状况尚未根本改变;各项体制改革取得新突破,但体制不完善问题仍然比较突出,改革攻坚面临的困难和障碍较多;社会发展出现新局面,但诸如就业、医疗、分配等关系群众切身利益的问题和矛盾凸显出来;随着经济发展和人民群众生活水平提高,人民群众政治参与的积极性不断增强,人们思想活动的独立性、选择性、多变性、差异性也明显增强。从国际看,世界多极化和经济全球化趋势继续发展,综合国力竞争日趋激烈,贸易保护主义有新的表现,经济贸易摩擦明显增多,影响和平与发展的不稳定不确定因素增多,等等。综合国际国内的形势,以胡锦涛同志为总书记的党中央审时度势,高瞻远瞩,做出了机遇与挑战并存、机遇大于挑战的判断,强调必须紧紧抓住和充分用好重要战略机遇期,确定正确的发展目标和思路,制定正确的方针政策和策略,实现经济社会又快又好的发展。科学发展观这一重大战略思想,就是在这样的形势和条件下应运而生的。

科学发展观进一步回答了中国为什么要"一心一意谋发展"的问题。发展是解决中国一切问题的关键。改革开放20多年来,党的理论路线方针政策之所以得到广大人民群众的拥护,我们党之所以经得起国际国内各种风浪的考验，我国的国际地位和影响力之所以不断提高，归根结底是由于我国经济持续快速发展。科学发展观进一步强调发展这个主题，是因为新阶段新形势提出了新的要求：一是我国经济在保持20多年快速增长之后，继续保持强劲发展的难度加大，需要付出更艰巨的努力；二是发展问题更趋复杂，改革攻坚阶段的深层次矛盾和问题凸现出来；三是20世纪头20年，我们面临着难得的发展机遇期，机不可失，稍纵即逝。因此，在发展问题上，任何偏离经济建设这个中心的想法和做法，任何骄傲自满、盲目乐观、放松懈怠的想法和做法，都是要不得的、有害的，也是违背科学发展观精神实质的。马克思曾指出，生产力的发展之所以是"绝对必需的实际前提"，原因就在于如果没有这种发展，就只会有"极端贫困的普遍化"，"而在极端贫困的情况下，必须重新开始争取必需品的斗争，全部陈腐污浊的东西又要死灰复燃"。同样，如果我国现阶段不继续保持平稳较快的发展，不仅无法解决前进中出现的新问题，甚至难以保持改革开放取得的成果。我们必须在这样的高度上认识加快发展的极端重要性。

科学发展观进一步回答了中国走什么样的发展道路的问题。这条道路就是立足中国实际的全面发展、协调发展和可持续发展，推动我国经济社会切实转入科学发展的轨道。全面发展，就是要以经济建设为中心，全面推进经济、政治、文化和社会建设；协调发展，就是要统筹城乡、区域、经济社会、人与自然、国内发展与对外开放，促进社会各方面的协调发展；可持续发展，就是要促进人与自然的和谐，实现经济发展和人口、资源、环境相协调，保证经济社会一代一代永续发展。这样的发展道路，既符合现代社会化生产和经济发展的一般规律，又切合中国的国情和实际，有助于解决当前中国发展面临的现实问题；既立足当前，又放眼长远，坚持党的最高纲领和最低纲领的统一；既是为了中国最广大人民的根本利益而谋发展，又是为建设持久和平、共同繁荣的和谐世界做贡献。

科学发展观进一步回答了如何使发展更好地服务于最广大人民

的问题。以人为本是科学发展观的核心，它的真正含义就是要以实现人的全面发展为目标，从人民群众的根本利益出发谋发展、促发展，不断满足人民群众日益增长的物质文化需要，切实保障人民群众的经济、政治和文化权益，让发展的成果惠及全体人民。以人为本同党的全心全意为人民服务的根本宗旨是完全一致的，同社会主义的生产目的是完全统一的，充分体现了尊重人民群众作为社会主体和历史创造者地位的精神。坚持发展为了人民，发展依靠人民，发展成果由人民共享，切实解决人民群众最关心、最直接、最现实的利益问题，是党的宗旨与群众路线在当代中国的真正体现和集中表达。

在全面建设小康社会的伟大实践中丰富和完善科学发展观

科学发展观形成于建设中国特色社会主义的伟大实践，又在这个伟大实践中发挥着巨大的理论指导作用。把科学发展观贯彻落实到全面建设小康社会和社会主义现代化建设的全过程，根据实践发展的新鲜经验进一步丰富和完善科学发展观，是摆在全党全国人民面前的重大实践任务和理论任务。

要坚定不移地用科学发展观统一思想和行动。党中央号召，要进一步用科学发展观武装全党特别是各级领导干部的头脑，以统一思想，形成共识。这就要求我们从理论和实践的结合上，深刻认识科学发展观的时代背景、实践基础、科学内涵、精神实质和历史地位，深刻认识科学发展观同马列主义、毛泽东思想、邓小平理论和"三个代表"重要思想之间既一脉相承又与时俱进的关系，深刻认识科学发展观是对马克思主义发展理论的重大创新；要把学习贯彻科学发展观同学习贯彻邓小平理论、"三个代表"重要思想结合起来，根据建设中国特色社会主义的新实际，全面把握它们之间的内在联系和有机统一；要在不断深化改革开放、解决矛盾和问题的过程中，进一步深刻领会科学发展观的精神实质及其蕴含的科学性、规律性；要增强贯彻落实科学发展观的自觉性和坚定性，凡是符合科学发展观的事情就全力以赴地去做，凡是不符合的就毫不迟疑地去改。总之，要通过对科学发展观的深刻领会、自觉接受和坚定不移地贯彻，使我们党的最新理论创新成果迅速转化为全体人民实践创新的力量。

要在认真研究和解决实际问题中充分认识科学发展观的重要价值与巨大力量。掌握理论的过程实质上是不断实践的过程。只有坚持以科学发展观为指导，有效解决我国经济社会发展中的重大现实问题，才能不断加深对科学发展观精神实质和基本内涵的理解与把握。要坚持用科学发展观研究解决面临的重大而紧迫的问题，如加强和改善宏观调控，保持经济平稳较快发展；加快转变经济增长方式，走新型工业化道路；扎实推进社会主义新农村建设；推进自主创新，建设创新型国家；加快推进体制改革，为落实科学发展观提供体制保障；实施互利共赢的开放战略，进一步提高对外开放水平；深入实施科教兴国战略和人才强国战略；着力解决人民群众最关心、最直接、最现实的利益问题，推动社会主义和谐社会建设；加强和改进党对经济社会发展工作的领导，为贯彻科学发展观提供有力的保障；等等。要把研究和解决这些问题的过程，作为不断深化对科学发展观的认识和把握的过程。

要根据实践的新鲜经验充实、丰富和完善科学发展观的理论内涵。科学发展观是以胡锦涛同志为总书记的党中央，在邓小平理论和"三个代表"重要思想指导下，在领导全国人民开创社会主义现代化建设新局面的进程中形成的重大理论创新成果。它既是推动实践创新的根本指针，又是深化理论探索的崭新起点。我们必须认真研究科学发展观在建设中国特色社会主义一系列重大问题上的新观点和新论断，根据社会主义现代化建设过程中形成的新鲜经验不断充实、丰富和完善科学发展观的理论内涵，为全面建设小康社会、加快推进社会主义现代化建设提供更加坚实的科学理论基础。

科学发展观是坚持以人为本与"五个统筹"的有机统一[*]

以人为本是科学发展观的核心,是其内在的价值理念结晶;"五个统筹"是落实科学发展观的基本要求,是其外在的具体实现途径。坚持以人为本与"五个统筹"的有机统一,是全面落实科学发展观的必然要求,体现了我们党坚持遵循经济社会发展的客观规律与发挥历史主体的主观能动性的高度一致,坚持促进经济社会发展与实现最广大群众根本利益的高度一致,是党的执政理念和执政方略进一步发展和成熟的重要标志。

坚持以人为本与"五个统筹"的有机统一,就是在统筹兼顾经济社会发展的过程中,把实现好、维护好、发展好最广大人民的根本利益作为基本出发点和归宿。坚持以人为本与"五个统筹"相统一的重要理论依据,是唯物史观关于社会发展是合规律性与合目的性相统一的基本原理。因此,经济社会发展的客观规律本身渗透着人的主体性,社会发展就是合规律性与合目的性的统一。

在当代中国,坚持以人为本与"五个统筹"相统一的基本要求,就是坚持经济社会发展的客观规律、社会主义的生产目的和党的根本宗旨的密切结合。经济社会发展客观规律的实现、社会主义生产

---

[*] 原题为《坚持以人为本与"五个统筹"的有机统一》,发表于《中国社会科学院院报》2006年9月19日。

目的的实现、党的根本宗旨的实现构成"三位一体",这是社会主义制度优越性的一个重要体现。

在落实"五个统筹"中坚持以人为本,要抓住主要矛盾和主要问题,要重视解决广大群众生产生活中最直接、最现实的问题,要使各项方针政策和全部工作正确反映和兼顾各方面的利益。在我国当前改革与发展的关键时期,应重视解决以下方面的问题。

第一,必须紧紧扭住发展这个主题不放松。中国解决一切问题的关键在于发展。改革开放近30年来,我们党的路线方针政策之所以得到广大人民群众的拥护,之所以经得起国际国内各种风浪的考验,我国的国际地位和影响力之所以不断提高,归根结底是由于我国经济持续快速发展。落实"五个统筹",坚持以人为本,都要以经济的快速健康稳定发展为前提和物质基础。所以在发展问题上,任何偏离经济建设这个中心的想法和做法,任何骄傲自满、盲目乐观、放松懈怠的想法和做法,都是违背科学发展观精神实质的。

第二,必须坚信广大人民群众是促进经济社会发展的主体。在落实"五个统筹"中坚持以人为本,就是坚持马克思主义的群众观点、群众路线,就是从人民群众中汲取智慧和力量。不能把广大群众当作政策的被动执行者,而是当作可相信、可依赖的文明与财富的真正创造者。全体人民群众的积极性创造性,对党和人民事业的发展始终是具有决定性的因素。要最广泛、最充分地调动一切积极因素,发挥各方面的创造活力,坚持"四个尊重"的方针,让广大人民群众各尽其能,各得其所。经济社会的发展是否达到了"五个统筹"的要求,归根结底也要放到人民群众的实践中去检验,以人民拥护不拥护、赞成不赞成、高兴不高兴、答应不答应,作为经济社会发展效果的最终评判标准。

第三,必须让改革发展的成果由全体人民共享。"五个统筹"的目的,就是把改革发展取得的各方面成果,体现在不断提高人民的生活质量和健康水平上,体现在不断提高人民的思想道德素质和科学文化素质上,体现在充分保障人民享有的经济、政治、文化、社会等各方面权益上,让经济社会发展的成果惠及全体人民。要实现这样的目的,任务还很艰巨。我国经济已持续近30年的高速增长,现在有条件在转移支付方面有所作为,拿出更多资金去扶持贫困者和低收入人口。当前落实"五个统筹",一定要按照党中央更加注重社会公平的要求,妥善地协调好各种利益关系,形成整体的社会公平保障体系,让广大人民群众得到应得到的、看得见的物质利益,维护和保障其各种合法权利,让广大人民群众共享改革和发展成果,朝着共同富裕的目标稳步迈进。

第四,必须坚持统筹发展与人的全面发展的有机结合。人类在改造自然和社会的同时,也在不断改变着自身;在改造客观世界的同时,也在改造自己的主观世界。社会主义社会为二者的有机结合奠定了制度基础,开辟了广阔前景。二者的结合是具体的、历史的,经济社会的协调全面发展为人的全面发展提供经济、政治、文化等各方面的条件,人的全面发展又推动着经济社会的更加协调和全面发展。在坚持"五个统筹"和以人为本相结合的过程中,一定要从我国国情和现阶段生产力水平出发,通过不断解放和发展生产力,为人的全面发展提供物质基础;通过大力发展社会主义民主,建设高度的政治文明,建立新型的社会关系,为人的全面发展提供制度保障;通过发展高度的精神文明,为人的全面发展提供文化和精神动力;通过正确处理人与自然的关系,为人的全面发展提供可持续的良好环境。总之,就是要使经济社会的发展不脱离以人为本的理念和要求,不脱离人民既是历史的创造者,又是物质和精神财富的享有者的立场和观点,不脱离不断促进人的全面发展的目标。

科学发展观和构建和谐社会对"三大规律"认识的深化[*]

党的十六届五中全会通过的《中共中央关于制定国民经济和社会发展第十一个五年规划的建议》指出：坚持以科学发展观统领经济社会发展全局，要深化对科学发展观基本内涵和精神实质的认识，推进社会主义和谐社会建设。中国共产党总是善于根据时代和实践发展的要求，在开创中国特色社会主义事业新局面的历史进程中，不断推进理论与实践的双重探索和创新。在我国经济社会发展的关键时期，我们党在邓小平理论和"三个代表"重要思想的指导下，根据国际国内新形势，明确提出了坚持科学发展观和构建社会主义和谐社会的重大战略思想，这是建设中国特色社会主义的基本理念和实践目标在新实际新阶段的进一步升华和具体化。科学发展观和构建社会主义和谐社会相辅相成、不可分割，有机地统一于我们党对共产党执政规律、社会主义建设规律和人类社会发展规律的不懈探索中，是对马克思主义中国化进程的进一步拓展和深化。

---

[*] 本文发表于《光明日报》2005年10月25日。

对共产党执政规律认识的深化

在我们党 80 多年的奋斗历程中，在中国革命、建设和改革的每一个关键历史时期，我们党都善于根据客观形势和任务，确定正确的政治路线，并围绕党的中心工作和任务，提出党领导人民共同奋斗的具体目标，从而在推动经济社会发展的过程中，有力地推动党的建设，使党始终走在时代前列、始终成为全国人民团结奋进的坚强领导核心。党的十六大以来，以胡锦涛同志为总书记的党中央，紧紧围绕全面建设小康社会的宏伟目标，紧紧围绕推进党的建设的新的伟大工程，提出了科学发展观和构建社会主义和谐社会，深化了对共产党执政规律的认识。

一是深化了对共产党执政的历史使命的认识。中国共产党执政以后，始终坚持代表广大人民的当前利益和长远利益，坚持最低纲领和最高纲领的统一，在此基础上制定适合不同历史时期形势和特点的路线、方针和政策。科学发展观和构建社会主义和谐社会的提出，就是以胡锦涛同志为总书记的党中央，从当前我国经济社会发展处于关键时期的具体实际出发而做出的战略决策，既着眼于当前现代化建设面临的紧迫问题和任务，又瞻望中国特色社会主义的未来发展方向和实现共产主义的长远目标。科学发展观和构建社会主义和谐社会，正是我们党最低纲领和最高纲领的联结点和相统一的具体化，是以往经验、现实需要和未来方向的结合。

二是深化了对共产党执政的根本宗旨的认识。全心全意为人民服务，始终是我们党的根本宗旨；代表最广大人民的根本利益，始终是我们党开展各项工作的出发点和落脚点。在革命、建设和改革的每个时期，我们党总是把社会发展实际、人民群众的迫切需要和党面临的中心任务结合起来，提出充分体现党的宗旨和代表最广大人民根本利益的方针政策。胡锦涛强调："相信谁、依靠谁、为了谁，是否始终站在最广大人民的立场上，是区分唯物史观和唯心史观的分水岭，也是判断马克思主义政党的试金石。"科学发展观和构建社会主义和谐社会相统一的核心纽结和本质要求，就是以中国最广大人民群众的根本利益为本。从这个意义上说，能否把树立和落实科学发展观与构建社会主义和谐社会统一起来，关系到能否在实际中真正反映和贯彻了党的全心全意为人民服务的根本宗旨。

三是深化了对共产党执政的社会基础的认识。随着改革开放的不断深入和经济社会的发展，我国的社会结构和阶级结构发生了很大变化，党的组织建设、党执政的社会基础，都呈现出新特点，面临许多新问题，我们党适时提出了巩固党的阶级基础和扩大党的群众基础的战略任务。而做好这项关系党和国家事业发展全局的工作，一方面要赢得最广大人民群众的支持，另一方面要形成和谐的群众关系和社会关系。科学发展观和构建社会主义和谐社会的提出，有利于广泛地调动人民群众建设中国特色社会主义事业的积极性和创造性。具体地说，就是调动一切积极因素，激发全社会的创造活力；注重社会公平，正确反映和兼顾不同方面群众的利益；正确处理人民内部矛盾和其他社会矛盾，妥善协调各方面的利益关系等，总之，就是为了形成党执政的最广泛、最稳定、最有活力的社会基础，从而不断巩固党的执政地位，不断增强党同人民群众的血肉联系。

四是深化了对共产党执政能力建设的认识。党的十六届四中全会《决定》把构建社会主义和谐社会列入党的五种执政能力之中。这反映了我们党对执政规律、执政能力、执政方略、执政方式的新认识。胡锦涛同志对此作了深刻具体的阐发，要求"不断提高激发社会创造活力的本领、管理社会事务的本领、协调利益关系的本领、处理人民内部矛盾的本领、开展群众工作的本领、维护社会稳定的本领"。提高六种"本领"，是在坚持科学发展观和构建社会主义和谐社会相统一的实际过程中加强党的执政能力建设的必然要求，是对共产党执政能力的新认识和具体化。

对社会主义建设规律认识的深化

我们党提出科学发展观和构建社会主义和谐社会，符合科学社会主义基本原理，是对世界社会主义运动经验和教训的深刻总结，是对中国特色社会主义理论的丰富和发展。坚持二者的有机统一，进一步深化了对社会主义建设规律的认识。

第一，丰富了马克思主义关于社会主义发展目标的思想，把科学的理论设想具体体现于当代的生动实践中。对共产主义和社会主义社会的科学设想是科学社会主义理论的重要内容。马克思恩格斯多次强调，科学的设想如果不结合历史过程、时代要求和具体实践来阐明，就没有任何价值。提出科学发展观和构建社会主义和谐社会，就是在科学设想与实际生活、前进方向与具体道路、理论与实践的结合过程中，把马克思主义关于社会主义发展目标的思想具体化为实践，同时也不断把实践的丰富经验提炼升华为理论，从而丰富科学社会主义理论宝库。

第二，深化了对社会主义本质的认识，促进了从抽象到具体、从特征描述到本质揭示的转化。对于什么是社会主义这一问题，不同时代的马克思主义者做出了不同方式的回答，伴随着社会主义革命和建设实践的不断发展，经历了由表及里、由浅入深、由特征描述到本质揭示的过程。邓小平总结中国社会主义建设和世界社会主义运动的经验教训，精辟揭示了社会主义的本质，是解放生产力，发展生产力，消灭剥削，消除两极分化，最终达到共同富裕。我们党提出科学发展观和构建社会主义和谐社会，是以邓小平理论和"三个代表"重要思想为指导，根据我国改革发展处于关键时期的客观形势，对社会主义本质认识的拓展和深化。通过提出全面、持续和可协调的发展观，进一步指出了解放和发展生产力的正确道路；通过提出构建和谐社会，促进公平正义，诚信友爱，进一步指出了实现共同富裕的具体途径；等等。坚持科学发展观和构建社会主义和谐社会的统一，表明我们党对社会主义本质的认识更加深刻和具体。

第三，完善了对中国特色社会主义建设总体布局的认识，更加重视社会的整体发展和质量统一。改革开放以来，我们党坚持马克思主义基本原理同中国社会主义建设的具体实际相结合，独立自主地探索中国特色社会主义的发展道路。在对中国特色社会主义建设总体布局的认识上，从物质文明和精神文明两手抓，到物质文明、政治文明和精神文明的三位一体建设，再到物质文明、政治文明、精神文明和和谐社会的四位一体建设，表明我们党对中国特色社会主义的社会结构的认识，越来越全面和系统；在对发展问题的认识上，从提出"发展是硬道理"，到提出"发展是党执政兴国的第一要务"，到提出"全面、持续和可协调发展"，表明我们党对中国特色社会主义的发展目标、发展战略和发展途径的认识，越来越自觉和成熟。坚持科学发展观和构建社会主义和谐社会的统一，是我们党在经济社会发展处于关键时期的新形势下，对中国特色社会主义如何发展的科学认识。建设社会主义物质文明、政治文明、精神文明为构建社会主义和谐社会提供物质基础、政治保障和精神支撑，构建社会主义和谐社会又为社会主义物质文明、政治文明、精神文明建设提供充分的社会条件。科学发展观的指导贯穿于四个方面的建设过程中。

对人类社会发展规律认识的深化

我们党提出科学发展观和构建社会主义和谐社会并坚持二者的统一，从更宏观的意义上讲，是以历史唯物主义为指导，根据当今时代人类社会发展的新形势、新特点、新条件、新问题，立足于中国经济社会发展的客观现实和要求，对建立一种更为合理的人与人的关系、人与社会的关系、人与自然的关系的新探索，是对人类社会向何处发展、怎样发展这样一个永恒主题的创造性回答，在对人类社会发展目标、发展道路、社会主体的活动和地位、社会整体的有机联系和内在作用等方面，深化了对人类社会发展规律的认识。

第一，弘扬以人为本的理念，并将它同党的根本宗旨联系起来，更加尊重人民群众的历史创造活动和主体地位。以人为本是科学发展观的核心，也是构建社会主义和谐社会的根本要求。我国古代民本思想和西方人本主义，它们尽管不乏积极的成分，但在本质上是为维护剥削阶级的利益服务的，是缓和阶级矛盾和社会矛盾的一种手段，从根本上还是以少数剥削者的利益为本。我们党提出的以人为本，是马克思主义深刻揭示的作为"社会关系总和"的人，是在生产和社会实践中能动地创造历史同时也不断创造自身的人，是在客观的历史条件和环境中不断促进自己的全面发展和解放、从必然走向自由的人。在现实的经济政治生活中，我们党倡导的以人为本，就是"全心全意为人民服务"这一党的根本宗旨的具体体现，就是"立党为公，执政为民"，就是"权为民所用，情为民所系，利为民所谋"。从根本上说，就是充分尊重人民群众的历史主体地位，相信和依靠人民群众的历史创造力量，就是在新的历史条件下彻底地贯彻我们党的群众路线，代表和实现中国最广大人民的根本利益。我们党提出的以人为本，是对马克思主义关于人的学说和历史主体思想的丰富和发展。

第二，树立和落实科学发展观，探索一条具有本国特色的现代化道路，为丰富多彩的人类社会发展模式增添了新内容。在当前经济全球化和政治多极化的新的世界形势下，在国内改革发展处于关键时期的新的发展阶段，我们党提出并践行全面、持续和可协调发展这一科学发展观，努力实现"两个根本转变"，具体制定和实施"五个统筹"的发展战略，追求人和社会的全面进步与和谐发展，实质上就是立足本国实际，以具有中国特色的发展理念和实践探索创新着人类发展方式，丰富着人类社会发展模式。我们党坚持科学发展观和构建社会主义和谐社会的统一，不仅是国内改革发展新形势的必然要求，而且也是为人类社会发展道路的不断探索提供新鲜的经验，做出应有的贡献。

第三，致力于和谐社会建设，并将它有机融入经济、政治和文化的实际发展过程中，从而在更加广泛和深刻的意义上证明着社会主义制度的优越性。随着中国特色社会主义实践进程的发展，我们对现实社会主义制度优越性的内涵和外延的认识也不断深化。从根据经典作家论述的抽象理解，到"首先必须摆脱贫穷""一定要使生产力发达"的切实体验，从两个文明共同建设，到经济、政治、文化和社会四位一体建设，这不仅是对社会主义建设总体布局认识的发展，而且是对社会主义优越性认识的拓展和深化。这种认识同对当前我国经济社会发展所面临的现实问题的认识和解决结合起来，因而也就更加具体和深刻。胡锦涛在构建社会主义和谐社会的讲话中，明确论述了构建和谐社会同建设物质文明、政治文明、精神文明之间不可分割、有机统一的关系，明确提出了我国改革发展处于关键时期所面临的重大问题。我们相信，在科学发展观和构建社会主义和谐社会的战略思想指导下，全党全国人民同心同德，发愤图强，一定能在21世纪中叶把我国建设成为经济更加繁荣、政治更加昌明、文化更加先进、社会更加和谐的社会主义现代化强国，使社会主义制度的优越性得到更为切实的体现。

构建社会主义和谐社会是中国特色社会主义事业发展的必然要求[*]

认真学习贯彻党的十六届六中全会精神，必须紧紧围绕建设中国特色社会主义这个主题，深刻理解构建社会主义和谐社会的重要性和紧迫性，构建社会主义和谐社会的指导思想、目标任务和原则，以及确保完成构建社会主义和谐社会各项任务的重大举措和工作部署，全面把握构建社会主义和谐社会在理论上的创新价值和在实践上的开拓价值，从而增强构建社会主义和谐社会的自觉性和坚定性，进一步推进中国特色社会主义伟大事业。

构建社会主义和谐社会是中国特色社会主义理论的创新和完善

我们党提出构建社会主义和谐社会，把马克思主义关于社会建设的基本思想、中国特色社会主义发展规律的根本要求、社会主义现代化建设的实际需要有机统一起来，在新的实践中做出新的理论概括，从而进一步丰富和发展了中国特色社会主义理论。

提出构建社会主义和谐社会，是马克思主义社会建设理论转化

---

[*] 本文发表于《求是》2006年第22期。

为具体实践过程中的理论飞跃。我们党提出构建社会主义和谐社会，符合马克思主义基本原理，符合马克思主义关于社会主义社会的科学设想。共产主义社会在扬弃资本主义社会之后，是"人和自然界之间、人和人之间的矛盾的真正解决"的和谐社会；生产力的高度发展是社会真正实现和谐的"绝对必需的实际前提"，否则"全部陈腐污浊的东西又要死灰复燃"；实现社会进步与和谐的过程，是生产力与生产关系、经济基础与上层建筑的基本矛盾不断解决的过程；共产主义的和谐社会是"以每个人的全面而自由的发展为基本原则的社会形式"的自由人联合体；要从各个国家和民族的普遍交往和"历史向世界历史的转变"的视野看待人类的解放和未来共产主义和谐社会的实现；等等。马克思主义的这些基本原理和观点，为我们构建社会主义和谐社会指明了方向，奠定了理论基础。构建社会主义和谐社会的过程，就是在科学设想与具体实践、美好蓝图与实际任务的结合中，不断使科学的理论获得具体的现实体现，不断把新鲜的实践经验升华为理论，从而不断丰富马克思主义理论宝库的过程。

提出构建社会主义和谐社会，是我们党深化对中国特色社会主义建设规律认识的理论创新。我们党提出构建社会主义和谐社会，进一步揭示了中国特色社会主义内在的、本质的、必然的联系，深化了对中国特色社会主义经济建设、政治建设、文化建设、社会建设"四位一体"总体布局的认识，使四个方面更加相互配合、相互促进；深化了对社会主义本质的认识，更加突出地把社会和谐作为中国特色社会主义的本质属性，作为社会主义优越性的重要体现；深化了对中国特色社会主义的发展与当今时代和世界发展的相互联系、相互作用关系的认识，在国内构建和谐社会、在国际上推动建立和谐世界，是从历史唯物主义普遍交往和世界历史的认识高度，对中国特色社会主义做出的战略发展规划。

提出构建社会主义和谐社会，是我们党探索实现国家现代化和民族振兴道路的理论发展。党的十三大正式确立了党在社会主义初级阶段的基本路线，把"富强、民主、文明"作为建设社会主义现代化国家的奋斗目标。现在，我们党又明确提出了"建设富强民主文明和谐的社会主义现代化国家"的重要论断，构建社会主义和谐社会正式成为社会主义现代化建设的一个重要目标。"和谐"两个字的添加，是中国特色社会主义事业"四位一体"总体布局的具体化和实践发展的要求，表明我国现代化建设更加注重人与人、人与社会、人与自然之间关系的协调，更加强调质与量、过程与结果、客观规律与价值理念的统一。以"和谐"为重要目标之一的我国社会主义现代化，走的是坚持科学发展和社会和谐有机统一的道路，是不断体现和证明社会主义制度优越性的民族复兴之路，这与西方资本主义国家走过的现代化发展道路截然不同。西方资本主义国家在发展现代化的过程中，有过以剥削、掠夺、破坏为手段的"羊吃人"的现象，付出过"血与火"的代价。

构建社会主义和谐社会是中国特色社会主义实践的深化和拓展

构建社会主义和谐社会，符合新世纪新阶段开创中国特色社会主义事业新局面的实践需要，符合我国改革发展关键时期客观形势的要求，适应当前我国经济社会发展的阶段性特征，适应我们党在长期执政条件下面临的新挑战和新任务，从经济基础到上层建筑的各个方面，深化和拓展着中国特色社会主义的伟大实践。

构建社会主义和谐社会贯穿于全面建设小康社会实践的整个过程。全面建设小康社会和构建社会主义和谐社会，相辅相成，彼此促进，二者统一于建设中国特色社会主义的实践中。社会和谐是全面建设小康社会的重要目标。和谐社会建设，拓展了全面建设小康社会的内涵，使全面建设小康社会在理论形态和实践内容上更加系统和完整，使全面建设小康社会内在的经济、政治、文化等方面内容更加有机地联系起来。没有和谐社会建设，小康社会将是低水平的、不全面的小康社会。全面建设小康社会是社会主义初级阶段的一个阶段性目标，构建社会主义和谐社会是这个过程中的一项战略任务，并在全面建设小康社会的实践中不断获得新的内容和经验，从而在理论上不断丰富和完善。构建社会主义和谐社会贯穿于全面建设小康社会的整个过程，为中国特色社会主义事业发展到新的更高的阶段提供更加和谐、更加充满活力、更加稳定有序的社会条件。

构建社会主义和谐社会贯穿于落实科学发展观实践的整个过程。落实科学发展观和构建社会主义和谐社会，是当前中国特色社会主义建设的最强音。构建社会主义和谐社会，必须坚持以科学发展观为指导。以人为本的价值理念，科学发展的基本观点，统筹兼顾的根本要求，是和谐社会建设的指导原则、基本途径和有效方法。构建社会主义和谐社会是落实科学发展观的重要内容和内在要求，没有社会的安定和谐，很难实现经济社会的全面、协调和可持续发展。这就要求我们把二者有机结合起来，在实现科学发展中促进社会和谐，在社会和谐中促进科学发展。要把它们看作建设中国特色社会主义的实践中紧密联系、不可分割的两个方面，在科学发展观的指导下建设和谐社会，同时在构建社会主义和谐社会的实践中不断丰富和完善科学发展观。

构建社会主义和谐社会贯穿于发展社会主义市场经济实践的整个过程。我们党提出科学发展观和构建社会主义和谐社会等重大战略思想，是发展和完善社会主义市场经济的重大举措，反映了我们党对社会主义市场经济规律认识的深化。构建社会主义和谐社会，一方面要为发展社会主义市场经济服务，为社会主义市场经济的发展创造更好的社会条件和环境，促进经济效率的提高和生产力的发展；另一方面也要在防止和克服市场经济的盲目性和弊端上发挥重要的作用。构建社会主义和谐社会需要解决的诸多重大问题，如就业问题、社会保障问题、收入分配问题、公共事业问题、社会公平问题等，都是市场经济本身无法解决的。资本主义国家出于自身的目的和利益需要，也在一定程度上采取措施解决这些问题，力图缓和经济社会矛盾和阶级矛盾。但在资本主义市场经济条件下，无论如何不能克服由资本主义社会基本矛盾造成的单个或局部生产的有组织性同整个社会生产的无政府状态之间的矛盾，无论如何不能摆脱追逐超额利润的破坏性后果和根本局限。所以说，构建社会主义和谐社会，也是为了避免走资本主义市场经济的道路，为探索社会主义和市场经济的有机结合开辟新的途径，积累新的经验。构建社会主义和谐社会贯穿于完善社会主义市场经济体制的整个过程，是中国特色社会主义实践的深化和拓展。

构建社会主义和谐社会贯穿于加强党的执政能力建设实践的整个过程。我们党是在正确判定我国社会所处的历史方位和党所处的历史方位的基础上，从中国特色社会主义伟大事业和党的建设新的伟大工程之间紧密联系、有机统一的战略高度，提出和部署构建社会主义和谐社会重大任务的。这体现了我们党坚持中国工人阶级的先锋队与中国人民和中华民族的先锋队的高度统一，坚持最低纲领与最高纲领的高度统一，坚持治国方略与治党方略的高度统一。胡锦涛指出，全党要在构建社会主义和谐社会的过程中，着力提高六种本领，即激发社会创造活力的本领、管理社会事务的本领、协调利益关系的本领、处理人民内部矛盾的本领、开展群众工作的本领、维护社会稳定的本领。这六种本领是检验党的执政能力高低的重要标准。构建社会主义和谐社会贯穿于党的执政能力建设的整个过程，为新时期党的建设增添了新的内容，为使党成为中国特色社会主义建设事业的领导核心提供了坚强的保证。

牢牢把握建设中国特色社会主义的主题，全面推进社会主义和谐社会建设

要牢牢把握建设中国特色社会主义这个主题，把构建社会主

和谐社会置于建设中国特色社会主义的宏大背景和长期历史过程中，不断深化对中国特色社会主义建设规律的认识，不断推进中国特色社会主义建设的伟大实践。

第一，坚持社会主义基本经济政治制度，服从和服务于中国特色社会主义事业的大局。我们构建的和谐社会，是社会主义性质的和谐社会。离开了社会主义根本制度及其优越性的发挥，和谐社会建设就会失去正确方向和根本保证。构建社会主义和谐社会的理论基础，是马克思主义同中国具体实际相结合的中国特色社会主义理论。它不同于我国古代思想家提出的"大同世界"，也不同于西方资产阶级思想家宣称的社会自由和谐。构建社会主义和谐社会，既要吸收借鉴古今中外追求和努力实现社会和谐的有益经验，又必须立足于时代发展和我国处于社会主义初级阶段的实际，必须有利于和服务于中国特色社会主义事业的发展。

第二，坚持科学发展和以人为本，做到遵循经济社会发展规律与满足人民群众根本要求的有机统一。在构建社会主义和谐社会中全面落实科学发展观，就要做到遵循经济社会发展规律与满足人民群众根本要求的有机统一，做到促进经济社会发展与实现最广大群众根本利益的高度一致。就要不断满足人民日益增长的物质文化需要，切实保障人民群众的经济、政治和文化权益，让发展的成果惠及全体人民。就要从社会主义初级阶段的实际出发，从当前我国经济社会发展的客观形势出发，提出切合当前我国经济社会发展水平的目标，既要让群众得到应得到的利益，享有应享有的各方面权利，同时又不能超越我国发展阶段和生产力水平，不能违背经济社会发展的客观规律。要在历史的动态发展中逐步实现构建社会主义和谐社会的各项目标和任务。

第三，着眼于中国特色社会主义事业的总体布局，做到各方面建设相辅相成和整体推进。要从中国特色社会主义经济建设、政治建设、文化建设、社会建设"四位一体"的总体布局出发，在四个建设的相互联系、彼此促进中构建社会主义和谐社会。要坚持协调发展，加强社会事业建设；加强制度建设，保障社会公平正义；建设和谐文化，构建和完善社会主义核心价值体系，巩固社会和谐的思想道德基础；完善社会管理，保持社会安定有序；激发社会活力，增进社会团结和睦。通过这样的整体推进，把社会主义社会建设成为国民经济持续快速健康发展、人民生活水平普遍提高、生活富足的社会；建设成为社会主义民主得到发扬、政通人和、稳定有序并充满活力的社会；建设成为文化繁荣、诚信友爱、道德良好、形成基本社会价值认同的社会；建设成为社会结构和利益结构比较合理、社会管理体制不断完善、社会公平和正义得到保证、广大人民群众共享改革发展成果、具有较完善的社会保障的社会。通过这样的整体推进，促进中国特色社会主义建设事业质的飞跃。

第四，正确把握和处理事关全局的重大关系，增强构建社会主义和谐社会的自觉性和规律性。胡锦涛指出"构建社会主义和谐社会的过程，就是在妥善处理各种矛盾中不断前进的过程"。妥善处理各种矛盾，就要正确把握和处理事关全局的重大关系，包括经济、政治、文化各领域内部的关系及各领域之间的关系。比如，要正确处理经济发展与社会发展的关系，真正实现二者的良性互动；要正确处理城乡发展的关系，逐步改变城乡二元经济社会结构；要正确处理区域发展之间的关系，合理解决地区差距问题；要正确处理效率与公平的关系，把市场的经济效率与共同富裕的公平目标有机结合起来；要正确处理社会主义市场经济条件下的劳动关系和劳资关系，切实维护劳动者的合法权益；要正确处理指导思想一元化与社会思潮多样化的关系，真正在全社会树立起社会主义核心价值观，用发展着的马克思主义积极引领各种社会思潮；等等。

第五，最广泛、最充分地调动一切积极因素，使构建社会主义和谐社会成为全党全社会的共同行动。在构建社会主义和谐社会的过程中，要坚持马克思主义的群众观点、群众路线，从人民群众中汲取智慧和力量。要把广大群众当作可相信、可依赖的真正社会主体，而不是政策的被动执行者。要最广泛、最充分地调动一切积极因素，发挥各方面的创造活力，坚持尊重劳动、尊重知识、尊重人才、尊重创造，充分发挥包括知识分子在内的工人阶级、广大农民在构建社会主义和谐社会中的根本力量的作用，号召和鼓励其他社会阶层人员为社会主义和谐社会建设积极贡献力量，使构建社会主义和谐社会成为全党全社会共同的自觉行动，形成和谐社会"共同建设、共同享有"的良好局面。

构建社会主义和谐社会的
重大理论和实践意义*

党的十六届六中全会从中国特色社会主义事业总体布局和全面建设小康社会的全局出发，对构建社会主义和谐社会做出了全面部署。我们要牢牢把握建设中国特色社会主义这个主题，从理论与实践双重探索与创新的高度深刻理解构建社会主义和谐社会的重大意义、基本特征、科学内涵和主要任务，深刻理解构建社会主义和谐社会是我们党对共产党执政规律、社会主义建设规律和人类社会发展规律认识的进一步深化，是中国特色社会主义理论与实践的重大发展。

构建社会主义和谐社会是对中国特色
社会主义建设规律认识的进一步深化

党的十六届六中全会通过《中共中央关于构建社会主义和谐社会若干重大问题的决定》（以下简称《决定》）明确提出，社会和谐是中国特色社会主义的本质属性，是国家富强、民族振兴、人民幸

---

* 原题为《中国特色社会主义理论与实践的重大发展》，发表于《红旗文稿》2006年第20期。

福的重要保证。这是把和谐社会建设置于社会主义本质的层面来认识，置于关系国家和民族前途命运的高度来强调。《决定》丰富和发展了马克思主义关于社会建设的理论，反映了改革发展关键时期中国特色社会主义事业发展和社会主义现代化建设实践的必然要求，从而进一步深化了对中国特色社会主义建设规律的认识。

第一，构建社会主义和谐社会，使马克思主义社会建设理论在当代中国得到了最全面、最直接、最生动的体现。构建社会主义和谐社会的思想理论基础，是马克思主义关于未来社会的科学设想和社会建设的基本理论。从宏观意义上说，马克思主义的社会主义和共产主义理论，本身就是关于消灭以私有制为基础的剥削社会、实现人类彻底解放、建立人人平等共享的"自由人联合体"的和谐社会的理论。在马克思主义经典作家的著作中，包括诸多关于建设未来和谐社会的具体观点和原则，例如，生产力的高度发展是社会实现和谐的物质前提；社会进步与和谐的过程就是社会基本矛盾及其他各种矛盾不断产生、演化并不断得到解决的过程；社会发展的根本目的是在促进生产力不断发展的基础上实现社会的全面进步和人的全面发展；等等。这些基本的原则和观点，为我们构建社会主义和谐社会指明了方向，提供了基本的立场、观点和方法。我们党提出和领导构建社会主义和谐社会，就是把马克思主义关于社会建设的理论同现阶段中国特色社会主义建设的具体实践有机结合起来，既把科学理论转化为实践，又把新的实践经验升华为理论，从而极大促进了马克思主义社会建设理论的飞跃。

第二，构建社会主义和谐社会是中国特色社会主义建设经验的理论结晶与升华。新中国成立后，我们党为促进社会和谐进行了艰辛探索，积累了正反两方面经验，取得了重要进展。党的十一届三中全会以后，我们党坚定不移地推进改革开放和现代化建设，积极推动经济发展和社会全面进步，为促进社会和谐进行了不懈努力。党的十六大以来，以胡锦涛同志为总书记的党中央从全面建设小康社会、开创中国特色社会主义事业新局面的全局出发，提出了构建社会主义和谐社会的战略任务和奋斗目标，进一步揭示了中国特色社会主义建设规律，并把理论转化为全党全国人民共建和谐社会的历史创造性活动。我们党在构建和谐社会的实践中深化了对中国特色社会主义总体布局的认识，更加明确地由社会主义经济建设、政治建设、文化建设"三位一体"发展为社会主义经济建设、政治建设、文化建设、社会建设"四位一体"；我们党在构建和谐社会的实践中深化了对中国特色社会主义本质的认识，明确提出社会和谐是中国特色社会主义的本质属性，是实现经济社会又快又好发展、促进改革发展成果共享、走向共同富裕的必然途径和集中体现；我们党在构建和谐社会的实践中深化了对中国特色社会主义发展动力的认识，把构建和谐社会作为不断化解社会矛盾的持续过程，在矛盾与和谐的动态平衡中推动社会的不断进步和发展。

第三，构建社会主义和谐社会反映了建设社会主义现代化国家的内在要求。早在1965年的第三届全国人大第一次会议上，我们党就明确提出四个现代化的目标，要努力把中国建设成为一个具有现代农业、现代工业、现代国防和现代科学技术的社会主义强国。在改革开放初期，我们党在坚持四个现代化目标的基础上，结合历史新时期的新任务，提出了在建设高度的物质文明的同时，建设高度的社会主义精神文明。这是对现代化目标的进一步丰富和发展。随着改革开放的深入发展，1987年党的十三大正式确立党在社会主义初级阶段的基本路线，明确地把"富强、民主、文明"作为建设社会主义现代化国家的奋斗目标。今天，党的十六届六中全会又明确提出了"建设富强民主文明和谐的社会主义现代化国家"的重要论断。这表明，构建社会主义和谐社会正式成为社会主义现代化建设的一个重要目标。社会主义现代化建设内容和目标的丰富与扩展，是由中国特色社会主义事业总体布局的拓展和深化所决定的，两者相辅相成，充分反映了中国特色社会主义道路是我国实现现代化和中华民族伟大复兴的必由之路。

构建社会主义和谐社会是贯穿中国特色社会主义事业全过程的长期历史任务

构建社会主义和谐社会作为中国特色社会主义事业的有机组成部分，不是一种孤立的实践活动，它同经济建设、政治建设、文化建设、党的建设等互为条件和相辅相成，渗透于中国特色社会主义建设的各个方面，贯穿于中国特色社会主义的长期历史过程。这就要求我们在建设中国特色社会主义事业的过程中，正确处理以下四个方面的重要关系。

一是构建社会主义和谐社会与落实科学发展观的关系。当前，科学发展观和构建社会主义和谐社会这两大理论和战略思想，统领着全党全国人民建设中国特色社会主义全部实践活动。科学发展观是马克思主义中国化的最新成果，是社会主义现代化建设的长期指导思想。构建社会主义和谐社会是全面落实科学发展观的必然要求，是科学发展观在实践领域特别是在社会建设领域的展开和具体化。科学发展观为构建社会主义和谐社会提供了行动指南，对科学发展观认识得越全面、越深刻，构建社会主义和谐社会就越自觉坚定、越富有成效；构建社会主义和谐社会为落实科学发展观提供现实的经验和印证，和谐社会建设越深广，科学发展观就越深入人心，越得到丰富和完善。落实科学发展观与构建社会主义和谐社会这两大实践活动相互促进，必将把中国特色社会主义事业推向新的发展阶段。

二是构建社会主义和谐社会与全面建设小康社会的关系。构建社会主义和谐社会和全面建设小康社会彼此促进，二者统一于建设中国特色社会主义的实践中。构建社会主义和谐社会，为全面建设小康社会增加了崭新内容，同时也是到2020年实现全面建设惠及十几亿人口的更高水平的小康社会的重要保证。《决定》提出的到

2020年构建社会主义和谐社会的九项目标和主要任务，正是党的十六大关于全面建设小康社会"六个更加"内容在实践中的展开和具体化。《决定》中强调，要切实把构建社会主义和谐社会作为全面建设小康社会的重大现实课题抓紧抓好。构建社会主义和谐社会作为贯穿中国特色社会主义事业全过程的长期历史任务，在时间延续上要长得多，在任务上要艰巨得多。从这个意义上说，《决定》也是我们党对中国特色社会主义发展阶段和发展战略认识的深化。全面建设小康社会目标的实现，将为构建社会主义和谐社会积累丰富的经验，确立各方面的条件，并为中国特色社会主义事业发展到新的更高的阶段打下更加和谐深厚的社会基础。构建社会主义和谐社会，首先必须立足于全面建设小康社会的实际，扎扎实实地从现实出发，以和谐社会建设的成果促进经济发展，民主健全、科教进步、文化繁荣和人民生活的殷实。在立足当前的同时，还要着眼于长远，从中国特色社会主义事业发展长期过程的战略高度，规划和不断充实构建社会主义和谐社会的理论与实践。

三是构建社会主义和谐社会与发展社会主义市场经济的关系。《决定》指出，当前我国进入改革发展关键时期，经济体制深刻变革，社会结构深刻变动，利益格局深刻调整，思想观念深刻变化。这四个"深刻"所描述的形势，从根本上说是由我国发展社会主义市场经济造成的。市场经济无疑是当前配置资源、促进生产力发展的主要手段和工具，但它有其自身无法克服的弊端，有其不能解决的问题。国家的宏观调控是现代市场经济中不可缺少的内容，是矫正市场弊端的必要手段。而在更广的社会领域解决市场经济产生的问题，就需要更广泛、更完备、覆盖整个社会的规划和调控战略。因而，构建社会主义和谐社会是进一步完善社会主义市场经济体制的必然要求。通过和谐社会的构建，为发展社会主义市场经济创造更好的社会条件和环境，从而促进经济又快又好发展。构建社会主义和谐社会，是维护我国市场经济的社会主义性质的需要，是保证其健康发展的需要，并为进一步探索社会主义与市场经济的有机结合开辟新的途径，积累新的经验。

四是构建社会主义和谐社会与加强党的执政能力建设和先进性建设的关系。《决定》强调，构建社会主义和谐社会，关键在党，要以党的执政能力建设和先进性建设推动社会主义和谐社会建设。胡锦涛曾经指出，全党要在构建社会主义和谐社会的过程中，提高六种本领，即激发社会创造活力的本领、管理社会事务的本领、协调利益关系的本领、处理人民内部矛盾的本领、开展群众工作的本领、维护社会稳定的本领。它们在《决定》中得到了具体化，变成了切实的政策要求和工作要求。构建社会主义和谐社会贯彻于党的执政能力建设和先进性建设的整个过程，为新时期党的建设增添了新的内容；党的执政能力建设和先进性建设，有利于充分发挥党的领导核心作用，为构建社会主义和谐社会提供坚强有力的政治保证。

在中国特色社会主义的道路上，构建全体人民共同建设、共同享有的和谐社会

党的十六届六中全会明确指出，我们要构建的社会主义和谐社会，是在中国特色社会主义道路上，中国共产党领导全体人民共同建设、共同享有的和谐社会。这是对我们构建的和谐社会的性质和根本特征的明确表达，是坚持"发展为了人民、发展依靠人民、发展成果由人民共享"的历史唯物主义立场的集中体现，是贯彻立党为公、执政为民的宗旨的切实反映。《决定》既描绘了社会主义和谐社会的美好蓝图，又规划了 21 世纪头 20 年构建社会主义和谐社会的具体目标和主要任务。构建社会主义和谐社会是一项艰巨复杂的系统工程，需要全党全社会长期坚持不懈地努力。

第一，要坚定不移地走中国特色社会主义道路。如果离开中国特色社会主义道路，离开我们党的基本路线、基本纲领、基本经验，离开社会主义根本制度及其优越性的发挥，和谐社会建设就会失去

正确方向和根本保证。构建社会主义和谐社会，必须坚持以马克思列宁主义、毛泽东思想、邓小平理论和"三个代表"重要思想为指导，坚持"一个中心，两个基本点"的基本路线，坚持社会主义初级阶段的基本政治经济制度，坚持"解放生产力，发展生产力，消灭剥削，消除两极分化，最终达到共同富裕"的社会主义本质。要在构建社会主义和谐社会的实践过程中，全面贯彻落实科学发展观，不断推进马克思主义中国化的历史进程，并为丰富和完善科学发展观的理论体系提供新的经验。

第二，要大力加强促进社会和谐的各项制度建设。六中全会标志着和谐社会建设从初期的理论酝酿和实践准备阶段发展到理论成熟和全面推进阶段，发展到规范化和制度化的阶段。《决定》详细规划和部署了对构建和谐社会具有重大作用的各方面制度建设。全党全国人民要以科学发展观为指导，按照《决定》的部署和要求，深入研究和谐社会建设在各个领域展开的特点和规律，积极推进各项制度的改革和创新，形成适应当前我国经济社会发展阶段性特征和广大人民根本利益的社会管理制度和机制。制度建设的主要内容就是《决定》所提出的六个方面的任务：完善民主权利保障制度，巩固人民当家作主的政治地位；完善法律制度，夯实社会和谐的法治基础；完善司法体制机制，加强社会和谐的司法保障；完善公共财政制度，逐步实现基本公共服务的均等化；完善收入分配制度，规范收入分配秩序；完善社会保障制度，保障群众基本生活。这六项制度建设，是和谐社会建设的"骨架"，是根本的、长远的、支撑全局的内容，必须有秩序、有步骤地全面贯彻落实。

第三，要大力加强和谐文化建设，努力铸造精神支撑。《决定》对和谐文化建设做出了全面部署，特别是首次提出并全面阐述了社会主义核心价值体系建设，强调这是建设和谐文化的根本。社会主义核心价值体系包括四项基本内容：马克思主义指导思想，中国特色社会主义共同理想，以爱国主义为核心的民族精神和以改革创新为核心的时代精神，社会主义荣辱观。这四项基本内容，是长期以来我国精神文明建设和社会主义先进文化建设的实践经验结晶和理论升华，它把中华民族优良传统、社会主义先进文化的内容、现阶段思想道德建设的新要求有机结合起来，必将成为全党全国人民团结奋斗的共同思想道德基础，成为构建社会主义和谐社会的有力精神支撑和凝聚力量的牢固纽带。

第四，要真正形成促进和谐人人有责、和谐社会人人共享的局面。在构建社会主义和谐社会的过程中，要坚持马克思主义的群众观点和群众路线，从人民群众中汲取智慧和力量。要最广泛、最充分地调动一切积极因素，团结一切可以团结的力量，最大限度地激发社会活力，发挥各方面的创造性，努力促进民族关系、宗教关系、阶层关系、海内外同胞关系的和谐，巩固全国各族人民的大团结，巩固海内外中华儿女的大团结，真正形成和谐社会"共同建设、共同享有"的大好局面。

中国特色社会主义理论体系的实践基础[*]

理论在一个国家的实现程度，总是决定于理论满足这个国家需要的程度。社会实践和社会需要决定了一种理论的地位和价值，是其产生的根源、检验标准和发展动力。中国特色社会主义理论体系作为马克思主义中国化最新成果，内在地继承了马克思主义的实践品格，具有在社会实践中不断改造世界的功能和目的，并随着实践的发展而发展。深刻把握中国特色社会主义理论体系的实践基础，对于我们深入学习贯彻中国特色社会主义理论体系具有重要意义。

改革开放是中国特色社会主义理论体系最直接的实践基础。30年的改革开放，孕育形成了相辅相成、密不可分的实践创新与理论创新：从改造世界方面讲，开辟了中国特色社会主义道路；从认识世界方面讲，形成了中国特色社会主义理论体系。改造世界和认识世界的有机统一，就是以中国特色社会主义为主题的理论与实践的辩证运动。在改革开放和社会主义现代化建设的不同阶段，先后产生了邓小平理论、"三个代表"重要思想、科学发展观等重大战略思想，它们都是中国特色社会主义理论体系的有机组成部分，既一脉相承又与时俱进。在改革开放的进程中，这三大理论成果不断探索

---

[*] 原题为《深刻把握中国特色社会主义理论体系的实践基础》，发表于《人民日报》2008年12月10日。

和回答了三大课题：什么是社会主义、怎样建设社会主义，建设什么样的党、怎样建设党，实现什么样的发展、怎样发展。对这三大课题的探索和回答，又通过改革开放实践的纽带相互联系和贯通，成为中国特色社会主义实践的"三位一体"，这也决定了中国特色社会主义理论体系内涵的"三位一体"。同时，中国特色社会主义理论体系主要是在以和平与发展为主题的时代条件下产生的，其三个组成部分都坚持从当代中国实际和时代特征出发，注重总结改革开放不同时期、不同阶段的新鲜经验，注重探索和回答不同的新问题，既相互贯通又层层递进，在改革开放新的实践中不断丰富和完善。

世界发展进步的实践为中国特色社会主义理论体系提供了宽广的理论视野。任何一种划时代的科学理论的内容，不仅反映本国的实际需要，而且能敏锐抓住时代课题，充分吸收时代智慧的精华，集中体现所处时代的实践要求。中国特色社会主义理论体系作为马克思主义中国化最新成果，充分吸收借鉴了人类文明一切优秀成果，其实践基础并不仅限于在本国进行的最直接的实践，而且包括世界范围各国人民追求发展和进步的实践。一是世界社会主义发展的实践经验。中国特色社会主义的伟大实践是世界社会主义发展的重要组成部分。世界社会主义发展实践的经验教训无比丰富，其中一些最基本、最重要的经验已融入中国特色社会主义理论体系中，成为其不可或缺的内容。二是各国探求发展道路的实践经验。作为中国特色社会主义理论体系的重要组成部分，科学发展观是具有历史视野、面向世界的开放的发展理论，吸收借鉴了世界上不同类型国家和地区在发展实践中的经验教训。三是各国执政党治国理政的实践经验。虽然各个国家的社会制度不同，执政党的性质、纲领、阶级基础、执政理念等千差万别，但作为执政党，在治国理政和执政能力建设方面又存在一些共同的地方。中国特色社会主义理论体系也吸收借鉴了各国执政党在治国理政和执政能力建设方面的有益经验。

贯彻落实科学发展观为丰富和发展中国特色社会主义理论体系提供了最鲜活的内容。理论与实践的辩证运动是永无止境的发展过程。中国特色社会主义理论体系形成于建设和发展中国特色社会主义的伟大实践,它还要转化为实践,通过实践为人民群众所掌握,变为改造世界的强大力量,并根据新的实践经验进一步完善和发展。在新的发展阶段,深入贯彻落实科学发展观,是对邓小平理论和"三个代表"重要思想的最好坚持,是对中国特色社会主义理论体系的最好实践,并为丰富和发展中国特色社会主义理论体系提供了最鲜活的内容。当前,我们面临的新情况非常复杂,面对的新问题层出不穷。深入研究并科学回答实践提出的重大理论和实际问题,可以不断积累新经验、得出新结论、产生新思想,不断深化对中国特色社会主义的认识,从而使中国特色社会主义理论体系更加完善,更具有科学性和时代性。

增强坚持和发展中国特色社会主义理论体系的自觉性坚定性*

新世纪新阶段，国际形势继续发生深刻变化，我国改革发展进入关键阶段，推动科学发展、促进社会和谐面临着繁重艰巨的任务。特别是在当前，国际金融危机不断扩散蔓延，使世界经济增长减速，对我国经济发展造成严重影响。在复杂的国际国内形势下，有效应对危机，更好推进中国特色社会主义伟大事业，迫切需要我们增强坚持和发展中国特色社会主义理论体系的自觉性和坚定性，不断夯实全党全国各族人民团结奋斗的共同思想基础。

坚持普遍性和特殊性的统一，深刻把握中国特色社会主义理论体系是马克思主义中国化最新成果和扎根于当代中国的科学社会主义。增强坚持和发展中国特色社会主义理论体系的自觉性和坚定性，要求我们坚持社会主义普遍性和特殊性的统一。一方面，坚持社会主义的普遍性，深刻领会中国特色社会主义理论体系所体现的马克思主义世界观和方法论、所蕴含的科学社会主义基本原则。普遍性原理告诉我们，中国所走的道路，是在新的时代和实践条件下不断探索的科学社会主义之路，而不是什么别的道路；中国所进行的改革，是社会主义的自我完善和发展，而不是新自由主义或社会民主主义方向的"改革"。另一方面，坚持社会主义的特殊性，不断推进

---

* 本文发表于《人民日报》2009 年 5 月 6 日。

马克思主义中国化,赋予当代中国马克思主义鲜明的实践特色、民族特色、时代特色。离开中国实际和时代特征来谈马克思主义和社会主义,离开指引改革开放取得伟大成功的中国特色社会主义理论体系去另外寻找别的什么主义,或退回到封闭僵化的老路,都是没有前途和意义的。特殊性原理告诉我们,在当代中国,坚持中国特色社会主义道路,就是真正坚持社会主义;坚持中国特色社会主义理论体系,就是真正坚持马克思主义。

坚持继承性和发展性的统一,深刻把握中国特色社会主义理论体系是随着时代和实践的发展而发展的。每一个时代的理论思维都是一定历史的产物,它在不同的时期和阶段具有不同的内容和形式。中国特色社会主义理论体系是当代中国的理论思维,它创造性地探索和回答了什么是马克思主义、怎样对待马克思主义,什么是社会主义、怎样建设社会主义,建设什么样的党、怎样建设党,实现什么样的发展、怎样发展等重大理论和实际问题。作为中国特色社会主义理论体系有机组成部分的邓小平理论、"三个代表"重要思想和科学发展观等重大战略思想,产生于不同的发展阶段,既一脉相承又与时俱进,既有共同的主题又有各自的实践重点和理论重点。增强坚持和发展中国特色社会主义理论体系的自觉性和坚定性,要求我们坚持继承性和发展性的统一,完整、准确、具体地理解和把握中国特色社会主义理论体系。从继承性方面讲,要坚定不移地以邓小平理论和"三个代表"重要思想为指导,深入贯彻落实科学发展观,始终坚持它们共同体现的马克思主义世界观和方法论,始终围绕它们共同探索回答的发展中国特色社会主义的主题,始终贯彻它们共同包含的党的基本理论、基本路线、基本纲领、基本经验。从发展性方面讲,要坚持解放思想、实事求是、与时俱进,勇于变革,勇于创新,永不僵化,永不停滞,不断总结新经验、取得新成果,赋予中国特色社会主义理论体系以新的内容和形式,继续推进马克思主义中国化。

坚持历史性和现实性的统一,深刻把握现阶段坚持和发展中国特色社会主义理论体系的最好途径是深入贯彻落实科学发展观。从理论与实践的矛盾运动看,深入贯彻落实科学发展观的过程,就是继续把马克思主义基本原理同中国特色社会主义伟大实践相结合的过程,就是在新的历史起点上坚持和发展中国特色社会主义理论体系的过程。增强坚持和发展中国特色社会主义理论体系的自觉性和坚定性,要求我们坚持以当前我国改革开放和现代化建设的实际问题、以我们正在做的事情为中心,着眼于马克思主义理论的运用,着眼于对实际问题的理论思考,着眼于新的实践和新的发展,深入研究和回答国际国内的重大理论和实际问题,从而推动中国特色社会主义理论体系不断发展。从国际方面看,要深入研究科学技术的迅猛发展给人类生产方式和生活方式带来的新变化新问题,深入研究经济全球化和世界多极化继续发展的新特点新趋势,深入研究各种思想文化碰撞、交融的新情况新态势。从国内方面看,要深入研究和回答我国改革发展关键阶段的重大理论和实际问题,例如:如何更好地推动科学发展和促进社会和谐、建设社会主义新农村、建设创新型国家、发展中国特色社会主义民主政治、建设社会主义核心价值体系、加强党的执政能力建设和先进性建设等。

毫不动摇地坚持和发展中国特色社会主义[*]

高举中国特色社会主义伟大旗帜，毫不动摇地坚持和发展中国特色社会主义，是胡锦涛总书记在中央党校重要讲话的主题。我们要在理论和实践的结合上，对这一主题的深刻内容和重大意义进行全面准确的理解与把握。

毫不动摇地坚持和发展中国特色社会主义，必须坚持社会主义普遍性与特殊性的有机统一，不断推进马克思主义与中国具体实际相结合

坚持社会主义普遍性与特殊性的具体的、历史的统一，是马克思主义世界观方法论的基本要求，是社会主义不断进行实践开拓和理论创新的动力源泉，也是毫不动摇地坚持和发展中国特色社会主义的科学依据。社会主义的普遍性，一是指社会主义的历史必然性，即社会主义作为高于资本主义的社会形态，必将取代资本主义，这是不以人的意志为转移的客观规律；二是指社会主义的本质规定性，即将社会主义制度与资本主义及其他社会制度区别开来的、具有普

---

[*] 本文发表于《领导之友》2007年第5期。

遍意义的本质特征和基本原则。而社会主义的特殊性，就是指社会主义的普遍性在不同地区或国度及其不同发展阶段的具体实现形式，是社会主义基本原则与各国具体实际相结合的过程中，在不同历史环境和条件下的实际体现。社会主义的普遍性和特殊性相互依存：普遍性寓于特殊性之中，并通过特殊性表现出来；特殊性受普遍性的规定，并通过具体的、历史的形式体现普遍性。坚持社会主义普遍性和特殊性的有机统一，就是坚持了马克思主义的唯物辩证法。

　　胡锦涛指出："改革开放以来我们党带领人民开辟了中国特色社会主义道路，这条道路之所以正确、之所以能够引领中国发展进步，关键在于我们既坚持了科学社会主义的基本原则，又根据我国实际赋予其鲜明的中国特色。"这是对社会主义普遍性与特殊性相统一原理的科学表述，也是对中国特色社会主义道路的深刻诠释。我们要增强走中国特色社会主义道路的信心和决心，根据时代和实践的发展全面推进中国特色社会主义事业，一个重要的理论前提，就是要自觉地实现社会主义普遍性与特殊性的有机结合。如果离开或放弃了普遍性，片面强调特殊性，我们的建设和发展就会失去正确方向；如果无视社会主义的特殊性，机械、片面地强调普遍性，就会陷入教条主义。这两种错误倾向，都是我们坚决反对的。建设中国特色社会主义，是前无古人的开创性事业，必须以马克思主义为指导，坚持一切从实际出发，在实践中不断探索，不断积累经验和升华理论，从而不断推进马克思主义同中国具体实际相结合，使中国特色社会主义道路越走越宽广。

毫不动摇地坚持和发展中国特色社会主义，必须扎实立足国情，清醒而顽强地为实现党在现阶段的基本路线和历史任务而努力奋斗

　　长期以来，我们党始终强调，中国最大的国情，就是处于并将

长期处于社会主义初级阶段,这为制定各项路线、方针、政策提供了根本依据。胡锦涛在讲话中强调:"全党同志特别是党的高级干部,必须牢记社会主义初级阶段基本国情,认清全面建设小康社会、实现我国基本现代化、巩固和发展社会主义制度的重要性、长期性、艰巨性,增强聚精会神搞建设、一心一意谋发展的坚定性,提高想问题、办事情决不可脱离实际的自觉性,清醒而又顽强地为实现党的历史使命而扎实奋斗、不懈奋斗。"这段重要论述,充分体现了我们党对当前我国所处的历史方位和发展阶段的科学判断与清醒认识,具有很强的现实针对性。它要求我们:既要看到我国社会主义建设事业取得的巨大成就,又要看到我国发展过程中面临的各种矛盾、困难和问题;既要看到我国发展过程中面临的形势、环境和条件发生的重要变化,又要看到我国基本国情的性质并没有变。我国基本国情的性质就是:在历史方位上,我国正处于并将长期处于社会主义初级阶段;在国际上,我国仍然是发展中国家。

改革开放近30年来,我国经济长期高速平稳发展,人民生活水平显著提高,综合国力日益增强。经济社会发展取得的显著成绩,引起了整个世界的关注,得到了国际社会的普遍赞誉。在成就和赞誉面前,国内有人沾沾自喜,头脑发热,淡化了我国还处于社会主义初级阶段、仍然是世界上发展中国家的意识。特别是国外一些媒体热衷于渲染中国经济将在不远的将来超过美国、日本等发达国家,渲染中国是21世纪的超级大国等,也助长了国内一些人的盲目乐观情绪。还有,消费至上主义等在国内的影响也有所上升,使一些人忘却了勤俭节约、艰苦奋斗的传统。在这样的情况下,重申牢记基本国情,对于我们正确认识所处的发展阶段和水平,保持清醒头脑和增强忧患意识,具有十分重要的意义。

在新世纪新阶段,我国的发展站在了新的历史起点上,我们面临的机遇前所未有,面对的挑战也前所未有,新情况新问题层出不穷。这更需要我们牢记社会主义初级阶段国情,毫不动摇地坚持以经济建设为中心,坚持四项基本原则,坚持改革开放,并将它们统一于发展中国特色社会主义的伟大实践中。

毫不动摇地坚持和发展中国特色社会主义，必须根据时代和实践发展的要求，不断丰富和完善中国特色主义理论体系

实践的发展进程，必然伴随着理论的发展进程。以毛泽东同志为核心的第一代中央领导集体，为探索社会主义建设和发展道路做出了巨大努力，取得了许多重要成绩，形成了许多宝贵思想，奠定了坚实的基础；以邓小平同志为核心的第二代中央领导集体，带领全党全国各族人民成功开辟出一条中国特色社会主义道路，形成了邓小平理论；以江泽民同志为核心的第三代中央领导集体，沿着中国特色社会主义道路奋力开拓，把实践探索和理论创新都推向了一个新的阶段，形成了"三个代表"重要思想；以胡锦涛同志为总书记的党中央坚持以邓小平理论和"三个代表"重要思想为指导，继续牢牢把握建设中国特色社会主义这个主题，继续开创中国特色社会主义事业新局面，形成了科学发展观。邓小平理论、"三个代表"重要思想和科学发展观，都是围绕中国特色社会主义这一主题形成和展开的，都是中国特色社会主义理论的有机组成部分。

恩格斯曾经说过，每一个时代的理论思维，包括我们时代的理论思维，都是一种历史的产物，它在不同的时代具有完全不同的形式，同时具有完全不同的内容。邓小平理论、"三个代表"重要思想和科学发展观，既一脉相承又与时俱进。它们回答"什么是社会主义，怎样建设社会主义"这一相同的时代课题，承担推进社会主义现代化和实现中华民族伟大复兴这一相同的历史任务，又在不同的发展阶段，面临着不同的具体实践问题。正如胡锦涛强调的"新世纪新阶段，我国发展站在了新的历史起点上。我们必须科学分析我国全面参与经济全球化的新机遇新挑战，深刻把握工业化、城镇化、

市场化、国际化深入发展形势下我国各项事业发展面临的新课题新矛盾，深入贯彻落实科学发展观，更加自觉地促进科学发展，奋力开拓中国特色社会主义更为广阔的发展前景"。中国特色社会主义理论体系是开放的、不断发展的，需要我们党在带领全国人民推动科学发展、促进社会和谐、为夺取全面建设小康社会新胜利而奋斗的过程中，在深入推进经济建设、政治建设、文化建设、社会建设和党的建设的具体实践进程中，继续深化对中国特色社会主义的研究和探索，不断赋予中国特色社会主义以新的理论内容和形式，从而不断丰富和完善中国特色社会主义理论体系，更加自觉地用发展着的马克思主义指导新的实践。

宽广的道路　　创新的理论[*]

胡锦涛所作的党的十七大报告，提出了长期坚持和不断发展中国特色社会主义道路和中国特色社会主义理论体系的艰巨而光荣的历史任务，标志着中国特色社会主义实践与理论发展到了新阶段和新境界，是我们坚持实践创新和理论创新的根本保证。

使中国特色社会主义道路越走越宽广

在新世纪新阶段全面推进社会主义现代化建设事业，在新的实践中使中国特色社会主义道路越走越宽广，就要做到：

第一，必须始终坚持党在社会主义初级阶段的基本路线。党的十七大报告结合当前我国经济社会发展的实际，提出了一个"重要变化"、两个"没有变"的论断，即"从生产力到生产关系、从经济基础到上层建筑都发生了意义深远的重大变化，但我国仍处于并将长期处于社会主义初级阶段的基本国情没有变，人民日益增长的物质文化需要同落后的社会生产之间的矛盾这一社会主要矛盾没有变"。这是我们党对我国的历史方位和发展阶段的科学判断和清醒认识。我们要按照党的十七大的要求，牢记社会主义初级阶段基本国

---

[*] 本文发表于《中国社会科学院院报》2007年10月30日。

情,毫不动摇地坚持"一个中心、两个基本点"的基本路线。党的十七大从党和国家前途命运的高度对党的基本路线的重大意义作了新阐释,提出了"党的基本路线是党和国家生命线"、"以经济建设为中心是兴国之要"等新论断。我们要按照党的十七大的新要求,毫不动摇地坚持党的基本路线,并结合新的理论和实践赋予其新的时代内涵。要从实现科学发展的高度认识和推进经济建设,从党的理论创新和制度创新的高度认识和坚持四项基本原则,从发展中国、发展社会主义、发展马克思主义的高度认识和推进改革开放。唯有如此,兴国之要才更强健,立国之本才更坚固,强国之路才更宽广。

第二,必须深入贯彻落实科学发展观。党的十七大报告对科学发展观的时代背景、实践基础、科学内涵、精神实质和重大意义做了新的概括,这是对党的十六大以来我们党推进马克思主义中国化所取得的最重要创新成果的全面、系统阐述。科学发展观是马克思主义关于发展的世界观和方法论的集中体现,是同马克思列宁主义、毛泽东思想、邓小平理论和"三个代表"重要思想既一脉相承又与时俱进的科学理论,是我国经济社会发展的重要指导方针,是发展中国特色社会主义必须坚持和贯彻的重大战略思想。当前,深入贯彻落实科学发展观,就是坚定不移地走中国特色社会主义道路。要按照党的十七大的要求和部署,坚持把发展作为党执政兴国的第一要务,坚持以人为本,坚持全面协调可持续发展,坚持统筹兼顾。要全面把握科学发展观的科学内涵和精神实质,增强贯彻落实科学发展观的自觉性和坚定性,着力转变不适应不符合科学发展观的思想观念,着力解决影响和制约科学发展的突出问题,把科学发展贯彻落实到经济社会发展各个方面。

第三,必须按照"四位一体"的总体布局推动全面发展。中国特色社会主义"四位一体"的总体布局,是党的十六大以来我们党对马克思主义关于社会结构和全面发展理论的新贡献。党的十七大将其纳入中国特色社会主义道路的科学内涵中,使四个方面的建设目标更加明确了,思路更加清晰了。四大建设在既相互联系又相互作用中全面推进，是开拓中国特色社会主义广阔发展前景的行动纲领、实践内容和长期任务。要按照党的十七大的要求和部署，加快转变经济发展方式，完善社会主义市场经济体制；积极稳妥推进政治体制改革，使社会主义民主政治展现出更加旺盛的生命力；坚持社会主义先进文化前进方向，推动社会主义文化大发展大繁荣；加快推进社会建设，着力保障和改善民生。通过四大建设全面推进，把我们国家建设成为富强民主文明和谐的社会主义现代化国家，把中国特色社会主义建成全面发展、全面进步的社会。

第四，必须继续推进党的建设新的伟大工程。要使中国特色社会主义道路越走越宽广，必须要求党的领导越来越坚强有力，越来越符合世情、国情和党情的新要求。党的十七大报告提出了全面加强党的思想建设、组织建设、作风建设、制度建设和反腐倡廉建设。这"五位一体"的布局，创新了党建总体框架和战略思路，拓宽了党建的范围和途径，是对马克思主义党建学说的丰富和发展。党的十七大报告对每个方面的建设都提出了新的要求，比如在思想建设上，提出了深入学习贯彻中国特色社会主义理论体系的任务；在组织建设上，提出了造就高素质党员和干部队伍的任务；在制度建设上，提出在健全民主集中制基础上，积极推进党内民主，着力增强党的团结统一的任务；在作风建设上，提出了全面加强思想作风、学风、工作作风、领导作风和干部生活作风建设的任务，把反腐倡廉建设放在更加突出的位置；等等。这些新要求新举措，为新形势下全面推进党的建设新的伟大工程指明了方向，并使其同中国特色社会主义伟大事业更加紧密地结合起来。

坚持和发展中国特色社会主义理论体系

恩格斯曾经说过，每一个时代的理论思维，都是一种历史的产物，它在不同的时代具有不同的内容和形式。中国特色社会主义理论体系就是新时期当代中国的"理论思维",是改革开放和社会主义现代化建设实践的历史产物。在这个实践过程中的不同阶段,先后产生了邓小平理论、"三个代表"重要思想和科学发展观等重大战略思想,它们都是中国特色社会主义理论的有机组成部分,既一脉相承又与时俱进,回答着"什么是社会主义,怎样建设社会主义"这一相同的时代课题,同时又在不同的历史时期面临不同的具体实践问题,因而具有不同的内容和形式。所以,我们对待中国特色社会主义理论体系的科学态度,一要长期坚持,因为它是马克思主义基本原理和立场观点方法在当代中国的具体运用,是新时期被证明完全正确的党的基本理论、基本路线、基本纲领、基本经验的升华和全党智慧的结晶,是全国各族人民团结奋斗的共同思想基础;二是要不断发展,因为它作为马克思主义中国化的最新成果,同样具有与时俱进的理论品格,因而党的十七大报告强调它是不断发展的、开放的理论体系,必然随着时代、实践和科学的发展而发展。

坚持和发展中国特色社会主义理论体系,必须深刻掌握其精神实质和科学内涵。中国特色社会主义理论体系的确立和发展,就是为了不断推进马克思主义基本原理与中国实际和时代特征相结合,不断探索和回答"什么是社会主义,怎样建设社会主义"这个历史性课题,指导全党全国人民走一条既符合国情又符合时代要求的社会主义现代化和民族复兴之路。这是我们领会和掌握中国特色社会主义理论体系精神实质的关键。其科学内涵和丰富内容,从纵向上说,包括邓小平理论、"三个代表"重要思想和科学发展观等一系列重大战略思想;从横向上看,涵盖了党和国家事业的各个方面,涉及经济建设、政治建设、文化建设、社会建设和党的建设各个领域,包括中国社会主义发展道路、发展阶段、根本任务、发展动力、外部条件、政治保证、战略步骤、党的领导和依靠力量等一系列重大问题,是一个科学、严整的理论体系。我们必须从历史与现实的结合、理论与实践的结合上,深入、全面、系统地学习和掌握。

坚持和发展中国特色社会主义理论体系，必须解放思想、实事求是、与时俱进，不断推进理论创新。胡锦涛在党的十七大报告中指出："实践永无止境，创新永无止境"，"要坚持解放思想、实事求是、与时俱进，勇于变革，勇于创新，永不僵化，永不停滞"。坚持和发展中国特色社会主义理论体系，必须要有这种改革和创新的精神。解放思想是发展中国特色社会主义的一大法宝，也是推进理论创新的一大法宝。我们要在推动科学发展、促进社会和谐，为夺取全面建设小康社会新胜利而奋斗的新实践中，大力推进理论创新，不断赋予当代中国马克思主义鲜明的实践特色、民族特色、时代特色，赋予中国特色社会主义理论体系以新的内容和形式。科学发展观以一系列相互联系和相互贯通的新思想、新观点、新论断，丰富和发展了中国特色社会主义理论体系。它既是理论创新的典范，也是理论创新的指针。科学发展观必将在新的实践中进一步丰富和发展。坚持和发展中国特色社会主义理论体系，就要深入学习实践科学发展观，进一步丰富和拓展科学发展观的科学体系，从而推动中国特色社会主义理论体系的继续丰富和完善。

坚持和发展中国特色社会主义理论体系，必须认真研究和回答重大理论和实际问题。准确把握并解决时代和实践提出的问题，就会把思想理论向前推进一步，从而把整个社会向前推进一步。要树立以实际问题为中心研究马克思主义的方法，在科学回答重大理论和实际问题中推进中国特色社会主义理论体系的发展。从国际方面看，要深入研究科技革命给人类的生产方式和生活方式带来的新变化，深入研究经济全球化和政治多极化趋势继续发展的新特点，深入研究各种思想文化碰撞、交融的新态势，深入研究当代资本主义和世界社会主义发展的新趋向，等等。从国内方面看，要紧紧围绕推动科学发展、促进社会和谐这个主题，深入研究和回答我国改革发展关键时期的重大问题。党的十七大报告中提出了许多重大理论和实际问题，比如如何更好地推动科学发展、促进社会和谐、建设社会主义新农村、建设创新型国家、构建社会主义核心价值体系、推动建设和谐世界、加强党的执政能力建设和先进性建设等一系列重大问题。通过对这些问题的研究和回答，不断积累新经验，产生新思想，得出新结论，不断深化对中国特色社会主义建设和发展规律的认识，从而不断丰富和发展中国特色社会主义理论体系。

全面推进中国特色社会主义事业[*]

胡锦涛总书记在中央党校发表的重要讲话，通篇贯穿着一个主题，就是毫不动摇地坚持和发展中国特色社会主义；突出强调必须牢记基本国情，就是我国正处于并将长期处于社会主义初级阶段。深刻理解这些重要论述，对于我们全面深入把握讲话的精神实质，进一步增强贯彻落实科学发展观的自觉性和坚定性，意义重大。

胡锦涛总书记的讲话，贯穿了建设中国特色社会主义这一主题，重申了坚定不移地走中国特色社会主义道路的重大意义，具有很强的理论性和现实性。他强调，中国特色社会主义，是当代中国发展进步的旗帜，是全党全国人民团结奋斗的旗帜。走中国特色社会主义道路，就是既坚持科学社会主义的基本原则，又根据我国实际赋予其鲜明的中国特色。从讲话中我们可以深刻体会到：深入贯彻落实科学发展观，就是要毫不动摇地坚持和发展中国特色社会主义；进一步增强贯彻落实科学发展观的自觉性和坚定性，就是进一步深化对中国特色社会主义建设规律的认识，坚定走中国特色社会主义道路的信心和决心，全面推进中国特色社会主义经济建设、政治建设、文化建设、社会建设以及党的建设。

建设中国特色社会主义，是一项前无古人的创造性事业。如何

---

[*] 原题为《扎实立足基本国情　全面推进中国特色社会主义事业——学习胡锦涛总书记在中央党校的重要讲话》，发表于《中国社会科学院院报》2007年7月12日。

在一个经济文化比较落后的东方大国实现社会主义现代化，实现中华民族的伟大复兴，没有现成的答案，只能靠我们党以科学理论为行动指南，根据本国实际和时代的发展变化，不断进行实践开拓和理论创新。以毛泽东同志为核心的第一代中央领导集体，为探索社会主义建设和发展道路做出了巨大努力，取得了许多重要成绩，形成了许多宝贵思想；以邓小平同志为核心的第二代中央领导集体，带领全党全国各族人民成功开辟出一条中国特色社会主义道路，形成了邓小平理论；以江泽民同志为核心的第三代中央领导集体，沿着中国特色社会主义道路奋力开拓，把实践探索和理论创新都推向了一个新的阶段，形成了"三个代表"重要思想；以胡锦涛同志为总书记的党中央坚持以邓小平理论和"三个代表"重要思想为指导，继续牢牢把握建设中国特色社会主义这个主题，继续开创中国特色社会主义事业新局面，形成了科学发展观。邓小平理论、"三个代表"重要思想和科学发展观，都是围绕中国特色社会主义这一主题形成和展开的，都是中国特色社会主义理论的有机组成部分。

  胡锦涛总书记在讲话中强调指出，必须牢记社会主义初级阶段基本国情，认清全面建设小康社会、实现我国基本现代化、巩固和发展社会主义制度的重要性、长期性、艰巨性，增强聚精会神搞建设、一心一意谋发展的坚定性，提高想问题、办事情决不可脱离实际的自觉性，清醒而又顽强地为实现党的历史使命而奋斗。贯彻落实科学发展观，要求我们始终坚持"一个中心、两个基本点"的基本路线。

  从实际出发，最根本的就是从国情出发。毛泽东曾经指出："认清中国社会的性质，就是说，认清中国的国情，乃是认清一切革命问题的基本的根据。"改革开放后，我们党创造性地提出了社会主义初级阶段理论，丰富和发展了科学社会主义。长期以来，我们党始终强调，中国最大的国情，就是处于并将长期处于社会主义初级阶段，这为我们党制定各项路线、方针、政策提供了根本的依据。邓小平曾强调："一切都要从这个实际出发，根据这个实际来制订规划。"在改革发展的每一个重要转折时期，我们党都重申和强调社会主义初级阶段的国情，并不断加深认识，丰富内容。1987年，党的十三大正式提出社会主义初级阶段理论，提出了"一个中心、两个基本点"的基本路线；1997年，党的十五大全面提出了社会主义初级阶段的基本纲领；今天，在党的十七大召开前夕，以胡锦涛同志为总书记的党中央，在我国改革发展的关键时期，重申社会主义初级阶段的基本国情，始终坚持社会主义初级阶段的基本路线，并将其同深入贯彻落实科学发展观紧密结合起来，充分体现了我们党对新阶段新形势的科学分析和清醒认识，对中国特色社会主义事业发展大局的高超驾驭。

进一步增强贯彻落实科学发展观的自觉性和坚定性，就必须对社会主义初级阶段的长期性和历史任务有全面的、深刻的认识。新中国成立以来特别是改革开放以来，我国社会生产力有了巨大发展，综合国力大幅增强，人民生活显著改善，实现了由解决温饱到总体上达到小康的历史性跨越。但是，我们依然处于不发达阶段，我们所达到的小康依然是低水平、不全面、很不平衡的小康。在新世纪新阶段，我国的发展站在了新的历史起点上，我们面临的机遇前所未有，面对的挑战也前所未有，新情况新问题层出不穷。这更需要我们牢记社会主义初级阶段的国情，毫不动摇地坚持以经济建设为中心，坚持四项基本原则，坚持改革开放，并将它们统一于发展中国特色社会主义的伟大实践中。任何偏离经济建设这个中心的想法和做法，任何骄傲自满、盲目乐观、放松懈怠的想法和做法，对中国特色社会主义事业都是有害的，也是违背科学发展观精神实质的。

树立科学的马克思主义民主观[*]

建设中国特色社会主义民主政治，是我国社会主义政治文明建设的重要内容，是中国共产党和中国人民所面临的一项长期而艰巨的历史任务。早在改革开放之初，邓小平就曾强调，中国的民主问题主要包含两个方面：一是纠正"文化大革命"时期的错误，"采取各种措施继续努力扩大党内民主和人民民主"，"没有民主就没有社会主义，就没有社会主义的现代化"[①]；二是强调必须向人民讲清楚，什么是中国人民所需要的民主。"中国人民今天所需要的民主，只能是社会主义民主或称人民民主，而不是资产阶级的个人主义的民主。"[②] 他还说"我们实行的是社会主义民主，不是资本主义民主"[③]。

改革开放30多年来，中国特色社会主义民主政治建设，就是遵循这样的原则，既始终坚持正确方向，又坚定不移地推进。民主是社会主义的本质要求和内在属性。胡锦涛在党的十七大报告中明确提出"社会主义愈发展，民主也愈发展"。他同时强调"深化政治体制改革，必须坚持正确政治方向，以保证人民当家作主为根本"。党的十七届四中全会提出"坚持以党内民主带动人民民主"，要求全

---

[*] 本文发表于《政治学研究》2010年第3期，姜辉、赵培杰执笔。
[①] 《邓小平文选》第2卷，人民出版社1994年版，第168页。
[②] 同上书，第175页。
[③] 同上书，第256页。

党同志划清中国特色社会主义民主同西方资本主义民主的界限。这是我们党面对国际国内新形势,坚定不移地发展中国特色社会主义民主政治的必然要求。我们认为,划清界限,推进民主,首先要牢固树立科学的马克思主义民主观。

正确把握认识民主问题的几个基本点

要正确认识民主问题,首先必须弄清民主的真正含义。正如马克思和恩格斯曾经指出的:"民主是什么呢?它必须具备一定的意义,否则它就不能存在。因此,全部问题就在于确定民主的真正意义。"[①] 时代背景不同,现实条件不同,利益和立场不同,对于民主的看法和态度也就不同。马克思主义是指导中国特色社会主义事业的理论基础,马克思主义的民主理论,是正确认识民主的性质、目的、内容、形式和意义的指南,对于发展中国特色社会主义民主政治有着极为重要的现实指导意义。从我国实际出发,稳步推进社会主义民主政治建设,要求我们必须准确把握马克思主义关于民主问题的几个基本点。

一是民主的阶级性。民主不是纯粹的、抽象的、绝对的,它作为一种国家制度和政治制度,以及作为意识形态,属于上层建筑的范畴,归根结底是由一定的经济基础决定的。在阶级社会里,民主表现出鲜明的阶级性,代表阶级利益,是阶级统治的工具和手段。在阶级社会里,抽象地谈"一般民主""纯粹民主",是没有什么实质意义的。马克思和恩格斯指出:"国家内部的一切斗争——民主政体、贵族政体和君主政体相互之间的斗争,争取选举权的斗争等等,不过是一些虚幻的形式——普遍的东西一般说来是一种虚幻的共同

---

① 《马克思恩格斯全集》第 10 卷,人民出版社 1998 年版,第 315 页。

体的形式——，在这些形式下进行着各个不同阶级间的真正的斗争。"① 列宁也曾说："马克思主义者却决不会忘记提出这样的问题：'这是对哪个阶级的民主'？"② 在历史上，先后出现过奴隶主阶级内部的民主，替代封建专制制度的资本主义民主，替代资产阶级民主的社会主义民主。西方资本主义民主，不管形式如何，其实质是资产阶级的统治，是少数人的民主。今天的一些所谓"民主国家"，都打着民主、自由的旗号，在国内实行资产阶级剥削和统治，对外实行扩张、侵略和掠夺而发展起来的，如今又利用经济全球化，打着民主、自由、人权的旗号，"输出民主"，干涉别国内政，实际上是为了实现国际垄断资产阶级的全球霸权和统治。社会主义民主，实质和核心是人民当家作主，同资本主义民主有着根本性质的不同，同时也是对资本主义民主的继承、扬弃和超越，是更高类型的民主形态。中国特色社会主义民主，坚持马克思主义民主理论与中国实际和时代特征相结合，是中国最广大人民根本利益的集中反映，是最有利于国家发展和民族振兴的民主。

二是民主的目的性。民主是形式与目的的结合，目的决定形式，形式为目的服务。比如选举、竞选等，是形式和方法，而不是目的。在现代社会，绝大多数国家的统治阶级都要通过选举制度取得和维护领导权、执政权，其目的在于为实现本阶级的利益服务，使本阶级的利益"普遍化"、合法化。我们必须正确看待选举、政党竞选等问题。在阶级社会里，从来没有超越阶级利益的选举。有人认为，只要是经过选举的，就是好的，就是合理合法的，实行普选的制度，就是好的制度，就是彻底的民主制度。这种认识是片面的、偏颇的，实际上混淆了形式和目的，或者是只顾形式，不看目的。西方一些人士推崇或推销西方民主的一种方法，就是将形式与目的分离，只片面论证形式的绝对性，把形式说成目的本身。一些发展中国家和

---

① 《马克思恩格斯选集》第1卷，人民出版社2012年版，第164页。
② 《列宁选集》第3卷，人民出版社2012年版，第593页。

地区，在一些西方国家的鼓动或引诱下，不顾自己的国情及经济社会条件，盲目按照西方设定的"民主程序"，推行所谓的竞选和全民公决，导致政党之间无原则的争斗，街头政治愈演愈烈。而一些政客和学者却认为，这是向"民主社会"的过渡，为了尽快完成这一过渡，付出一定的经济社会代价和"必要的民主成本"是必然的，也是值得的。民主当然要通过一定的形式和程序才能得到实现，但这种不顾目的和内容、只讲形式和程序的"民主"，是我们坚决反对的。社会主义的民主政治，其目的是通过实现广大人民在经济、政治、社会上的平等，推动生产力的发展，实现国家制度和人民权利的有机统一，实现人们在经济、政治和社会上的彻底解放，最终实现马克思所说的人的自由而全面的发展。这里，形式和目的在本质上是一致的，但实现它们的统一是个长期的过程。中国特色社会主义民主政治建设，就是在坚持社会主义民主根本性质的前提下，随着经济社会的发展和社会主义制度的不断完善，积极探索人民民主的实现形式，逐步达到民主形式和目的有机结合。

三是民主的差异性。在历史和现实中，民主制度和体制从来就没有固定的、单一的、不变的模式。每个国家的政体一方面受国体所制约，另一方面又由各自的实际条件所制约，所以民主制度和体制也千差万别。民主的形式是多样的，实现一定政治目的，完成一定政治任务，总是有多种方式、方法，多种体制机制。比如政权构成、选举方式等方面，都不可能一样。无论是资本主义民主，还是社会主义民主，都是如此。在西方资本主义国家，无论从历史还是现实看，由于各国的实际情况和条件不同，政体的形式也不同。西方政体上有君主制和共和制，共和制下，还有总统制、内阁制等。同样实行代议制和政党轮流执政，英国实行君主立宪制，美国是民主共和制；同样是民主共和制，美国是总统制，法国是半总统半内阁制，瑞士是委员会制。社会主义民主的制度和道路也有各自的特点和多样性。列宁说过："一切民族都将走向社会主义，这是不可避免的，但是一切民族的走法却不会完全一样，在民主的这种或那种形式上，在无产阶级专政的这种或那种形态上，在社会生活各方面的社会主义改造的速度上，每个民族都会有自己的特点。"① 他还曾强调，要"彻底发展民主，找出彻底发展的种种形式，用实践来检验这些形式等等"②。我们研究借鉴别国的民主制度和体制，一定要看到民主的差异性、多样性、复杂性，看到民主是具体的、历史的，切忌简单化、单一化、绝对化。

四是民主的有效性。在特定的社会制度下，在特定的历史时期和社会发展阶段，一个国家究竟选择什么样的民主制度，怎样对待民主，就要看它的有效性。对于资本主义民主来说，其有效性是能够维护资产阶级的统治，实现资产阶级的利益。如果人民争取真正民主的斗争触犯了统治阶级的根本利益，对统治阶级的利益和地位构成挑战时，资产阶级国家就会千方百计压制、取消这样的民主。毛泽东在20世纪40年代末评论西方民主的时候，就有一段深刻精彩的话，他认为西方的法西斯政府实行专制独裁，就是取消人民的真正民主，"取消了或者索性不用那片资产阶级内部民主的幕布，是因为国内阶级斗争紧张到了极点，取消或者索性不用那片布比较地有利些，免得人民也利用那片布去手舞足蹈"。"美国政府现在还有一片民主布，但是已被美国反动派剪得小了，又大大地褪了颜色……这是阶级斗争迫紧了几步的缘故。再迫紧几步，美国的民主布必然要被抛到九霄云外去。"③ 60多年前毛泽东的论述，对于我们今天认识资本主义民主的实质和功能，仍具有启示意义。而社会主义民主的有效性，就是要看是否适应本国条件，符合本国实际，有利国家发展，造福本国人民。邓小平在谈到我们的基本政治制度时曾指出，我们不搞西方的多党竞选、三权分立、两院制，"我们实行的就是全国人民代表大会一院制，这最符合中国实际。如果政策正

---

① 《列宁全集》第28卷，人民出版社1990年版，第163页。
② 《列宁选集》第3卷，人民出版社2012年版，第181页。
③ 《毛泽东选集》第4卷，人民出版社1991年版，第1503页。

确，方向正确，这种体制益处很大，很有助于国家的兴旺发达，避免很多牵扯。当然，如果政策搞错了，不管你什么院制也没有用。"①在当代中国，适合国情、有利于人民当家作主、有利于社会稳定和谐发展、有利于国家统一的民主制度，就是有效的，就是好的；脱离国情、脱离实际，背离广大人民的根本利益，造成经济停滞、社会动荡、民族分裂、危害国家统一和安全的，就是有害的，是绝对不能采取的。

破除在民主问题上的几种错误认识

随着中国特色社会主义民主建设的持续推进和民主问题研究的不断深入，人们对民主问题的理解，特别是对中国特色社会主义民主同西方资本主义民主之本质区别的认识更加深刻。但是，仍然存在着诸如"民主万能论""民主永恒论""民主普世论"等错误认识，必须予以澄清和纠正。这是划清中国特色社会主义民主同西方资本主义民主界限的重要前提。

一是破除"民主万能论"。关于民主在国家政治、经济、社会生活中的地位和作用，应当说已经形成广泛的共识。但是，一些人竭力宣示对民主的"热爱"，言必称"民主"，把被他们泛化和抽象化了的民主说成是推动经济发展、解决社会问题的灵丹妙药。一些人总结世界历史"经验"，说举凡民主制度发展成熟的国家和地区，也就是经济发达的国家和地区，同时也是国内矛盾缓和、社会长期稳定的国家和地区。还有一些人把民主绝对化，以为民主越彻底越好，越纯粹越好，越广泛越好，可以无条件地运用于人类社会的一切领域，可以解决一切问题。其实，早在若干年前，美国等发达资本主义国家就把"民主国家无战争""民主国家经济持续发展"等作为

---

① 《邓小平文选》第 3 卷，人民出版社 1993 年版，第 220 页。

它们向别国尤其是发展中国家推销西方资本主义民主的重要说辞。因此可以说，一些人所宣扬的"民主万能论"，实质上是"西方资本主义民主万能论"。

无论在西方还是东方，无论是在资本主义国家还是社会主义国家，民主不是万能的，而是像市场一样，有时也会失灵。超出一定的条件和限度，民主甚至还会走向自己的反面。古希腊哲学家苏格拉底是因为倡导新思想而被通过民主的方法判处死刑的，希特勒是通过民主选举上台而成为法西斯独裁者的，一些国家和地区的政客是在行使民主权利时大打出手的。在一些国家和地区，民主还导致政治效率的降低甚至社会的长期动荡。

二是破除"民主永恒论"。在一些资产阶级思想家和政治家看来，西方资本主义民主是人类迄今最好的国家形态和政治制度，因为"历史的终结"，它也将成为这个世界永恒的政治制度和社会制度模式。在我国，也有人认为，既然说没有民主就没有社会主义，就没有社会主义的现代化，人民民主是社会主义的生命，那么民主就是社会主义的一个永恒主题。问题只在于民主的不断完善，而无所谓民主的消亡。

马克思主义认为，民主作为上层建筑的范畴，是具体的、历史的，而不是抽象的、绝对的。任何一种民主的本质、内容和形式，都是由一个国家的社会制度决定的，都要随着一个国家经济文化的发展而发展。从来不存在超越具体历史发展阶段、永恒不变的所谓"一般民主""绝对民主"，也不存在超历史的适合于一切民族和时代的民主观念。民主作为一种国家制度、国家形态，作为一种政权组织形式，将随着国家的消亡而消亡。列宁曾经指出："从专制制度到资产阶级民主，从资产阶级民主到无产阶级民主，从无产阶级民主到没有任何民主，这就是民主发展的辩证法。"① 在未来共产主义社会，人们将建立起真正意义的民主管理制度，但那时的民主制度

---

① 《列宁全集》第31卷，人民出版社1985年版，第155—156页。

将完全失去阶级社会中国家政治制度的性质。到那时，民主将成为人们的一种生活习惯，将成为社会的一种生活方式，这也就意味着民主将因此作为政治范畴从人类的日常语言中消失。这不是一些人所歪曲的"怪论"，而是历史唯物主义的常识。

三是破除"民主普世论"。"普世价值论"是美国等发达资本主义国家运用政治、经济、军事、文化等手段推销其社会政治制度和价值观的重要战略之一。一些西方学者给资本主义民主制度披上了一层"普世民主""永恒民主""全民民主"的华丽面纱，使之成为西方政客叫卖推销的政治商品。近年来"普世价值论"在我国也产生较大影响，成为冲击我国主流意识形态的几大社会思潮之一。

马克思主义认为，不存在超越具体历史发展阶段、永恒不变的所谓"一般民主""纯粹民主""绝对民主"，也不存在适用于一切国家、适合于各个民族的唯一的政治制度和民主模式。一个国家实行什么样的民主政治，选择什么样的民主发展道路，是由这个国家的国情和国家性质决定的。在民主建设问题上，采取"拿来"和"移植"的办法行不通，生搬硬套很可能造成十分严重的后果。适合一个国家的民主制度和民主形式，不一定就适合其他国家；适合于一个国家一定历史发展阶段的民主形式，则未必适合这个国家的其他历史发展阶段。世界民主发展的历史和实践一再表明，照抄照搬别国民主政治模式从来不能成功，而强行推销和输出西方民主政治模式只会为别国带来动荡和灾难。第二次世界大战结束特别是20世纪80年代以来，在民主政治发展进程中，有多少国家遭受了西方资本主义民主的欺骗，又有多少国家吃尽了照抄照搬资本主义民主模式的苦头！当前，西方大国策动的"颜色革命"纷纷褪色，美国主导的"大中东民主计划"几近溃败。这一系列国际政治的现实告诉人们，建设好我们自己的民主政治，必须深刻认识和高度警惕"民主普世论"。

坚定不移地走中国特色社会主义民主政治发展道路

新中国成立60年以来，特别是改革开放30多年以来，党领导人民立足国情、不懈奋斗、开拓创新，逐步建立起一个比较系统完备的民主政治制度框架，这就是：坚持中国特色社会主义政治发展道路，坚持党的领导、人民当家作主、依法治国有机统一，坚持和完善人民代表大会制度、中国共产党领导的多党合作和政治协商制度、民族区域自治制度以及基层群众自治制度，不断推进社会主义政治制度自我完善和发展。加强中国特色社会主义民主政治建设，深化政治体制改革，就是不断坚持、完善和丰富这个制度。

一是坚持和完善人民民主专政的国体。所谓国体，就是国家的根本性质，或者说国家的阶级性质和阶级内涵，亦即社会各阶级在国家中所处的地位，它决定着一个国家的统治阶级选择什么样的政权组织形式维护和服务本阶级的利益。资产阶级为掩盖其阶级专政的国家实质，往往只讲政体不讲国体，即只讲政权的组织形式和管理形式，回避和歪曲资本主义国家民主政治的阶级本质。《中华人民共和国宪法》明确规定：我国是工人阶级领导的、以工农联盟为基础的人民民主专政的社会主义国家，就是在中国社会主义民主制度下，包括全体社会主义的劳动者、拥护社会主义的爱国者和拥护祖国统一的爱国者在内的最广大的人民享有广泛的民主权利，同时依法对少数敌对分子实行专政。这里说的就是我国的国体，是人民民主专政的含义，也就是中国特色社会主义的民主政治。在现实生活中，不少人谈人民民主多，讲人民民主专政少；一些人避而不谈专政问题，甚至认为"专政"是一个很不合时宜的提法，应该放弃。其实，这是对无产阶级专政或其当代中国的实现形式即人民民主专政的错误认识和解读。在社会主义条件下，人民民主专政是国家职能的一个重要方面，它本身不是目的，而是维护人民民主的一个重要手段，而且必须是以法律和法制的形式施行的。在仍然存在阶级划分的社会历史发展阶段，无论是资本主义国家还是社会主义国家，都必然具有"专政"的职能。在当代中国，只讲人民民主，不讲人民民主专政，不是真正马克思主义者的态度。

二是坚持和完善人民代表大会制度的政体。所谓政体，就是国家政权的组织形式和管理形式，亦即统治阶级采取什么样的方式组织自己的政权机关，实现自己的政治统治。实行以民主集中制为组织原则和活动原则的人民代表大会制度的政体，是与我国人民民主专政的国体相适应的。人民代表大会制度是实现和保证我国人民当家作主的根本政治制度，是我国国家政权的有效组织形式，体现了社会主义制度的优越性和社会主义民主的广泛性。人民代表大会制度坚持民主集中制，而非西方所谓的"三权鼎立"；坚持一院制，而非西方的议会制和两院制；坚持多民族团结统一的单一制国家形式和"一国两制"方针，而非西方的联邦制或邦联制。历史和现实都证明，人民代表大会制度是最具中国特色的民主政治制度，也是最有利于实现人民当家作主的民主政治制度。深化政治体制改革，就是要在坚持人民民主专政的国体和人民代表大会制度的政体的前提下，不断推进社会主义政治制度的自我完善和发展，而不是以西方资本主义民主为坐标来"衡量"和"比对"中国特色社会主义民主政治制度，更不是照抄照搬西方政治制度模式。脱离甚至改变我国国体和政体的所谓政治体制改革是很危险的，一些社会主义国家进行改变国体的政治体制改革而导致国家变质和解体，为我们留下了应吸取的教训。

三是坚持和完善中国共产党领导的多党合作和政治协商制度。政党制度是民主政治制度的重要内容。一个国家的发展和进步，必须有适合自己的根本政治制度和基本政治制度，这其中当然包括建立和实行适合其国家性质、基本国情、社会发展状况的政党制度。中国共产党领导的多党合作和政治协商制度，是我国的一项基本政治制度，也是独具中国特色的政党制度。它是我国社会主义民主政治建设的伟大创造，是中国共产党同各民主党派和无党派人士长期团结奋斗的政治成果。这一制度既顺应了中华民族走向社会主义、建设社会主义的历史潮流，又体现了中国共产党和中国人民的政治智慧，既体现了社会主义民主的本质要求，又保障了人民民主权利的充分行使，因而具有强大的生命力和显著的优越性。这一制度为各民主党派和各种社会力量提供了参政议政的重要舞台，在这一政党制度的框架之下，中国共产党领导、多党派合作，中国共产党执政、多党派参政，各民主党派同共产党亲密合作。这一制度能够有效反映和表达社会各方面的利益诉求，能够充分调动社会各方面的积极性，能够有效避免政党之间的相互倾轧，减少内耗，维护政治稳定和社会和谐。因此，对于这一制度，我们必须倍加珍惜，长期坚持，不断发展和完善。应当强调，这一制度不是西方资本主义国家所说的一党制，也与西方资本主义国家的两党制、多党制、多党多派轮流执政有着根本的不同。

四是坚持和完善民族区域自治制度。实行民族区域自治，是中国共产党带领中国人民经过长期实践探索而得出的必然结论，是多民族国家政治制度的一个重大创新，也是妥善解决我国民族问题的唯一正确的制度选择。在国家统一领导下实行民族区域自治，体现了国家尊重和保障少数民族自主管理本民族内部事务的权利，体现了民族平等、民族团结、各民族共同繁荣发展的原则，体现了民族因素与区域因素、政治因素与经济因素、历史因素与现实因素的统一。胡锦涛明确指出："民族区域自治，作为党解决我国民族问题的一条基本经验不容置疑，作为我国的一项基本政治制度不容动摇，作为我国社会主义的一大政治优势不容削弱。"从纳入我国宪法规定起，民族区域自治制度已走过半个多世纪的发展历程。实践证明，这一制度是完全符合我国国情和民族问题实际的基本政治制度。建设中国特色社会主义伟大事业，推进社会主义政治文明建设，实现中华民族伟大复兴，既要求我们继续坚持这一制度，也要求我们总结经验，进一步丰富和完善这一制度。

五是坚持和完善基层群众自治制度。发展基层民主，完善基层群众自治，是发展社会主义民主政治的一项基础性工程，是我国基层社会组织与治理方式改革的必然要求。党的十七大在认真总结我国基层民主建设经验的基础上，把基层群众自治制度作为我国一项基本政治制度，纳入中国特色社会主义政治制度范畴。这是中国共产党领导人民不断推进社会主义政治制度自我完善和发展的重要成果，是以胡锦涛为总书记的党中央对中国特色社会主义民主理论及制度体系的重大创新。基层民主是人民民主的精髓和要义所在，基层群众自治是社会主义民主的直接体现，是实现人民当家作主最有效、最广泛的途径。基层群众自治制度通过以村民自治为核心的农村基层民主、以居民自治为核心的城市基层民主、以职工代表大会为核心的企事业单位的基层民主等形式，把人民民主渗透和扩展到社会生活的各个领域，使人民群众直接参与公共事务和公益事业的管理。这一制度有利于充分反映人民群众的利益诉求，有利于充分调动人民群众参与民主政治建设的积极性。坚持中国特色社会主义政治发展道路，必须进一步坚持和完善基层群众自治制度。要积极推进基层民主选举、民主决策、民主管理和民主监督的制度化、法律化、规范化，切实保证人民群众依法直接行使自己的民主权利，创造自己的幸福生活。

六是服从服务于中国特色社会主义事业。实践表明，中国特色社会主义政治发展道路是中国共产党领导中国人民经过长期实践探索而选择的符合我国国情和实际的唯一正确的道路，是我国发展社会主义民主政治的唯一正确道路，是实现国家富强、民族振兴、人民幸福、社会和谐的唯一正确道路。衡量中国政治制度和政党制度，最根本的是要从中国国情出发，从中国革命、建设和改革实践的效果着眼，一是看能否促进社会生产力的持续发展和社会全面进步；二是看能否实现和发展人民民主，增强党和国家的活力，保持和发挥社会主义制度的特点和优势；三是看能否保持国家政局稳定和社会安定团结；四是看能否实现和维护最广大人民的根本利益。这四个标准相辅相成，缺一不可。

七是充分借鉴人类政治文明优秀成果。在我国社会主义民主政治建设问题上，既要坚决反对照抄照搬别国政治制度模式，也要重视学习和借鉴人类政治文明的优秀成果，以不断丰富和完善自己，增强社会主义民主制度的生命力。这其中，当然包括西方资本主义民主的有益成果。西方资本主义民主有着其必然的历史局限性和不可克服的内在矛盾，但与封建专制相比，它显然是人类政治文明的一大进步。而且，从资产阶级登上历史舞台到今天，资本主义国家在民主政治上的每一个进步、每一项成就，都有工人阶级和劳动人民的功劳。在社会主义政权诞生后，资产阶级在理论、制度、体制等方面也采纳和吸收了社会主义国家的许多东西。经过200多年的发展，西方资本主义民主在制度形式和运行机制方面有不少值得学习和借鉴的成功经验。我们应当根据我国国情，深入研究西方资本主义民主，大胆吸收和借鉴其有益成果，为中国特色社会主义民主建设服务。全盘否定、一概拒斥，不是马克思主义者应有的态度。

建设中国特色社会主义民主，是中国共产党和中国人民面临的一项长期历史任务。实现社会主义民主取代资本主义民主的目标，充分展现社会主义民主的优越性，还需要一代又一代人付出相当艰苦的努力。在新的历史起点上，中国共产党人和中国人民有信心、有能力把中国特色社会主义民主建设好、发展好，对世界政治文明发展和人类进步做出更大的贡献。

划清"四个界限" 筑牢思想防线*

党的十七届四中全会通过的《中共中央关于加强和改进新形势下党的建设若干重大问题的决定》明确提出，要"引导党员、干部增强政治敏锐性和政治鉴别力，筑牢思想防线，自觉划清马克思主义同反马克思主义的界限，社会主义公有制为主体、多种所有制经济共同发展的基本经济制度同私有化和单一公有制的界限，中国特色社会主义民主同西方资本主义民主的界限，社会主义思想文化同封建主义、资本主义腐朽思想文化的界限，坚决抵制各种错误思想影响，始终保持立场坚定、头脑清醒"。自觉划清"四个界限"，是坚定不移地走中国特色社会主义道路的必然要求，是坚持党的基本理论、基本路线、基本纲领、基本经验不动摇的客观需要，是推进社会主义核心价值体系建设的核心内容。

只有划清"四个界限"，才能夯实理想信念

树立共产主义理想和中国特色社会主义信念，是党员干部的立身之本、事业之基和前进动力。树立坚定的理想信念，不能停留于口号文件，不能满足于肤浅理解，不能囿于文牍书斋，必须深刻掌

---

* 本文发表于《求是》2010年第4期。

握马克思主义的精神实质，积极探索和把握中国特色社会主义发展规律，并自觉运用于自身的实践活动。自觉划清"四个界限"，就是要真正掌握马克思主义基本原理和立场观点方法，坚持马克思主义科学性和阶级性的统一，做到立场坚定性和理论彻底性的统一，真正从理论与实际相结合的高度，分清什么是马克思主义，什么是非马克思主义，什么是反马克思主义。当前，我国正处在改革发展的关键时期，意识形态领域斗争错综复杂。一方面，新自由主义、民主社会主义、历史虚无主义和"普世价值"等社会思潮，对马克思主义和社会主义形成挑战，对人们的思想观念和理想信念造成冲击；另一方面，也存在因为改革发展进程中凸显的矛盾和问题而怀疑甚至否定十一届三中全会以来党的基本理论、路线方针政策的倾向。这些错误倾向反映在对待马克思主义指导思想以及中国特色社会主义道路的认识和态度上，对待中国现阶段基本经济制度、政治制度、文化制度的论争上。只有自觉划清"四个界限"，才能在国际国内复杂形势下有效抵制和反对各种错误倾向的影响，既毫不动摇地坚持马克思主义，又在实践中不断发展马克思主义，成为共产主义远大理想和中国特色社会主义共同理想的坚定信仰者和实践者。

只有划清"四个界限"，才能辨明前进方向

"四个界限"分别从中国特色社会主义的指导思想、经济制度、政治制度和文化制度这四个至关重要的方面，明确提出坚持什么、反对什么，我们所走的中国特色社会主义道路同资本主义、封建主义以及教条主义的本质区别在哪里，是关系到中国特色社会主义发展方向的大问题。在指导思想方面，我们始终坚持把马克思主义作为立党立国的根本指导思想，坚决反对指导思想多元化，同时紧密结合我国国情和时代特征大力推进理论创新，用发展着的马克思主义指导新的实践，既反对否定马克思主义的观点主张，也反对教条

主义地对待马克思主义的观点主张。在当代中国,坚持中国特色社会主义理论体系,就是真正坚持马克思主义。在经济制度方面,我们始终坚持和不断巩固公有制为主体这一根本经济基础,既毫不动摇地坚持公有制的主体地位,又毫不动摇地促进多种所有制经济共同发展。因此,强调坚持市场经济的改革方向,绝不等同于搞私有化;强调坚持公有制的主体地位,也绝不等同于搞一大二公、纯而又纯的单一公有制。在政治制度方面,我们深化政治体制改革,不断推进社会主义政治制度的自我完善和发展,在积极借鉴人类政治文明的有益成果的同时,绝不照搬西方政治制度模式。在文化建设方面,我们始终发展以马克思主义为指导的,面向现代化、面向世界、面向未来的,民族的科学的大众的社会主义文化,建设社会主义核心价值体系,坚持不懈地用马克思主义中国化最新成果武装全党、教育人民,用中国特色社会主义共同理想凝聚力量,用以爱国主义为核心的民族精神和以改革创新为核心的时代精神鼓舞斗志,用社会主义荣辱观引领风尚,巩固全党全国各族人民团结奋斗的共同思想基础。只有自觉划清"四个界限",才能真正明确举什么旗、走什么路,坚持以中国特色社会主义理论体系为指导,坚定不移走中国特色社会主义道路。

只有划清"四个界限",才能继续解放思想

党的十七大强调,把坚持四项基本原则同坚持改革开放结合起来,是巩固和发展社会主义的一条重要经验。党的基本路线是党和国家的生命线,以经济建设为中心是兴国之要,四项基本原则是立国之本,改革开放是强国之路,要把坚持以经济建设为中心同坚持四项基本原则、坚持改革开放这两个基本点统一于发展中国特色社会主义的伟大实践,任何时候都决不能动摇,否则就会迷失方向,偏离中国特色社会主义道路。改革开放越深入发展,我们面临的问

题和矛盾就越多，情况也就越复杂，越需要毫不动摇地坚持四项基本原则，同时根据时代和实践的发展不断解放思想、与时俱进。只有自觉划清"四个界限"，才能保证改革开放和现代化建设沿着正确轨道发展，兴国之要才能更彰显，立国之本才能更坚固，强国之路才能更宽广。

只有划清"四个界限"，才能弄清大是大非

当前，意识形态领域形势的复杂性不断增强，用社会主义核心价值体系引领社会思潮尤为重要，统一思想、凝聚力量的任务非常艰巨。使马克思主义在意识形态领域的指导地位更加巩固，使"一面旗帜、一条道路、一个理论体系"更加深入人心，使继续解放思想和推进改革开放更加广泛地成为共识，使广大干部群众对经济社会发展中的各种复杂问题有更加清醒理性的认识，都需要我们党提高做好新形势下意识形态工作的能力。应当看到，国际上敌对势力对我实施西化、分化的意识形态渗透活动从未停止，国际上围绕发展模式和价值观的论争非常激烈，意识形态渗透与反渗透斗争同歪曲与反歪曲斗争交织在一起，迫切需要我们在继续坚定不移地走和平发展道路的同时，提高国际话语权和国际舆论斗争与引导的能力，为我国发展营造良好的国际舆论氛围。只有自觉划清"四个界限"，在大是大非面前保持清醒头脑，准确判断形势，不断增强信心，才能做好国际国内意识形态工作，为促进我国的科学发展、和谐发展、和平发展提供有力的思想舆论支持。

加强马克思主义执政理论建设*

理论思维的成熟是一个政党成熟的重要标志。中国共产党作为目前世界上最大的社会主义国家的执政党，必须具有适应时代和实践发展要求的科学的执政理论。把马克思主义执政理论的基本原则同我们党具体的执政实践结合起来，把建设中国特色社会主义的伟大事业同推进党的建设新的伟大工程结合起来，把中国共产党的执政经验同世界上其他政党执政的一般规律结合起来，解放思想，实事求是，与时俱进，大力加强马克思主义执政理论建设，不断推进马克思主义执政理论创新，是当前加强党的执政能力建设的一项极为重要的任务。

马克思主义执政理论具有与时俱进的鲜明特征

马克思主义执政理论是揭示和反映工人阶级政党执政规律的科学理论体系，是关于工人阶级政党执政的条件、途径、纲领、目标和过程等的学说。从马克思、恩格斯到列宁，再到以毛泽东、邓小平、江泽民同志为核心的党的三代中央领导集体和以胡锦涛同志为

---

* 原题为《积极推进理论创新　加强马克思主义执政理论建设》，发表于《求是》2005年第8期。

总书记的新一届中央领导集体，他们对工人阶级政党执政规律的理论与实践所作的探索，既一脉相承又与时俱进，从而形成了丰富和完善的马克思主义执政理论体系。

马克思主义执政理论在回答时代和实践提出的课题中形成和发展。马克思、恩格斯是无产阶级政党建设理论的奠基人，他们处于无产阶级革命的时代，在回答"资本主义向何处去，无产阶级向何处去"的时代课题的过程中，论述了建立无产阶级政党的必要性，阐明了无产阶级政党的性质、指导思想和纲领策略、组织原则等。他们的建党学说对后来无产阶级政党的执政实践具有重要的指导意义。列宁根据帝国主义时代出现的新形势新课题，在创建布尔什维克党和领导十月革命的过程中，全面发展了马克思恩格斯的建党学说。十月革命后，列宁领导俄国布尔什维克党实现了从革命党向执政党的转变，对执政党建设进行开创性的探索，提出了许多宝贵思想，如无产阶级执政党的根本任务是管理国家，领导经济建设；要保持无产阶级先锋队的纯洁性；要扩大党内民主，完善民主集中制；要保持同人民群众的密切联系，等等，从而在历史上第一次形成了系统的马克思主义执政理论，成为各国工人阶级政党在夺取政权后治国理政和开展党的建设的理论基础。

马克思主义执政理论在中国化进程中不断得到丰富和创新。中国共产党人把马克思列宁主义党的建设理论同中国实际结合起来，在领导人民进行革命、建设和改革的不同时期，先后形成了符合各个时代要求的党的建设理论。以毛泽东同志为主要代表的中国共产党第一代中央领导集体在领导新民主主义革命和探索社会主义建设道路的过程中，形成了关于党的思想建设、组织建设、作风建设和制度建设的系统理论；以邓小平同志为主要代表的中国共产党第二代中央领导集体在改革开放时期，在回答"什么是社会主义、怎样建设社会主义"的历史课题中，进一步丰富发展了马克思主义执政党建设理论，提出了诸如办好中国的事情关键在党、改革和完善党的领导体制、执政党的党风关系党的生死存亡等许多宝贵思想；以江泽民同志为主要代表的中国共产党第三代中央领导集体在进一步回答"什么是社会主义、怎样建设社会主义"和创造性地回答"建设一个什么样的党、怎样建设党"的历史课题中，形成了"三个代表"重要思想，全面推进中国特色社会主义的伟大实践，全面推进党的建设新的伟大工程，从而把马克思主义执政理论发展到新的阶段。以胡锦涛同志为总书记的新一届中央领导集体高举邓小平理论和"三个代表"重要思想伟大旗帜，围绕"为谁执政，靠谁执政，怎样执政"这一根本问题，紧密联系治国理政的实践，以加强党的执政能力建设为重点，全面加强和改进党的思想、组织、作风和制度建设，用发展着的马克思主义指导新的实践。党的十六届四中全会做出的《中共中央关于加强党的执政能力建设的决定》，进一步丰富和发展了马克思主义执政理论，是加强党的执政能力建设的纲领性文献。

马克思主义执政理论以解决执政党执政实践中出现的迫切问题为创新的源泉和动力。理论发展的广度和深度，取决于理论指导实践过程中对客观实际问题解决的程度。列宁曾经这样讲："在每一个时期，我们应当善于根据当时形势的特点提出自己的策略和最近的任务。"马克思主义执政理论只有着眼于解决实际中存在的迫切问题，并以此推动其他问题的解决，才能使理论获得深厚的实践基础和无比丰富的内容。江泽民多次强调，要确立以实际问题为中心研究马克思主义的方法，并且说，"解决的问题越多，就运用得越好"。当前中国共产党面临的最为迫切的实际问题，就是提高领导水平和执政水平、提高拒腐防变和抵御风险的能力这两大历史性课题，以加强党的执政能力建设为重点，从思想和作风、体制和机制、方式和方法、素质和本领等方面全面加强和改进党的建设。这一艰巨的实践探索过程，就是马克思主义执政理论进一步中国化和不断创新的过程。时代和实践的发展永无止境，理论的发展也永远不会停息，中国共产党从革命到执政再到长期执政的伟大实践，必将不断推动马克思主义执政理论的丰富和发展。

加强马克思主义执政理论建设是一项系统工程

胡锦涛指出:"党的执政理论建设是一项系统工程,包括执政理念、执政基础、执政方略、执政体制、执政方式、执政资源等主要方面。要坚持马克思主义执政理论与我们党执政的具体实践相结合,在总结历史经验和现实经验的基础上,开展全面、系统、深入的研究,不断完善我们党的执政理论体系。"当前大力加强马克思主义执政理论建设,应着眼于以下几个主要方面。

以"三个代表"重要思想为指导,深入研究党的执政理念。党的执政理念,就是党执政的指导思想和根本原则,是党的性质和宗旨的集中体现。中国共产党是中国工人阶级的先锋队,同时是中国人民和中华民族的先锋队,是中国特色社会主义事业的领导核心,代表中国先进生产力的发展要求,代表中国先进文化的前进方向,代表中国最广大人民的根本利益。党的最高理想和最终目标是实现共产主义。党的宗旨是全心全意为人民服务。"三个代表"重要思想是当代中国的马克思主义,反映了当代世界和中国的发展变化对党和国家工作的新要求,是加强和改进党的建设、推进我国社会主义自我完善和发展的强大理论武器,是当今中国共产党人最根本的执政理念。党的十六届四中全会对加强党的执政能力建设的总体目标的概括,是对党的执政理念的最新发展,即,使党始终成为立党为公、执政为民的执政党,成为科学执政、民主执政、依法执政的执政党,成为求真务实、开拓创新、勤政高效、清正廉洁的执政党,归根结底成为始终做到"三个代表"、永远保持先进性、经得住各种风浪考验的马克思主义执政党,从而带领全国各族人民实现国家富强、民族振兴、社会和谐、人民幸福。

根据当代中国社会的深刻变革和社会结构的深刻变化,深入研究党的执政基础。在全面建设小康社会、加快推进社会主义现代化新的历史时期，最大多数人的利益和全社会全民族的积极性创造性，对党和国家事业的发展始终是最具有决定性的因素。在我国社会深刻变革、党和国家事业快速发展的过程中，深入研究党的执政基础，妥善处理各方面的利益关系，把一切积极因素充分调动和凝聚起来，至关重要。我们党在长期执政的过程中，既要不断扩大执政的社会基础，又要始终保持中国工人阶级先锋队的性质；既要代表最广大人民的根本利益，又不能成为所谓的"全民党"。因而，我们党必须始终坚持全心全意依靠工人阶级的方针，既要充分发挥包括知识分子在内的工人阶级、广大农民推动经济社会发展根本力量的作用，又要鼓励和支持其他社会阶层人员为经济社会发展积极贡献力量。坚持把最广大人民的根本利益作为制定政策、开展工作的出发点和落脚点，正确反映和兼顾不同方面群众的利益，形成全体人民各尽其能、各得其所而又和谐相处的社会，是巩固党执政的社会基础、实现党执政的历史任务的必然要求。

把党的建设实践与中国特色社会主义建设实践有机结合起来，深入研究党的执政方略。我们党作为一个长期执政的党，作为中国特色社会主义事业的领导核心，党的纲领与治国纲领是一致的，党的执政规律的探索过程与社会主义建设规律的探索过程是一致的，党的建设的实践与社会主义现代化建设的实践是一致的。深入研究党的执政方略，必须坚持它们的有机结合和统一。改革开放以来，我们党提出的许多治国方略，如社会主义现代化建设"三步走"战略、科教兴国战略、依法治国方略、人才强国战略、西部大开发战略等，同时就是共产党的具体执政方略。提高党的执政能力，首先要提高党领导发展的能力。加强马克思主义执政理论建设，最重要的就是要抓住发展这个党执政兴国的第一要务，按照以人为本、全面协调可持续的科学发展观的要求，不断探索建设中国特色社会主义物质文明、政治文明、精神文明和构建社会主义和谐社会的规律，在深刻掌握和创造性地运用这些规律的基础上，制定并不断丰富适合时代要求和我国国情的执政方略。

根据党的历史方位发生转变的新形势，深入研究党的执政体制和执政方式。有了好的执政理念、执政基础和执政方略，并不会自然地达到执政目的，还必须有好的执政体制和执政方式。毛泽东曾经指出："我们不但要提出任务，而且要解决完成任务的方法问题。"健全的执政体制和机制，科学的执政方式和方法，是提高党的执政能力的必然要求，是党的大政方针得以贯彻执行的重要保证。我们党历经革命、建设和改革，所处的历史方位发生了根本变化，已经成为领导人民掌握全国政权并长期执政的党，成为对外开放和发展社会主义市场经济条件下领导国家建设的党。革命时期、计划经济时期的许多领导体制和方法，已不再适应今天的形势和任务。这就要求全党必须发扬求真务实、与时俱进的精神，不断推动党的执政体制和执政方式的创新，以真正实现科学执政、民主执政和依法执政。因而，根据时代和形势变化发展的要求，根据党的历史方位和执政环境的深刻变化，深入研究党的执政体制和执政方式，是加强马克思主义执政理论建设的一项重要内容。

加强马克思主义执政理论建设的基本途径

加强党的执政能力建设的过程，既是不断提高党的执政能力的实践过程，也是不断把实践经验上升为理论、深入把握执政规律的过程。加强马克思主义执政理论建设，就是要以马克思主义的基本立场、观点和方法为指导，不断把执政实践的经验上升到科学理论，不断取得新认识、新成果，深入把握执政规律，从而不断用发展着的理论指导新的实践。

加强马克思主义执政理论建设，必须坚持和运用马克思主义的基本原理和原则。恩格斯曾经指出："我们党有个很大的优点，就是有一个新的科学的观点作为理论的基础。"中国共产党的全部执政理论，都是以马克思主义的基本原理和原则为基础的。加强马克思主义执政理论建设，必须坚持马克思主义的唯物史观，坚持党的工人阶级先锋队性质，坚持实现共产主义的最终目标，坚持全心全意为人民服务的宗旨，坚持民主集中制的原则，等等。但是，这些基本原理和原则不是教条，而是要根据时代的发展不断增添新的时代内容，根据加强党的执政能力建设的实际任务创造性地加以运用和发展。列宁曾经说："假使我们把复杂的、迫切的、迅速发展着的实际革命任务放在狭隘理解的'理论'的普罗克鲁斯提斯床上，而不把理论看作首先是、主要是行动的指南，那就大错特错了。"在推进党的建设新的伟大工程的实践中，我们党根据各个阶段的实际任务，始终坚持和创造性地运用马克思主义的基本原理和原则，提出了一系列新思想、新观点、新论断，如党要成为"两个先锋队"，坚持最低纲领和最高纲领的统一，坚持立党为公、执政为民，坚持党的集体领导和发扬党内民主相结合，等等，从而大大丰富了马克思主义执政理论的宝库。

加强马克思主义执政理论建设，必须坚持和充分运用我们党丰富的执政经验。我们党在领导人民治国理政的长期实践中，进行了艰辛的探索，取得了举世瞩目的执政成就，积累了丰富的执政经验。这些经验是几代共产党人经过长期探索和实践得来的，要始终不渝地坚持和充分加以运用，并在实践中不断丰富和发展。我们党在80多年的奋斗历程中，有革命战争时期根据地建设的局部执政经验，有夺取全国政权后在世界上人口最多的大国执政的经验，有受到外部封锁和实行计划经济条件下的执政经验，有对外开放和发展社会主义市场经济条件下的执政经验，既有成功经验，也有挫折教训。《中共中央关于加强党的执政能力建设的决定》深刻、全面和系统地总结了我们党长期执政的成功经验，并将其高度概括为六个方面。这六条主要经验，是我们党长期执政的宝贵财富，是治国安邦的法宝，是在新世纪新阶段继续推进中国特色社会主义伟大实践和党的建设新的伟大工程的重要指导原则。加强马克思主义执政理论建设，就是要把这些宝贵的经验同加强党的执政能力建设的伟大实践有机结合起来，既不断推动实践的发展，又在不断总结新经验的基础上不断推进理论创新。

加强马克思主义执政理论建设，必须吸取和借鉴世界上其他政党执政的经验和教训。从世界范围来看，无论是阶级性质相同的政党还是阶级性质不同的政党，在各自的执政实践中都有一些值得相互汲取和借鉴的经验教训。虽然各国的社会制度和国情不同，政党的性质和构成不同，执政的具体模式也不同，但作为执政党，在治国理政上都有一些可遵循的共同规律。当今世界，各国在经济、政治和文化等各领域中的交流与合作不断拓展，大多数政党都在努力顺应时代潮流进行调整和变革。我国的历史文化、社会制度、发展水平与其他国家不同，对世界上其他政党的一些做法和措施，我们不能照抄照搬，但对它们在治国理政方面的有益做法，我们要研究和借鉴，以开阔眼界，打开思路，更好地从世界政治经济发展的大格局中把握加强党的执政能力建设的规律。他山之石，可以攻玉。加强马克思主义执政理论建设，必须放眼世界，博采众长，既要参考和借鉴世界上其他政党执政的经验和教训，又要根据自己的国情党情创造性地建立和发展自己的执政理论，从而使之更好地服务于加强党的执政能力建设、全面推进党的建设新的伟大工程和中国特色社会主义事业的实践。

加强马克思主义党建理论建设[*]

理论思维的成熟是一个政党成熟的重要标志。中国共产党作为目前世界上最大的社会主义国家的执政党，必须具有适应时代和实践发展要求的科学理论。大力加强马克思主义党建理论建设，不断推进马克思主义政党的理论创新，是当前加强党的先进性建设的一项极为重要的任务。

第一，加强马克思主义党建理论建设，必须坚持和运用马克思主义的基本原理和原则。必须以马克思主义关于无产阶级政党建设的基本原理和原则为基础。例如，必须坚持马克思主义的唯物史观，坚持党的工人阶级先锋队性质，坚持实现共产主义的最终目标，坚持全心全意为人民服务的宗旨，坚持民主集中制的组织原则，等等。共产党无论在革命时期还是执政时期，都要始终不渝地坚持这些原则，否则就会蜕化变质。对此，马克思主义经典作家有明确论述。例如19世纪70年代，马克思对拉萨尔主义的小资产阶级思想体系对工人阶级政党纲领的有害影响进行过全面批判，写下了著名的《哥达纲领批判》，指出妥协的纲领会使党"精神堕落"。列宁在20世纪初指导俄国布尔什维克党建设时也说，"轻视理论，对待社会主义思想体系躲躲闪闪，摇摆不定，就必然有利于资产阶级思想体系"。从实践教训看，苏联共产党的瓦解，

---

* 本文发表于《中国社会科学院院报》2006年3月7日。

意识形态上的一个重要原因，就是用社会民主主义思想体系取代马克思主义思想体系，造成全党思想理论的混乱。所以说，坚持和运用马克思主义党建理论的基本原理和原则，是党建理论建设的根本前提。

第二，加强马克思主义党建理论建设，必须坚持和充分运用我们党丰富的经验。自己的经验是最宝贵的。我们党在领导人民治国理政的长期实践中，进行了艰辛的探索，取得了举世瞩目的成就，积累了丰富的经验。这些经验是几代共产党人经过长期探索和实践得来的，要始终不渝地坚持和充分加以运用，并在实践中不断丰富和发展。坚持和运用自己的经验，实际上就是坚持认为马克思主义基本原理和原则不是教条，而是行动的指南。我们要根据时代的发展和自己的经验赋予其新内容。列宁说过："假使我们把复杂的、迫切的、迅速发展的实际革命任务放在狭隘理解的'理论'的普罗克鲁斯提斯床上，而不把理论看作首先是、主要是行动的指南，那就大错特错了。"党建理论的创新，就是马克思主义基本原则同中国共产党革命和执政经验的有机结合。

第三，加强马克思主义党建理论建设，必须发扬理论联系实际的学风，在回答和解决现实问题中推动理论的发展。胡锦涛同志在会见全国党的建设研究会第四次代表大会代表时强调，要紧密结合新的历史条件和历史任务，大力弘扬理论联系实际的优良学风，推进党建理论的学习、研究和宣传。当前，我国改革发展处于关键时期。我们正在努力完成的一项伟大历史任务，就是全面建设小康社会，加快推进社会主义现代化建设；我们面临的最大实际，就是建设中国特色社会主义。党建理论研究和建设，就是要围绕这个中心，服务这个大局，联系这个实际。当前，党建理论研究工作要联系实际，求得实效，必须认真学习和研究科学发展观，努力研究探索新形势下党的思想建设、组织建设、作风建设和制度建设的新方法和一般规律，为进一步用科学发展观武装全党全国人民的统一思想工作提供思想和理论支撑；必须紧紧围绕为实现"十一五"规划提供组织保证这一艰巨任务，为党抓好发展这一执政兴国的第一要务、提高领导经济社会发展的水平，发挥重要的思想理论推动和保障作用。

坚持宝贵经验 不断发展党的先进性[*]

中共中央总书记胡锦涛同志在庆祝中国共产党成立 85 周年暨总结保持共产党员先进性教育活动大会上发表了重要讲话。这篇讲话，以马克思列宁主义、毛泽东思想、邓小平理论和"三个代表"重要思想为指导，以加强和改进党的先进性建设为主线，全面回顾了 85 年来中国共产党加强先进性建设的历史经验，系统总结了一年半来全党开展保持共产党员先进性教育活动的成功经验，深刻阐述了新的历史条件下加强党的先进性建设的战略目标、重大问题和主要任务。讲话贯穿着解放思想、实事求是、与时俱进的精神，闪耀着马克思主义的光辉，凝聚着中国共产党人实践开拓和理论创新的智慧，是新的历史条件下加强党的先进性建设和指导全党全国各项工作的纲领性文献。胡锦涛同志在讲话中对我们党 85 年来的创造性探索成果做了既全面又精辟的概括，即集中体现为五个"坚持"和五个"必须"。

五个"坚持"是中国共产党以辩证唯物主义和历史唯物主义为指导，对"什么是马克思主义政党的先进性"所作的集中概括，是充满时代精神、充分反映中国共产党自身特点的鲜明回答。中国共产党作为马克思主义政党的无可比拟的先进性，集中体现在：坚持

---

[*] 原题为《坚持 85 年宝贵经验 不断发展党的先进性》，发表于《中国社会科学院院报》2006 年 7 月 6 日。

把马克思主义科学理论作为指导,坚持把实现符合人类社会发展规律的社会主义和共产主义作为坚定信念和远大理想,坚持把立党为公、执政为民作为本质要求,坚持把民主集中制作为根本组织制度和领导制度,坚持把最广大人民作为根本力量源泉等主要方面。

五个"必须"是中国共产党积累85年来先进性建设的长期实践经验,对"怎样不断保持和发展党的先进性"做出的创造性回答。加强党的先进性建设,必须准确把握时代脉搏,保证党始终与时代发展同步伐;必须把最广大人民的根本利益作为党全部工作的出发点和落脚点,保证党始终与人民群众共命运;必须使党的理论和路线方针政策不断与时俱进,保证党的全部工作始终符合实际和社会发展规律;必须围绕党的中心任务来进行,保证党始终引领中国社会发展进步;必须坚持党要管党、从严治党,保证党始终具有蓬勃生机和旺盛活力。这五个"必须",紧密联系,相辅相成,有机地统一于我们党领导中国革命、建设和改革的伟大实践中。

党的十六大以来,以胡锦涛同志为总书记的党中央,从中国特色社会主义事业全局的战略高度,明确提出加强党的先进性建设和执政能力建设的重大战略思想,在全党范围内集中开展保持共产党员先进性教育活动,进一步解决提高党的领导水平和执政水平、提高拒腐防变和抵御风险能力这两大历史课题,在理论上继续丰富着马克思主义关于党的先进性建设的思想,在实践上继续推进着党的建设的新的伟大工程。

站在新的历史起点上,面对错综复杂的国际国内形势,面对改革发展关键时期艰巨复杂的任务,面临党内目前仍然存在的一些与党的先进性要求不适应、不符合的突出问题,党中央更加迫切地把党的先进性建设的任务提到全党面前,更加突出地把党的先进性建设作为党的各方面建设的主线,更加密切地把党的建设的伟大工程同中国特色社会主义建设的伟大事业结合起来。学习贯彻胡锦涛同志的重要讲话,不断保持和发展党的先进性,更好、更全面、更有效地加强党的先进性建设,需要把握和坚持以下方面。

第一,要把马克思主义党建理论的基本原则、我们党自己的宝贵经验和当前的实际有机结合起来。有科学的世界观和理论观点,是我们党的很大优点。只有以马克思主义理论为指导的党,才能实现先进战士的作用,否则,党就会迷失方向。马克思主义基本原理和原则不是只要将其背得烂熟就足以满足一切需要的教条,而是行动的指南,是科学的立场、观点和方法。我们必须把它们创造性地运用于实践,形成自己的方法和经验,并根据各个阶段的实际,不断赋予这些科学原则、宝贵经验以新的时代内涵,不断使其得到丰富和完善。

第二,要以马克思主义中国化的最新理论成果武装全党,用科学发展观统领党的先进性建设。科学发展观是党的十六大以来党中央一系列理论创新中的最重要成果,居于最核心的位置,是贯穿党和国家工作全局的红线。在当代中国,牢固树立和全面落实科学发展观,就是坚持马克思列宁主义、毛泽东思想、邓小平理论和"三个代表"重要思想的最好行动。坚持以科学发展观统领经济社会发展全局,推动经济社会又快又好发展,是党的先进性在当代中国最重要最具体的体现,也是新的历史条件下加强党的先进性建设的重要着力点和衡量标准。科学发展观赋予党的先进性建设以新的时代内涵和历史任务,党的先进性建设为贯彻落实科学发展观提供有力保障。二者有机统一于中国特色社会主义建设的伟大实践中。

第三,要紧紧围绕党和国家工作的各项重大任务,紧密结合党中央做出的一系列重大战略决策。党的十六大以来,我们党以科学发展观为指导,不断总结改革发展中的新鲜经验,提出了一系列重大战略思想和举措。这些重大战略思想和决策,是在各领域、各方面落实科学发展观的重要体现,同时也积累着新经验,不断丰富和完善着科学发展观的内涵和理论体系。新时期不断保持和发展党的先进性,只有紧紧围绕党中央的这些重大战略决策,才能不虚泛,有内容;不落空,有实效;不落后,有创新。

用党的先进性建设促进新农村建设[*]

全党开展的保持共产党员先进性教育活动，是党中央在全面建设小康社会的重要阶段做出的重大战略部署。当前，农村的先进性教育活动，要围绕建设社会主义新农村这个主题来进行，这是对整个先进性教育活动坚持以学习实践"三个代表"重要思想为主题的进一步深化和具体化。我们必须按照中央的精神，切实搞好农村基层的先进性教育活动，用党的先进性建设促进新农村建设。

用党的先进性建设促进新农村建设，要深刻认识党的先进性建设对新农村建设的重大意义。党的十六大以来，中央连续发出几个关于"三农"问题的一号文件，使农业在宏观调控中得到加强，农村在城乡统筹中得到发展，农民在增收减负中得到实惠。十六届五中全会进一步提出，要推进社会主义新农村建设，这是中央从全局出发做出的重要决策，是"三个代表"重要思想在我国现阶段农村经济社会发展中的重要体现，是贯彻落实科学发展观的重大举措，代表了亿万农民群众的根本利益。目前在全国农村开展的保持共产党员先进性教育活动，必将为建设社会主义新农村注入强大的精神力量，提供有力的政治保障。各地应按照中央的有关部署和要求，把认真学习领会、全面贯彻党的十六届五中全会精神，作为开展先进性教育活动的一项重要任务，使广大党员充分认识建设社会主义

---

[*] 本文发表于《经济日报》2006年3月2日。

新农村的重大意义和丰富内涵，充分认识党的先进性建设对新农村建设的政治保障作用，充分认识自身在建设社会主义新农村中的光荣责任，使建设社会主义新农村成为广大党员共同的奋斗目标和自觉的积极行动。

用党的先进性建设促进新农村建设，应结合各地农村实际，紧紧围绕建设社会主义新农村这个主题，有针对性地开展正面教育，解决党组织和党员队伍中存在的突出问题，解决影响改革发展稳定的主要问题，解决群众最关心的重点问题，用新农村建设的实践来检验党的先进性建设的成效。

比如，应落实先进性教育活动关于"加强基层组织"的要求，把基层党组织建设成为推进社会主义新农村建设的坚强战斗堡垒。建设社会主义新农村，要有好的带头人，既要注意发现和培养具有带头致富能力和带领群众致富能力的"双带型"党员，更要注意培养选拔政治素质强、发展能力强的"双强型"干部。特别要把那些政治上靠得住、工作上有本领、作风上过得硬、人民群众信得过的人，把那些想干事、会干事、干成事而又能共事、不出事的人，选进基层党组织领导班子中来，尤其要选好配强村党支部书记。

又如，应在农村基层落实先进性教育活动关于"服务人民群众、促进各项工作"的要求，通过建设社会主义新农村的实践，更好地服务群众、造福群众。基层党组织要以先进性教育活动为动力，切实转变作风，密切干群关系，增强为群众服务的意识和能力，多办顺民心、合民意的实事好事，努力使广大群众通过建设社会主义新农村的生动实践，切实感受到先进性教育活动的成果。要立足当前，着眼长远，在深入调查研究的基础上，制定好新农村建设的总体规划。制定规划要坚持因地制宜，体现分类指导，做到切合本地实际，符合农民意愿，把解决好农民群众最关心、最直接、最现实的问题，作为建设社会主义新农村的突破口和切入点。要紧紧围绕社会主义新农村建设这个主题，把体现共产党员先进性的各项实事进一步做好，把农村基层党组织的先进性形象进一步树立起来。

再比如，应落实先进性教育活动关于"提高党员素质"的要求，进一步提高农村广大党员和基层干部的素质和能力，提高建设社会主义新农村所要求的四个方面的本领，包括提高科学发展、致富群众的本领，提高执行政策、依法办事的本领，提高化解矛盾、促进和谐的本领，提高艰苦奋斗、务实创新的本领，使他们在带头致富、带领群众共同致富中体现共产党员的先进性，在科学发展、又快又好地发展中体现共产党员的先进性，在建设社会主义新农村、促进乡村繁荣和谐稳定中体现共产党员的先进性。广大农村基层党员应主动做到思想上不断强化先进性意识，行动上全面落实先进性要求，争当发展生产、勤劳致富的榜样，争当树立社会主义新风尚的表率，在新农村建设中充分发挥先锋模范作用。

中国共产党对马克思主义反腐倡廉理论的继承与发展*

中国共产党成立90年来，在领导社会主义革命、建设和改革的历史进程中，始终高度重视保持党的先进性和廉洁性，并在长期实践中形成了独具特色的反腐倡廉理论。这一理论是马克思主义反腐倡廉理论在我国实践中的具体运用，是党的建设理论和中国特色社会主义理论的有机组成部分。90年来，我们党为马克思主义反腐倡廉理论宝库增添了许多重要内容和经验，这里主要谈三个方面。

从"腐败根源于私有制和剥削社会"的基本思想到我们党关于共产党和社会主义"同各种消极腐败现象水火不相容"的论断。马克思主义认为，腐败是一种历史现象，它不是天然就存在的，也不会永远存在下去。腐败的根源是生产资料的私有制。正是私有制使社会公共权力异化，国家权力变成统治阶级谋取自身利益、维护剥削统治的工具。共产党的最终目标是消除私有制，建立共产主义社会。在未来的共产主义社会，腐败的经济和社会根源将消失，腐败现象也最终消失。中国共产党成立90年来，坚持不懈地同消极腐败现象作斗争。毛泽东提出，共产党要依靠民主和监督跳出"执政—腐败—垮台"的历史周期率。邓小平讲，如果对腐败"我们党不严

---

* 原题为《我们党对马克思主义反腐倡廉理论的继承与发展》，发表于《中国纪检监察报》2011年7月26日。

重注意，那么，我们的党和国家确实要发生会不会'改变面貌'的问题。"江泽民指出："共产党和社会主义制度，是同任何腐败现象根本不相容的。"胡锦涛强调："中国共产党的性质和宗旨，决定了党同各种消极腐败现象是水火不相容的。"这是对马克思主义关于腐败产生的根源和条件、腐败在两种不同社会制度下具有不同性质和特点的思想的继承和践行，又是结合时代发展和中国实际，在长期实践中将之具体化并创新发展。

从"社会公仆"的基本思想到我们党"以人为本、执政为民"理念。马克思恩格斯的"社会公仆"思想，是对旧社会"官吏"与新社会"公务员"之本质区别的深刻揭示。在新的社会，掌权者再也不是高居于社会和人民之上的作威作福的主人，而是"社会公仆"和"人民勤务员"。90年来，中国共产党始终倡导和践行"社会公仆"和"人民勤务员"思想，并不断对其进行新的阐释。毛泽东明确提出："共产党人的一切言论行动，必须以合乎最广大人民群众的最大利益，为最广大人民群众所拥护为最高标准。"他反复告诫各级干部不要滋长官僚主义作风，不要形成一个脱离人民的贵族阶层，要永葆人民公仆的本色。改革开放以来，从邓小平、江泽民到胡锦涛，都反复强调，党的干部，无论职务高低，都要始终保持同人民群众的血肉联系，努力当好人民公仆。在新的历史时期，我们党提出以人为本、执政为民，是在实践中贯彻党的宗旨的根本体现，是对马克思主义关于"社会公仆"思想的重要继承和发展。"以人为本、执政为民"是反腐倡廉的出发点和归宿，它深刻揭示了一个基本的道理：不是为了反腐败而反腐败，不是为查案子而反腐败，不是为惩治人而反腐败，更重要的，是为了促使广大领导干部保持"人民公仆"的本色，防止由"社会公仆"变成"社会主人"，真正全心全意为人民服务。只有从这个意义上去理解，我们才能真正领会以人为本、执政为民是马克思主义政党的生命根基和本质要求。

从思想、体制、监督各方面探索反腐倡廉规律到建立健全惩治和预防腐败体系。马克思恩格斯在总结巴黎公社经验时，已明确认识到制度建设对于防止政府工作人员由"社会公仆"变为"社会主人"的重要性。在列宁的党建思想中，教育反腐、制度反腐、监督反腐等都有论述。90年来，中国共产党在反腐倡廉建设各个方面做出了卓有成效的理论创新和实践创新。毛泽东强调思想建党，告诫广大党员干部要防止"糖衣炮弹"的进攻，不断改造主观世界，加强民主监督和制度建设。改革开放以后，以邓小平同志为核心的党的第二代中央领导集体，强调大力加强思想政治教育，突出强调制度建设对于反腐败的重要性。以江泽民同志为核心的党的第三代中央领导集体，强调大力加强党的思想政治建设，讲学习、讲政治、讲正气，加强监督，注重制度建设和法制建设。进入新世纪以来，以胡锦涛同志为总书记的党中央，明确提出要建立健全惩治和预防腐败体系。党的十七大首次提出"反腐倡廉建设"的概念，并将其同党的思想建设、组织建设、作风建设和制度建设并举，成为党的五大建设的有机组成部分，这是对马克思主义反腐倡廉思想及党的建设理论的重大发展。我们党强调"在坚决惩治腐败的同时，更加注重治本，更加注重预防，更加注重制度建设"，"一个坚决、三个更加注重"思想表明对马克思主义政党反腐倡廉规律的认识和把握更加深刻、科学和完善。同时，制定惩治和预防腐败体系《实施纲要》和《工作规划》，在教育、制度、监督、改革、纠风、惩治等方面扎实推进惩治和预防腐败体系建设。随着党的建设新的伟大工程的持续推进，党的反腐倡廉实践也必将不断开拓创新，不断谱写马克思主义反腐倡廉理论的新篇章。

"坚持以经济建设为中心"的现实思考*

1956年召开的党的第八次代表大会取得的一个重要成果，就是要坚持以经济建设为中心。今天我们强调和重申这个问题，是有现实针对性的。

科学发展观提出后，人们开始更多地反思经济发展与社会发展的关系。其实自改革开放以来，全党全社会对这个关系的认识在不断深化，在实践中对二者的协调和平衡也取得了一定的成绩。但在落实中央决策的过程中，也出现一些片面的认识。比如，一种倾向认为，强调社会发展，就是代替甚至否定了以经济建设为中心。有的人提出"双中心"论或"多中心"论，认为我们党提出科学发展观和构建和谐社会，是对此前"以经济建设为中心"的纠正，现在要转变为经济和社会"两个中心"或经济、法制、社会、人的全面发展等"多个中心"。还有的人提出用"更具时代价值的可持续发展为中心代替以经济建设为中心"，并认为前者是对后者的"发展和合理的扬弃"。这些观点，在一定程度上淡化了生产力发展的最终决定作用，割裂了经济发展与社会发展的密切联系。

坚持以经济建设为中心，是始终不能动摇的，特别是对处于并将长期处于社会主义初级阶段的中国来说，具有至关重要的意义。

---

* 本文发表于《人民论坛》2006年第11A期。

马克思曾指出,生产力的发展是"绝对必需的实际前提"。否则,就只会有"极端贫困的普遍化","全部陈腐污浊的东西又要死灰复燃"。不以经济建设为中心,我们就不能保住改革开放的成果,更谈不上进一步发展了。邓小平在改革开放之初就指出"讲社会主义,首先就要使生产力发展,这是主要的。只有这样,才能表明社会主义的优越性。社会主义经济政策对不对,归根到底要看生产力是否发展,人民收入是否增加。这是压倒一切的标准"。改革开放 28 年后,发展生产力和发展经济仍然是"压倒一切的标准"。我国经济在连续多年快速增长后,继续保持强劲发展的难度加大,经济发展问题更为复杂和艰巨。新世纪头 20 年,我们面临着难得的发展机遇,机不可失,稍纵即逝。所以在发展问题上,任何偏离经济建设这个中心的想法和做法,都是背离科学发展观的精神实质的。

在这里,我们一定要克服非此即彼的思维,简单的线性思维。"以经济建设为中心"这一条不能变,也不需要变。当然,在坚持经济建设的同时,我们必须注意社会的全面、协调和可持续的发展,不能是单打一。GDP 是一个很重要的指标,它能比较集中的反映经济建设和发展的成果,所以要抓经济建设,要抓发展,当然要讲 GDP,发展当然要更加全面、更加协调。现在已经提出了绿色 GDP 概念,这很好,是要充分考虑生态环境与经济的关系了。但在提出绿色 GDP 的时候,千万不要忘记了黄金色 GDP,即硬通货的 GDP,做到黄绿 GDP 的合理结合。

我国以科学发展观为指导的经济社会发展道路,当然不能走西方资本主义国家曾走过的破坏和掠夺的道路。我们既要合理借鉴发达国家在发展上的经验,同时又不要放弃我们发展的根本,即毫不动摇地坚持以经济建设为中心。

新时代中国特色社会主义理论与实践研究
（2012—2020）

习近平新时代中国特色社会主义思想对发展 21 世纪马克思主义的原创性贡献

提要： 从时代发展高度和马克思主义发展史的宏观视角，习近平新时代中国特色社会主义思想对发展 21 世纪马克思主义的原创性贡献体现在：一是创造性回答了"什么是 21 世纪马克思主义、怎样发展 21 世纪马克思主义"的问题，进一步深化对马克思主义发展规律的认识；二是创造性回答了新时代"坚持和发展什么样的中国特色社会主义，怎样坚持和发展中国特色社会主义"的问题，进一步深化对中国特色社会主义规律也即社会主义建设规律的认识；三是创造性回答了"实现什么样的民族复兴，怎样实现民族复兴"的问题，进一步深化对社会主义现代化建设规律的认识；四是创造性回答了"什么是治理社会主义社会，怎样治理社会主义社会"的问题，进一步深化对治国理政规律的认识；五是创造性回答了"什么是自我革命、怎样进行自我革命""建设一个什么样的马克思主义执政党，怎样建设马克思主义执政党"的问题，进一步深化了对共产党执政规律的认识；六是创造性回答了"建设一个什么样的世界、怎样建设这个世界"的问题，从而深化对人类社会发展规律的认识。

党的十九大以来，以习近平同志为核心的党中央统揽"两个大局"，着眼"两个一百年"奋斗目标，推进"四个伟大"，进行"两个革命"，谱写了新时代中国特色社会主义新篇章，实践创新和理论创新达到了前所未有的高度。习近平总书记提出和阐述的一系列创新性、战略性理论观点，极大丰富和发展了党的创新理论，进一步深化了对共产党执政规律、社会主义建设规律、人类社会发展规律的认识，实现了马克思主义中国化的新飞跃，为丰富发展马克思主义做出了原创性贡献，充分体现了习近平新时代中国特色社会主义思想是立足中国、引领世界的当代中国马克思主义、21世纪马克思主义。

习近平总书记对发展21世纪马克思主义的原创性理论贡献，具体可概括为创造性回答"六大问题"，深化了对"六个规律"的认识。

围绕继续推进马克思主义中国化时代化大众化这个历史任务，创造性回答了"什么是21世纪马克思主义、怎样发展21世纪马克思主义"的问题，进一步深化对马克思主义发展规律的认识

党的十八大以来，习近平总书记高度重视马克思主义的学习、研究和运用，先后就历史唯物主义、辩证唯物主义、马克思主义政治经济学、当代世界马克思主义思潮及其影响、《共产党宣言》及其时代意义等主持中央政治局学习。在纪念马克思诞辰200周年、庆祝改革开放40周年等重要会议上做出关于坚持和发展马克思主义、继续推进马克思主义中国化时代化大众化的一系列重要论述，在新时代丰富发展了马克思主义。

习近平总书记指出，从马克思主义诞生到今天，人类社会发生了翻天覆地的变化，但马克思主义所阐述的一般原理是完全正确的；马克思主义是科学的理论、人民的理论、实践的理论、不断发展的理论，是我们党和国家的指导思想。背离或放弃马克思主义，我们党就会失去灵魂、迷失方向；必须坚持马克思主义指导地位，不断推进实践基础上的理论创新，发展21世纪马克思主义、当代中国马克思主义是当代中国共产党人的责无旁贷的历史责任；理论的生命力在于不断创新，要坚持用马克思主义观察时代、解读时代、引领时代，用鲜活丰富的当代中国实践来推动马克思主义发展，不断开辟马克思主义新境界。习近平新时代中国特色社会主义思想，既坚持了马克思主义基本原理和立场观点方法，又对马克思主义哲学、政治经济学、科学社会主义等主要原则观点做出了原创性、时代性、系统性的创新，创造性回答了"什么是21世纪马克思主义、怎样发展21世纪马克思主义"的时代课题，以一系列独创性观点阐明马克思主义本质特征、精髓要义、科学体系、历史贡献、时代意义、现实价值、实践作用和发展途径等，进一步深化了对马克思主义发展规律的认识，在整体上推进马克思主义发展，形成了21世纪马克思主义的科学理论体系，实现了马克思主义中国化的新飞跃。

围绕坚持和发展中国特色社会主义这个主题，创造性回答了新时代"坚持和发展什么样的中国特色社会主义，怎样坚持和发展中国特色社会主义"的问题，进一步深化对中国特色社会主义规律也即社会主义建设规律的认识

习近平总书记指出，科学社会主义在中国的成功，对马克思主

义、科学社会主义的意义，对世界社会主义的意义，是十分重大的。中国特色社会主义进入新时代，标志中国特色社会主义事业进入新的发展阶段。以习近平同志为核心的党中央，在实践中开创了中国特色社会主义事业发展新局面，在理论上以一系列创新性思想丰富发展了科学社会主义。

习近平总书记指出，新时代中国特色社会主义是我们党领导人民进行伟大社会革命的成果，也是我们党领导人民进行伟大社会革命的继续，必须一以贯之地进行下去，继续进行具有新的历史特点的伟大斗争；要胸怀"两个大局"，即中华民族伟大复兴的战略全局和世界百年未有之大变局，推进"两个革命"，即坚持和发展中国特色社会主义的社会革命和全面从严治党的伟大自我革命。在理论观点创新上，提出"八个明确"和"十四个坚持"，形成中国特色社会主义道路、理论、制度、文化，丰富发展了社会主义社会结构理论；提出以人民为中心的发展思想，深化了社会主义本质理论；提出我国社会主要矛盾发生历史性转化，发展了社会主义发展阶段理论；推进全面深化改革，提升了社会主义发展动力理论；推进国家治理体系和治理能力现代化，发展了社会主义现代化理论；统筹推进"五位一体"总体布局、协调推进"四个全面"战略布局，完善了社会主义全面发展理论；提出和践行新发展理念，拓展了关于社会主义发展途径和目标的理论；坚持党的全面领导，提出中国共产党领导是中国特色社会主义最本质的特征和中国特色社会主义制度的最大优势，提出新时代党的建设总要求、党建新布局和新时代党的组织路线，丰富发展了马克思主义执政党建设理论；等等。这些重大理论创新，深刻阐述了新时代坚持和发展中国特色社会主义的总目标、总任务、总体布局、战略布局和发展方向、发展方式、发展动力、战略步骤、外部条件、政治保证等重大问题，对社会主义建设规律的认识达到了前所未有的高度。在这些创新理论指引下，谱写了新时代中国特色社会主义发展新篇章，彰显了科学社会主义的鲜活生命力。而且，中国特色社会主义成为科学社会主义的引领旗帜，成为21世纪世界社会主义发展的中流砥柱，推动了世界社会主义发展进入新阶段。

围绕实现中华民族伟大复兴这个目标，创造性回答了"实现什么样的民族复兴，怎样实现民族复兴"的问题，进一步深化对社会主义现代化建设规律的认识

实现中华民族伟大复兴，是近代以来中国人的最大梦想。中国共产党一成立就把实现中华民族伟大复兴作为历史使命，经过几代人的求索奋斗，中华民族实现了从落后于时代到赶上时代、再到引领时代的历史性跨越。百年来，建立中国共产党、成立中华人民共和国、推进改革开放和中国特色社会主义事业、全面建成小康社会和全面建设社会主义现代化强国，是实现中华民族伟大复兴进程中的四大里程碑。中国特色社会主义进入新时代，迎来了中华民族伟大复兴的光明前景。

习近平总书记从历史与现实、理论与实践、国内与国际相结合的深邃宽广视野，深刻阐述了"实现什么样的民族复兴，怎样实现民族复兴"的重大课题。明确指出，今天我们比历史上任何时期都更接近、更有信心和能力实现中华民族伟大复兴的目标；实现中华民族伟大复兴，决不是轻轻松松、敲锣打鼓就能实现的，必须准备付出更为艰巨、更为艰苦的努力；将实现中华民族伟大复兴统一于"四个伟大"的新时代实践中，统一于实现国家富强、民族振兴、人民幸福的中国梦中；实现中华民族伟大复兴，不仅在物质上强大起来，也要在精神上强大起来；要居安思危，有强烈的忧患意识和危机意识，绝不能犯战略性、颠覆性错误，重点防控那些可能迟滞或中断中华民族伟大复兴进程的全局性风险；现在，中国人民和中华

民族在历史进程中积累的强大能量已经充分爆发出来了，为实现中华民族伟大复兴提供了势不可挡的磅礴力量；伟大梦想不是等得来、喊得来的，而是拼出来、干出来的，绝不能有半点骄傲自满、故步自封，也绝不能有丝毫犹豫不决、徘徊彷徨，必须勇立潮头、奋勇搏击；等等。习近平总书记的这些重要论述，进一步深化对社会主义现代化建设规律的认识，深刻阐述了实现民族复兴的奋斗历程、历史方位、科学内涵、领导力量、依靠力量、现实路径和战略步骤，在中华民族发展史上具有决定性意义、在马克思主义发展史和世界社会主义发展史上具有开创性意义。

围绕治国理政这条主线，创造性回答了"什么是治理社会主义社会，怎样治理社会主义社会"的问题，进一步深化对治国理政规律的认识

党的十八大以来，以习近平同志为核心的党中央继续坚持和完善中国特色社会主义制度，推进国家治理体系和治理能力现代化。党的十九届四中全会站在党和国家事业全局和战略高度，立足当前，着眼长远，专门研究审议了坚持和完善中国特色社会主义制度、推进国家治理体系和治理能力现代化的重大问题，从坚定制度自信和推进制度创新的结合上系统回答了"坚持和巩固什么、完善和发展什么"这个重大政治问题，第一次集中概括了中国特色社会主义制度有机联系、相辅相成、汇聚整体的显著优势，系统阐述了由根本制度、基本制度、重要制度构成的层次清晰、全面系统的科学制度体系，明确提出了推进我国制度建设和国家治理的指导思想、总体要求、总体目标、战略途径和重大举措。习近平总书记的一系列重要论述，是对党领导治国理政规律认识的深化，对科学社会主义理论与实践的丰富发展，为成功实现"中国之治"提供了科学理论

指引。

　　习近平总书记指出，推进国家治理体系和治理能力现代化，必须完整理解和把握全面深化改革的总目标。我们的方向就是中国特色社会主义道路；我们全面深化改革，是要使中国特色社会主义制度更好；我们说坚定制度自信，不是要固步自封，而是要不断革除体制机制弊端，让我们的制度成熟而持久；摆在我们面前的一项重大历史任务，就是推动中国特色社会主义制度更加成熟更加定型；当前和今后相当长一段时期的主要历史任务，就是完善和发展中国特色社会主义制度，实现制度现代化，为党和国家事业发展、为人民幸福安康、为社会和谐稳定、为国家长治久安提供一套更完备、更稳定、更管用的制度体系；中国特色社会主义制度和国家治理体系不是从天上掉下来的，而是在中国的社会土壤中生长起来的，是经过革命、建设、改革长期实践形成的，是马克思主义基本原理同中国具体实际相结合的产物，是理论创新、实践创新、制度创新相统一的成果，凝结着党和人民的智慧，具有深刻的历史逻辑、理论逻辑、实践逻辑；中国特色社会主义制度和国家治理体系具有深厚的历史底蕴，具有多方面显著优势，具有丰富的实践成果，创造了世所罕见的经济快速发展奇迹和社会长期稳定奇迹；中国特色社会主义制度是一个严密完整的科学制度体系，起四梁八柱作用的是根本制度、基本制度、重要制度，其中具有统领地位的是党的领导制度；强化制度意识，维护制度权威，严格遵守和执行制度，与时俱进完善和发展中国特色社会主义制度和国家治理体系；等等。习近平总书记的这些重要论述，创造性回答了"什么是治理社会主义社会，怎样治理社会主义社会"的问题，进一步深化了对治国理政规律的认识，也为全球治理提供了中国智慧和中国方案。

围绕全面从严治党这个关键，创造性回答了"什么是自我革命、怎样进行自我革命""建设一个什么样的马克思主义执政党，怎样建设马克思主义执政党"的问题，进一步深化了对共产党执政规律的认识

习近平总书记指出，在新时代，我们党必须以党的自我革命来推动党领导人民进行的伟大社会革命，把党建设成为始终走在前列、人民衷心拥护、勇于自我革命、经得起各种风浪考验、朝气蓬勃的马克思主义执政党。党的十八大以来，以习近平同志为核心的党中央，以自我革命的精神推进全面从严治党，不断提高党的执政能力和领导水平，不断增强党自我净化、自我完善、自我革新、自我提高的能力。习近平总书记在十九届中央纪委四次全会上庄严宣告：我们已经探索出一条长期执政条件下解决自身问题、跳出历史周期率的成功道路，这条成功道路就是全面从严治党、不断自我革命。从延安时期的"民主新路"，到社会主义建设和改革时期持续加强党的先进性建设和执政能力建设，再到新时代全面从严治党的伟大自我革命，凝聚了几代中国共产党人的不懈奋斗和孜孜求索。

习近平总书记强调，党的初心使命就是为中国人民谋幸福、为中华民族谋复兴；我们党作为百年大党，要始终得到人民拥护和支持，书写中华民族千秋伟业，必须始终牢记初心和使命；越是长期执政，越不能丢掉马克思主义政党的本色，越不能忘记党的初心使命；推进自我革命，把加强党的长期执政能力建设同提高国家治理水平有机统一起来；不断深化自我革命，坚决清除一切弱化党的先进性、损害党的纯洁性的因素，坚决割除一切滋生在党的机体上的毒瘤，坚决防范一切违背初心和使命、动摇党的根基的危险；我们

党作为百年大党，如何永葆先进性和纯洁性、永葆青春活力，如何永远得到人民拥护和支持，如何实现长期执政，是我们必须回答好、解决好的一个根本性问题；我们党要跳出历史周期率，关键是不能丧失自我革命精神，要不断把党的自我革命推向深入，才能在不断解决问题中实现自我超越，永葆我们党的先进性和纯洁性；新时代"两个伟大革命"相互促进、相辅相成，开新局于伟大的社会革命，强体魄于伟大的自我革命，坚持以伟大自我革命引领伟大社会革命；等等。习近平总书记的一系列重要论述，弘扬马克思主义政党自我革命精神，创造性回答了我们党在新时代"什么是自我革命、怎样进行自我革命"的重大课题，全面深入阐述了持续推进和不断深化自我革命的重大意义、指导原则、时代内涵、基本方略、主要问题、重要途径和科学方法，进一步深化了对共产党执政规律的认识，丰富发展了马克思主义政党建设理论，是广大党员干部不忘初心、牢记使命，坚持不懈把党的自我革命推向深入的根本遵循。

围绕推动构建人类命运共同体这个理念，创造性回答了"建设一个什么样的世界、怎样建设这个世界"的问题，从而深化对人类社会发展规律的认识

党的十九大以来，面对世界处于百年未有之大变局，国际不确定性不稳定性增多、世界进入动荡期的新形势，习近平总书记呼吁加快携手构建人类命运共同体。构建人类命运共同体理念与实践是习近平新时代中国特色社会主义思想的重要组成部分，是中国共产党人面对世界百年未有之大变局，对人类命运和前途的科学认识和把握，系统回答了当今时代"建设一个什么样的世界，如何建设这个世界"和"世界怎么了，世界向何处去"这一关乎人类前途命运

的重大课题，为人类对更好社会制度的探索提供中国方案，为人类发展和文明进步做出新的更大贡献。

习近平总书记指出，人类命运共同体就是每个民族、每个国家的前途命运都紧紧联系在一起，应该风雨同舟、荣辱与共，共同努力把人类前途命运掌握在自己手中，努力把我们生于斯、长于斯的这个星球建成一个和睦的大家庭，把世界各国人民对美好生活的向往变成现实。随着中国同世界各国的友好合作不断拓展，人类命运共同体理念得到越来越多人的支持和赞同。特别是2020年新冠肺炎疫情在全球蔓延时，这一理念得到检验，并获得全世界越来越多人的认同，在国际社会日益产生广泛而深远的影响。为世界谋大同，彰显了中国共产党人的世界情怀。环顾当今世界，全球化遭遇逆流，经济增长长期低迷，发展鸿沟愈加显现，财富分配严重失衡，全球不平等加剧。与此同时，地区冲突战火不断，恐怖主义此起彼伏，非传统安全威胁持续蔓延。面对这样纷繁复杂的问题和严峻挑战，西方资本主义国家已经表现出明显的应对无术、力不从心。特别是一段时间以来，美国奉行"美国优先"政策，一再"失态""失义""失信"于全球，不断强化霸权主义和强权政治、单边主义和贸易保护，甚至民族、民粹主义，迫使以规则为基础的多边体系受到严重冲击。历史发展到今天，世界各国的命运已经紧密地联结在一起，没有哪个国家能够独自应对人类面临的各种挑战，也没有哪个国家能够退回到自我封闭的孤岛。世界各国更需要以负责任的精神同舟共济，共同维护和促进世界和平与发展。习近平总书记深刻阐述了人类社会发展的历史趋势、时代潮流、基本理念、世界变局、演变趋势、未来方向，第一次比较系统回答了在世界百年未有之大变局中人类社会向何处去的重大问题，提出了关于人类社会发展的许多重大理念、重要思想、重要主张，深化了对人类社会发展规律的认识，是引领时代发展、解决世界难题的科学指南。

习近平新时代中国特色社会主义思想对科学社会主义的原创性贡献

中国特色社会主义进入新时代，意味着科学社会主义在二十一世纪的中国焕发出强大生机活力，在世界上高高举起了中国特色社会主义伟大旗帜。当前，我们谈论科学社会主义的发展，就不能不注意它在中国的发展。科学社会主义在中国的成功实践，必然形成对于科学社会主义原理的发展。这种发展甚至超出了一般人的预想，也超出了科学社会主义创始人马克思和恩格斯的预想。党的十八大以来，以习近平同志为主要代表的中国共产党人，在对社会主义建设规律的深刻认识和准确把握基础上，创立了习近平新时代中国特色社会主义思想。这一思想是当代中国马克思主义、二十一世纪马克思主义，是马克思主义在中国发展的新阶段，它在建设科学社会主义的一系列基本问题上丰富和发展了马克思主义，对科学社会主义做出了许多原创性贡献，突出地表现在以下十个方面。

提出"八个明确"和"十四个坚持"，是对中国特色社会主义整体性、开创性的丰富发展

回顾科学社会主义的发展历程，回顾我们党近百年来的奋斗历

程，每一次理论创新，都是在回答时代重大理论问题中实现的，也是立足于解决我们的实际问题而提出来的。党的十八大以来，以习近平同志为主要代表的中国共产党人，对时代发展问题进行了集中回应，以"八个明确"回答了新时代坚持和发展什么样的中国特色社会主义的问题，以"十四个坚持"回答了怎样坚持和发展中国特色社会主义的问题，并以此形成了习近平新时代中国特色社会主义思想的核心内容。

"八个明确"涉及中国特色社会主义关于生产力与生产关系、经济基础与上层建筑的辩证关系，涵盖了新时代坚持和发展中国特色社会主义的总目标、总任务、总体布局、战略布局和发展方向、发展方式、发展动力、战略步骤、外部条件、政治保证等基本问题，揭示了新时代中国特色社会主义的本质规定、发展规律；"十四个坚持"涵盖对经济、政治、法治、科技、文化、教育、民生、民族、宗教、社会、生态文明、国家安全、国防和军队、"一国两制"和祖国统一、统一战线、外交、党的建设等各方面的战略指引，构成了新时代坚持和发展中国特色社会主义的基本方略，揭示了实现新目标、新蓝图的具体方略。"八个明确"和"十四个坚持"是在深刻分析当今世情党情国情，系统思考内政外交国防、治党治国治军中进行的理论概括，深化了社会主义建设规律的认识，构架起了新时代中国特色社会主义"四梁八柱"。这一思想对科学社会主义的原创性贡献不是零散的，而是系统全面的，是对中国特色社会主义整体性、开创性的丰富发展。

提出道路、理论、制度、文化"四位一体"有机统一，拓展了中国特色社会主义的科学体系

党的十八大以来，习近平总书记紧紧围绕坚持和发展中国特色

社会主义这个主题，继续拓展这条"正确道路"，强调要"增强文化自信"，要充分发挥文化在建设社会主义现代化强国和中华民族伟大复兴中的作用，开拓了文化自觉自信的新境界。他在2016年5月17日哲学社会科学工作座谈会上指出："我们说要坚定中国特色社会主义道路自信、理论自信、制度自信，说到底是要坚定文化自信。"在2016年6月28日中央政治局第三十三次集体学习时提出："坚定中国特色社会主义道路自信、理论自信、制度自信、文化自信。"他还在不同场合多次阐述了坚定文化自信的重大意义，指出："文化自信是更基本、更深沉、更持久的力量"，"文化自信是更基础、更广泛、更深厚的自信"，"中国特色社会主义文化是中国人民胜利前行的强大精神力量"，"坚定文化自信，是事关国运兴衰、事关文化安全、事关民族精神独立性的大问题"。

党的十八届六中全会明确提出，"坚持中国特色社会主义道路、中国特色社会主义理论体系、中国特色社会主义制度、中国特色社会主义文化"，"坚定对中国特色社会主义的道路自信、理论自信、制度自信、文化自信"。由中国特色社会主义道路、理论和制度"三位一体"，发展为中国特色社会主义道路、理论、制度、文化"四位一体"，并在此基础上由道路自信、理论自信、制度自信"三个自信"发展到道路自信、理论自信、制度自信、文化自信"四个自信"，并贯穿整个中国特色社会主义事业发展过程的始终，体现我们党对中国特色社会主义建设的一种新认识，进一步丰富和拓展了中国特色社会主义科学内涵和基本架构。

提出以人民为中心的发展思想，深化了社会主义本质理论

人民至上是中国共产党执政施政的核心理念。正如习近平总书记指出的："人民立场是中国共产党的根本政治立场，是马克思主义

政党区别于其他政党的显著标志。"习近平总书记对人民至深至厚的情怀也生动地体现在治国理政实践中。他在2014年文艺工作座谈会上向广大文艺工作者提出了"坚持以人民为中心的创作导向"的要求；在主持召开中央全面深化改革领导小组第七次会议时强调，"牢固树立以人民为中心的工作导向"。

　　进入新时代以来，党和国家事业取得历史性成就、发生历史性变革，充分印证了以人民为中心的发展思想的思想伟力和实践伟力。党的十八届五中全会通过的《中共中央关于制定国民经济和社会发展第十三个五年规划的建议》强调，必须坚持以人民为中心的发展思想，把增进人民福祉、促进人的全面发展作为发展的出发点和落脚点，发展人民民主，维护社会公平正义，保障人民平等参与、平等发展权利，充分调动人民积极性、主动性、创造性。党的十八届五中全会后，习近平总书记在全国政协新年茶话会、中央政治局第三十次集体学习、省部级主要领导干部学习贯彻党的十八届五中全会精神专题研讨班、中央财经领导小组第十三次会议、庆祝中国共产党成立95周年大会等重要场合的讲话中，多次重申了这个新的理论概括。他深刻指出，带领人民创造幸福生活，是我们党始终不渝的奋斗目标；要把人民拥护不拥护、赞成不赞成、高兴不高兴、答应不答应作为衡量一切工作得失的根本标准；让人民群众有更多的获得感，做到发展为了人民、发展依靠人民、发展成果由人民共享。党的十九大把"坚持以人民为中心"确立为新时代坚持和发展中国特色社会主义的基本方略之一。以人民为中心的发展思想，深刻揭示了中国特色社会主义发展的目的，鲜明体现了共产党执政理念与社会主义经济发展规律的高度统一。提出坚持以人民为中心的发展思想，是唯物史观在当代中国发展中的具体运用，是对人民群众是历史的创造者的原理的坚持和运用，是党的宗旨在发展观上的集中体现，是马克思主义发展观的重大发展，深化了社会主义本质理论。

提出我国社会主要矛盾发生历史性转化，丰富了社会主义初级阶段理论，也发展了社会主义发展阶段理论

社会主要矛盾具有全局性、根本性，准确把握现阶段我国社会主要矛盾，是党和国家制定正确路线方针政策的基础，事关党和国家事业发展的全局。社会主要矛盾还具有变化性，会随着世情、国情、党情、社情、民情的变化而不断发生变化，对社会主要矛盾的认识也应与时俱进。

习近平总书记在党的十九大报告中指出，"我国社会主要矛盾已经转化为人民日益增长的美好生活需要和不平衡不充分的发展之间的矛盾"。在此之前，我国社会主要矛盾是"人民日益增长的物质文化需要同落后的社会生产之间的矛盾"。这一论断源于1956年党的八大的决议，1981年十一届六中全会通过的《关于建国以来党的若干历史问题的决议》作了正式概括。从党的八大至今60多年，这期间，我国社会生产力有了巨大发展，国内生产总值跃居世界第二，解决了十几亿人的温饱问题，总体上实现小康，有些领域，例如对外贸易、对外投资、外汇储备、高铁、航天、桥梁、5G通信等，已成长为世界前列；这期间，我国居民人均可支配收入从1956年的98元增加到2018年的28228元，居民人均消费支出从1956年的88.2元增长到2018年的19853元，名义增长224.1倍，扣除物价因素实际增长28.5倍，年均实际增长5.6%，人民生活水平有了极大提高，人民的衣食住行等生活商品供应极大丰富，文化生活日益多彩，覆盖城乡居民的社会保障体系基本建立，人民健康和医疗卫生水平大幅提高。现在人民对美好生活的向往更加强烈，期盼有更好的教育、工作、收入、社会保障、医疗卫生服务、居住条件、环境，期盼有更丰富的精神文化生活。正是基于这些变化，习近平总书记对我国

社会主要矛盾发生了深刻变化做出新判断,这也是中国特色社会主义发展到一定阶段的深刻总结。

习近平总书记在准确抓住我国社会主要矛盾变化的前提下,强调:"我国社会主要矛盾的变化,没有改变我们对我国社会主义所处历史阶段的判断,我国仍处于并将长期处于社会主义初级阶段的基本国情没有变,我国是世界最大发展中国家的国际地位没有变。"这两个"没有变"是我国谋划下一步发展的"基本依据"。从"物质文化需要"到"美好生活需要",从解决"落后的社会生产"问题到解决"不平衡不充分的发展"问题;从强调社会主义初级阶段是建设中国特色社会主义的"总依据",到根据新阶段新形势又提出经济发展新常态的新的现实依据,丰富了社会主义初级阶段理论,也发展了社会主义发展阶段理论,是我们党的重大理论创新成果和历史贡献。

在新时代全面深化改革,提升了社会主义发展动力理论

改革是中国特色社会主义发展的根本动力。党的十一届三中全会开启了改革开放和社会主义现代化建设历史新时期,带来了新中国国民经济的腾飞、人民生活的改善、国际地位的提升。但也出现了发展不平衡、政府公信力受到挑战等有待解决的问题;社会公共管理和公共服务还不够完善,与之相适应的完备的法制规章体系构建相对滞后……这些无不表明,社会的进步不仅需要经济的发展,更需要政治、文化、法制和社会的全面进步。

党的十八届三中全会开启了全面深化改革、系统整体设计推进改革的新时代,开创了我国改革开放的全新局面。在新的征程上,在以习近平同志为核心的党中央带领下,坚持以改革促发展,推进以经济体制改革为重点和牵引的经济、政治、文化、社会、生态文

明体制和党的建设制度全面改革，既涉及生产力又涉及生产关系，既涉及经济基础又涉及上层建筑。通过新的改革，处理好政府和市场的关系，使市场在资源配置中起决定性作用和更好发挥政府作用，坚决破除旧思想和旧体制机制障碍，打破利益固化的藩篱，吸收人类文明成果，让制度更加成熟定型，让发展更有质量，让治理更有水平，让人民更有获得感，从而极大提升了社会主义发展动力理论。全面深化改革的实质是中国特色社会主义制度的自我完善和发展，是一场全面而深刻的社会变革。这无疑是习近平新时代中国特色社会主义思想对科学社会主义的突出贡献之一。

推进国家治理体系和治理能力现代化，丰富发展了社会主义现代化理论

形成健全的国家治理体系和拥有强大的国家治理能力，建立起科学完备、系统有效的制度，对于一个国家的前途命运具有决定性影响。新中国成立后，我们党深入思考和探索"国家政权应该怎样组织？国家应该怎样治理？"这个关系国家前途、人民命运的根本性问题，在国家治理体系和治理能力上积累了丰富经验、取得了重大成果。特别是改革开放以来，我国以世界上少有的速度持续快速发展起来，人民生活显著改善，国家面貌发生翻天覆地的变化，充分说明我们国家治理体系和治理能力总体上是好的，是适应我国国情和发展要求的。同时也要看到，相比我国经济社会发展要求，相比人民群众期待，相比当今世界日趋激烈的国际竞争，相比实现国家长治久安，我们在国家治理体系和治理能力方面还有许多不足，有许多亟待改进的地方。

邓小平同志曾在1992年南方谈话中谈到，恐怕再有30年的时间，我们才能在各方面形成一套更加成熟、更加定型的制度。党的十八大以来，我们党审时度势，围绕"什么是治理社会主义社会，

怎样治理社会主义社会"这条主线,根据本国传统、现实国情和长期治理经验,创造性地推进治国理政事业,在邓小平提出的战略目标基础上,进而提出推进国家治理体系和治理能力现代化,试图通过不断改革和创新使中国特色社会主义制度更加成熟、更加定型。近年来我们国家推进国家治理体系和治理能力现代化实践,创造了不同于历史上其他社会主义国家的治理模式,也不同于西方资本主义的治理模式,形成了对比于西方社会治理的独特优势,也为如何治理社会主义社会提供了成功经验,这是我们党在新的历史时期治国理政的根本特征和重要创新。当今世界出现了"中国之治"与"西方之乱"的鲜明对照,这也从一个方面反映了我们党对治国理政规律认识的进一步深化,反映了运用中国特色社会主义制度治理国家的有效性、优越性。提出和推进国家治理体系和治理能力现代化,是以习近平同志为核心的党中央对中国特色社会主义做出的一个极为重大的贡献。

推进"五位一体"总体布局和"四个全面"战略布局,完善了社会主义全面发展理论

如何处理经济建设、政治建设、文化建设、社会建设、生态文明建设的关系,是考验各国的一项重大课题。成功破解这一难题的国家,往往能够经济、政治、文化、社会、生态文明互促互进,进而实现国家的长治久安、长足发展。党的十八大以来,我们党形成并积极推进经济建设、政治建设、文化建设、社会建设、生态文明建设"五位一体"的总体布局,形成并积极推进全面建成小康社会、全面深化改革、全面依法治国、全面从严治党"四个全面"的战略布局。在此基础上,习近平总书记进一步强调,"'五位一体'和'四个全面'相互促进、统筹联动,要协调贯彻好"。"五位一体"是统筹推进的目标对象,就是要统筹推进经济建设、政治建设、文

化建设、社会建设、生态文明建设这五大建设。"四个全面"是统筹的方法路径，就是要协调推进全面建成小康社会、全面深化改革、全面依法治国、全面从严治党。"五位一体"中的每一个目标对象，都要用协调"四个全面"的方法来推进。例如，在搞好经济建设方面，不仅要有全面建成小康社会体现到经济建设领域的目标要求，又要有全面深化改革体现到经济建设领域的重大措施，还要有全面依法治国体现到经济建设领域的法治规范，还要有全面从严治党体现到经济建设领域的廉政建设。推进"五位一体"总体布局和"四个全面"战略布局，是习近平总书记适应我国发展新要求，站在时代前沿做出的战略运筹，提升了发展的系统性、全面性、协调性，从而完善了社会主义全面发展理论。

坚持党的全面领导，丰富发展了社会主义执政党建设理论

中国共产党成立以来，在建设什么样的党、怎样建设党的问题上，取得了许多规律性的认识。党的十八大以来，党面临的国内外形势环境发展之快、改革发展稳定任务之重、矛盾风险挑战之多，都前所未有；党员队伍结构、思想状况发生深刻变化，党要带领全国各族人民进行具有许多新的历史特点的伟大斗争。以习近平同志为核心的党中央，在领导全党进行新时代伟大建设的过程中，不断推动实现马克思主义政党建设学说与新时代中国共产党建设实际的结合，从思想、组织、作风、制度、纪律和反腐倡廉建设等各个方面，创造性回答了"建设一个什么样的马克思主义执政党，怎样建设马克思主义执政党"的问题，提出了一系列关于新时代党的建设的重大战略观点。首先，提出关于党的领导"两个最"的重要论断，即中国共产党领导是中国特色社会主义最本质的特征，是中国特色社会主义制度的最大优势，把党的领导提升到社会本质、国家制度

的高度。其次，提出要以党的自我革命来推动党领导人民进行的伟大社会革命。自我革命是"刀刃向内"的革命，以此来推动社会革命，实现了我们党政治勇气、创新精神和崇高追求的高度统一，形成了新时代中国共产党的鲜明品格，这一品格展现了我们党的特质和政治优势，为世界政党治理贡献了智慧。最后，习近平总书记以全面从严治党为主线，坚持思想建党和制度治党紧密结合，把全面从严治党纳入"四个全面"战略布局，实现了马克思主义政党治国理政与自身建设的高度统一，实现了伟大斗争、伟大工程、伟大事业的高度统一。

习近平总书记关于新时代党的建设的重要论述，进一步深化了对马克思主义执政党的性质宗旨、历史使命、执政理念、执政基础、执政途径、根本保证等的规律性认识，对社会主义政党建设理论做出了一系列原创性贡献，成为习近平新时代中国特色社会主义思想作为二十一世纪马克思主义能够确立起来的重要理论依据和学理来源。在习近平总书记关于新时代党的建设重要论述的指导下，新时代中国共产党的面貌发生了前所未有的重大变化，彰显出新时代中国共产党的高度自信和担当精神，为中国特色社会主义事业注入了思想主心骨。在坚持党的全面领导这个问题上，中国创造了新经验，这是中国共产党对马克思主义的党的建设理论和政治理论的重要贡献之一。

阐明人类社会历史发展的必然趋势，提出科学认识两大社会制度关系的新思想，丰富了关于正确处理社会主义与资本主义之间关系的理论

如何正确认识和处理资本主义与社会主义的关系，是困扰中国人特别是其中的先进分子的大问题。马克思、恩格斯曾深刻分析了社会历史发展不可逆转的总趋势，得出了社会主义、共产主义社会

取代资本主义社会的人类社会发展规律。2008年国际金融危机爆发后,以美国为首的西方国家兴起了一股"逆全球化"浪潮,贸易保护主义、孤立主义、民粹主义滋生蔓延,世界和平与发展面临的挑战更加严峻。事实表明,马克思、恩格斯关于资本主义社会基本矛盾的分析没有过时,社会主义取代资本主义的历史发展总趋势没有变化。但资本主义必然消亡、社会主义必然胜利是一个曲折长期的过程。

基于对社会主义与资本主义上述多重关系的分析,习近平总书记深刻指出:"我们要深刻认识资本主义社会的自我调节能力,充分估计到西方发达国家在经济科技军事方面长期占据优势的客观现实,认真做好两种社会制度长期合作和斗争的各方面准备。在相当长时期内,初级阶段的社会主义还必须同生产力更发达的资本主义长期合作和斗争,还必须认真学习和借鉴资本主义创造的有益文明成果,甚至必须面对被人们用西方发达国家的长处来比较我国社会主义发展中的不足并加以指责的现实。我们必须有很强大的战略定力,坚决抵制抛弃社会主义的各种错误主张,自觉纠正超越阶段的错误观念。最重要的,还是要集中精力办好自己的事情,不断壮大我们的综合国力,不断改善我们人民的生活,不断建设对资本主义具有优越性的社会主义,不断为我们赢得主动、赢得优势、赢得未来打下更加坚实的基础。"① 这一论断表明,充分认识社会主义和资本主义是两种不同的意识形态和社会制度,它们之间的斗争是长期的,要保持清醒的头脑和正确的斗争方法,努力克服资本主义可能带来的负面影响。同时又不能因为资本主义对社会主义有负面影响而惧怕它,对资本主义文明加以批判吸收,继承资本主义社会所创造的一切生产力,有利于坚持和发展中国特色社会主义。正像列宁所说的那样:"如果你们不能利用资产阶级世界留给我们的材料来建设大

---

① 习近平:《关于坚持和发展中国特色社会主义的几个问题》,《求是》2019年第7期。

厦，你们就根本建不成它，你们也就不是共产党人，而是空谈家。要进行社会主义建设，必须充分利用科学、技术和资本主义俄国给我们留下来的一切东西。"习近平总书记关于社会主义与资本主义关系的精辟论述，饱含对重大问题的睿智思考和独创见解，丰富了关于正确处理社会主义与资本主义之间关系的理论。

提出推动构建人类命运共同体，丰富发展了马克思主义关于未来社会的理论

当前，世界正处在大发展大变革大调整时期，人类进入了一个挑战层出不穷、风险日益增多的时代。世界怎么了、我们怎么办？这是世界人民都在思考的问题，也是以习近平同志为主要代表的中国共产党人一直在思考和想着力解决的问题。为共同应对全球性挑战、建立公正合理的国际秩序，习近平总书记洞察时代风云，把握时代脉搏，引领时代潮流，以让世界更美好、让人民更幸福为目的，在全球治理方面提出了推动构建人类命运共同体的理念。

习近平总书记提出的推动构建人类命运共同体，倡导建设持久和平、普遍安全、共同繁荣、开放包容、清洁美丽的世界，提倡创新、协调、绿色、开放、共享的发展观，主张共同、综合、合作、可持续的新安全观，坚持互信、互利、平等、协商、尊重多样文明、谋求共同发展的文明观，树立求同存异、合作共赢的合作观，秉持共商共建共享的全球治理观。他提出的发展观、安全观、合作观、文明观、全球治理观，是对当前"建设一个什么样的世界、如何建设这个世界"的创造性回答，是中国"各美其美，美人之美，美美与共，天下大同"理念在当今时代的现实体现，彰显出中国共产党人为世界谋大同的价值追求，有利于汇聚世界各国人民对和平、发展、繁荣向往的最大公约数。推动构建人类命运共同体，是当代中国共产党人为人类社会实现共同发展、持续繁荣、长治久安提供了

丰盈鲜活的"中国智慧""中国经验""中国方案",得到国际社会高度评价和热烈响应。党的十九大把"坚持推动构建人类命运共同体"确立为新时代坚持和发展中国特色社会主义的基本方略之一。这是习近平新时代中国特色社会主义思想对科学社会主义理论的又一重要的原创性贡献。

以习近平同志为主要代表的中国共产党人对科学社会主义做出的原创性贡献,具有重大理论意义和鲜明时代意义的新理念新思想新战略,是对科学社会主义的重大创新和全面发展,极大深化了对社会主义建设规律的认识,使科学社会主义的理论和实践进到了一个新的发展阶段。

习近平新时代中国特色社会主义思想开辟了马克思主义新境界*

习近平总书记指出,"科学社会主义在中国的成功,对马克思主义、科学社会主义的意义,对世界社会主义的意义,是十分重大的"。2018年是马克思诞辰200周年,也是《共产党宣言》发表标志科学社会主义诞生170周年。今天,最能告慰马克思的是,中国特色社会主义经过长期发展进入新时代,形成了习近平新时代中国特色社会主义思想,使科学社会主义在21世纪焕发出强大生机活力,让马克思主义放射出更加灿烂的真理光芒,开辟了马克思主义发展的新境界。

习近平新时代中国特色社会主义思想是二十一世纪马克思主义的最新理论形态

"一切划时代的体系的真正内容都是由于产生这些体系的那个时期的需要而形成起来的。"回顾170年来马克思主义发展史和科学社会主义发展史,我们可以清楚地看到,不同历史时期的马克思主义代表人物,顺应时代发展,回答时代课题,从而不断推动马克思

---

* 本文发表于《中国纪检监察》2018年第9期。

主义和科学社会主义的丰富发展，在不同时期形成了既一脉相承又独具特色的理论形态。

恩格斯曾说，我们的理论"是一种历史的产物，它在不同的时代具有完全不同的形式，同时具有完全不同的内容"。马克思恩格斯所处的时代是自由资本主义时代，他们科学地回答了"资本主义向何处去、人类社会向何处去"的时代课题，创立了马克思主义，社会主义由空想变为科学；列宁所处的时代是垄断资本主义时代，他科学回答了"帝国主义向何处去、无产阶级革命向何处去"的时代课题，形成列宁主义，指导十月革命取得伟大胜利，社会主义由理论变为现实制度。毛泽东同志在半封建半殖民地的中国，科学回答了"中国向何处去、中国革命向何处去"的时代课题，形成了毛泽东思想，领导人民完成新民主主义革命，成立了新中国。改革开放新时期以来，几代中国共产党人在不同时期，接续回答了"建设什么样的社会主义、怎样建设社会主义""建设一个什么样的党、怎样建设这个党""实现什么样的发展、怎样发展"等一系列时代课题，形成了邓小平理论、"三个代表"重要思想、科学发展观，从而不断推进中国特色社会主义理论体系的形成和发展。

党的十八大以来，"国内外形势变化和我国各项事业发展都给我们提出了一个重大时代课题，这就是必须从历史与现实、理论和实践的结合上系统回答新时代坚持和发展什么样的中国特色社会主义、怎样坚持和发展中国特色社会主义"。习近平新时代中国特色社会主义思想，就是科学回答了这个重大时代课题，从而既极大丰富和发展了中国特色社会主义理论，又把二十一世纪马克思主义和科学社会主义推向一个新的发展阶段。这一伟大思想，既是马克思主义中国化的最新成果，也是二十一世纪马克思主义和科学社会主义的最新理论形态。

习近平新时代中国特色社会主义思想为发展二十一世纪马克思主义做出原创性贡献

习近平总书记反复强调,要锲而不舍地推进马克思主义中国化时代化大众化,发展二十一世纪马克思主义、当代中国马克思主义。"只有民族的才是世界的,只有引领时代才能走向世界。要立足时代特点,推进马克思主义时代化,更好运用马克思主义观察时代、解读时代、引领时代,真正搞懂面临的时代课题,深刻把握世界历史的脉络和走向。"① 习近平新时代中国特色社会主义思想,就是坚持马克思主义时代性与现实性、世界性与民族性的统一。一方面,立足新时代中国实际,实现了马克思主义中国化的新的历史飞跃;另一方面,面对当今世界的深刻变化,深入思考21世纪的时代问题和时代任务,以深远的时代眼光和宽广的世界眼光审视马克思主义和社会主义在21世纪发展的理论需要与实践需要,深刻把握了时代发展趋势和世界发展走向,科学地构造了二十一世纪马克思主义和科学社会主义的最新理论形态。

习近平新时代中国特色社会主义思想博大精深、内容丰富,深化了对共产党执政规律、社会主义建设规律、人类社会发展规律的认识,在整体上、各个方面都把马克思主义和科学社会主义推向前进。习近平总书记强调,"解决好民族性问题,就有更强能力去解决世界性问题;把中国实践总结好,就有更强能力为解决世界性问题提供思路和办法"。② 他指出,"新中国成立以来特别是改革开放以

---

① 习近平:《深刻认识马克思主义时代意义和现实意义 继续推进马克思主义中国化时代化大众化》,《人民日报》2017年9月30日第1版。

② 习近平:《在哲学社会科学工作座谈会上的讲话》,《人民日报》2016年5月19日第2版。

来,中国发生了深刻变革,置身这一历史巨变之中的中国人更有资格、更有能力揭示这其中所蕴含的历史经验和发展规律,为发展马克思主义做出中国的原创性贡献"。① 习近平新时代中国特色社会主义思想,是二十一世纪马克思主义和科学社会主义创新发展最集中、最丰富、最现实的体现,做出了巨大的原创性贡献。

比如,从对科学社会主义发展创新上看,提出以人民为中心的发展思想,深化了社会主义本质理论;提出我国社会主要矛盾发生历史性转化,丰富了社会主义初级阶段理论,也发展了社会主义发展阶段理论;在新时代全面深化改革,提升了社会主义发展动力理论;推进国家治理体系和治理能力现代化,丰富发展了社会主义现代化理论;推进"五位一体"总体布局和"四个全面"战略布局,完善了社会主义全面发展理论;践行创新、协调、绿色、开放、共享的新发展理念,拓展了社会主义发展途径和发展目标理论;坚持党的全面领导,提出关于党的领导"两个最"的重要论断,即中国共产党领导是中国特色社会主义最本质的特征,是中国特色社会主义制度的最大优势,丰富发展了社会主义执政党建设理论;阐明人类社会历史发展的必然趋势,提出科学认识两大社会制度关系的新思想,丰富了关于正确处理社会主义与资本主义之关系的理论;提出推动构建人类命运共同体,丰富发展了马克思主义关于未来社会的理论,等等,都是具有普遍意义和世界意义的新理念新观点新思想,是积极推动和引领 21 世纪科学社会主义创新发展的具体内容,是新时代中国特色社会主义对科学社会主义发展的重要理论创新,极大丰富发展了科学社会主义理论宝库。

---

① 习近平:《深刻认识马克思主义时代意义和现实意义　继续推进马克思主义中国化时代化大众化》,《人民日报》2017 年 9 月 30 日第 1 版。

习近平新时代中国特色社会主义思想引领、推动着二十一世纪马克思主义和社会主义的发展

中国特色社会主义进入新时代，在中华人民共和国发展史上、中华民族发展史上具有重大意义，在世界社会主义发展史上、人类社会发展史上也具有重大意义。新时代中国特色社会主义，与世界社会主义发生了更加密切、更为明确的联系，意味着科学社会主义在 21 世纪的中国焕发出强大生机活力。习近平新时代中国特色社会主义思想引领并推动着二十一世纪马克思主义和社会主义的发展。

近 30 年来，世界社会主义运动经历了从东欧剧变步入低谷到 21 世纪初谋求振兴的过程。在每个重要的历史节点，中国特色社会主义都对世界社会主义的发展发挥了至关重要的历史转折性作用。总的看，有三个历史节点非常重要：东欧剧变、资本主义危机和全球化发生波折。

第一个历史节点：20 世纪 80 年代末 90 年代初，苏联解体、苏共垮台、东欧剧变，"社会主义失败论""历史终结论"一度甚嚣尘上，"中国崩溃论"在国际上不绝于耳。然而中国顶住了巨大压力和挑战，没有在那场"多米诺骨牌"式的剧变中倒塌。正如邓小平同志讲的，只要中国社会主义不倒，社会主义在世界将始终站得住。中国捍卫和挽救了社会主义。

第二个历史节点：21 世纪初由国际金融危机引发的整个资本主义危机。这场危机距东欧剧变也就不到 20 年，从东欧剧变、苏联解体引发的所谓"社会主义危机"和"历史的终结"，在较短的时间内却变为"资本主义危机"和可能引起"资本主义的终结"。看似戏剧性的一幕，其实正是历史在偶然性中为必然性开辟道路的最生动体现。在这个发展过程中"历史之手"给我们的一个最大惊喜，就是在"神奇翻转"中打开了中国特色社会主义这个"看得见风景

的房间"。这标志着，世界资本主义在其发展的长周期中开始进入了一轮规模较大的衰退期，而世界社会主义总体上仍然处于东欧剧变之后的低潮，但以中国特色社会主义发展取得的巨大成就为主要依托和标志，世界社会主义进入走出低谷的谋求振兴期。中国发展和振兴了社会主义。

第三个历史节点：21世纪过了15年后，以英美等主要西方国家发生的逆全球化潮流为转折，表明资本主义对于世界的驾驭和统治能力显著下降，显得力不从心；中国则高扬起继续推进全球化的旗帜，并推动全球化朝着公平、合理的方向发展。正如习近平总书记指出的，"20年前甚至15年前，经济全球化的主要推手是美国等西方国家，今天反而是我们被认为是世界上推动贸易和投资自由化便利化的最大旗手，积极主动同西方国家形形色色的保护主义作斗争"。[①] 可以说，这是由长期以来资本主义主导的全球化开始向由社会主义主导的全球化方向转变。这对于世界社会主义发展来说也具有重要转折性意义。就是这个关键的历史时期，新时代中国特色社会主义的发展，使科学社会主义在21世纪的中国焕发出强大生机活力，成为世界社会主义走向振兴的中流砥柱。中国特色社会主义引领和塑造了21世纪社会主义。从这个意义上看，习近平新时代中国特色社会主义思想，既是马克思主义中国化的最新成果，也引领和推动了二十一世纪马克思主义的发展。

[①] 习近平：《在省部级主要领导干部学习贯彻党的十八届五中全会精神专题研讨班上的讲话》，《人民日报》2016年5月10日第3版。

习近平新时代中国特色社会主义思想是马克思主义中国化的新飞跃*

创新是改革开放的生命，理论创新是实践创新的先导。40年来，改革开放与马克思主义创新发展是相互促进、相辅相成、有机统一的历史进程。马克思主义中国化的创新成果指引改革开放的伟大实践，改革开放的伟大实践推动马克思主义中国化的理论飞跃。

在坚持和发展的有机统一中推进马克思主义中国化新飞跃。马克思主义是我们立党立国的根本指导思想，背离或放弃马克思主义，我们就会失去灵魂、迷失方向。中国特色社会主义是社会主义，不是别的什么主义。40年来，我们党始终保持清醒坚定，保持强大前进定力，既不走封闭僵化的老路，也不走改旗易帜的邪路，而是坚定不移走中国特色社会主义道路。同时坚持解放思想、实事求是、与时俱进、求真务实，勇于推进理论创新。改革开放以来特别是党的十八大以来，我们党发展马克思主义的最集中体现、最新理论成果，就是形成了习近平新时代中国特色社会主义思想，实现了马克思主义中国化的新飞跃。

在回答时代新课题中开辟马克思主义发展新境界。改革开放以来，几代中国共产党人接续回答"什么是社会主义、怎样建设社会主义""建设一个什么样的党、怎样建设党""实现什么样的发展、

---

* 原题为《必须坚持马克思主义指导地位》，发表于《求是》2018年第24期。

怎样发展"等一系列时代课题，形成了中国特色社会主义理论体系。党的十八大以来，以习近平同志为核心的党中央带领全党从理论和实践的结合上系统回答"新时代坚持和发展什么样的中国特色社会主义、怎样坚持和发展中国特色社会主义"这个重大时代课题，形成了习近平新时代中国特色社会主义思想，构建了二十一世纪马克思主义的最新理论形态。这一伟大思想，科学回答时代之问、人民之问，进一步深化了对共产党执政规律、社会主义建设规律、人类社会发展规律的认识，为发展马克思主义做出了原创性贡献。

立足中国实际，继续坚持和发展马克思主义。世界每时每刻都在发生变化，中国也每时每刻在发生变化，时代变化和我国发展的广度和深度远远超出了马克思主义经典作家的想象。这就要求我们必须在理论上跟上时代，不断认识规律，不断推进理论创新、实践创新、制度创新、文化创新以及其他各方面创新。习近平总书记指出："新中国成立以来特别是改革开放以来，中国发生了深刻变革，置身这一历史巨变之中的中国人更有资格、更有能力揭示这其中所蕴含的历史经验和发展规律，为发展马克思主义做出中国的原创性贡献。"我们要坚持用马克思主义基本原理观察时代、解读时代、引领时代，强化问题意识、时代意识、战略意识，及时总结党领导人民创造的新鲜经验，用鲜活丰富的当代中国实践推动马克思主义发展，以更加宽阔的眼界审视马克思主义在当代发展的现实基础和实践需要，继续发展二十一世纪马克思主义、当代中国马克思主义，使马克思主义放射出更加灿烂的真理光芒。

习近平对"三大规律"认识的深化[*]

党的十八大以来,党中央提出的一系列治国理政新理念新思想新战略,是在顺应时代发展潮流、适应实践发展需要、破解现实发展难题的基础上形成的科学理论体系,不仅在理论上深化了对共产党执政规律、社会主义建设规律、人类社会发展规律的认识,而且在实践上为推进改革开放和社会主义现代化建设提供了科学的理论指导。

对共产党执政规律认识的深化

习近平总书记指出:"党和人民事业发展到什么阶段,党的建设就要推进到什么阶段。这是加强党的建设必须把握的基本规律。"以习近平同志为代表的中国共产党人创造性地坚持治国理政与治党建党有机统一,坚定不移推进全面从严治党,从而深化了对共产党执政规律的认识。

强调坚定理想信念,深化对共产党执政使命和奋斗目标的认识。习近平总书记反复强调"革命理想高于天",理想信念是共产党人

---

[*] 原题为《对"三大规律"认识的深化——学习习近平总书记治国理政的重要论述》,发表于《求是》2016年第16期,编辑时有删改。

"安身立命的根本""政治灵魂""精神上的钙"。理想信念动摇是最危险的动摇，理想信念滑坡是最危险的滑坡。一个政党的衰落，往往从理想信念的丧失或缺失开始。我们党是否坚强有力，既要看全党在理想信念上是否坚定不移，更要看每一位党员在理想信念上是否坚定不移，必须保持全党在理想追求上的政治定力，自觉做共产主义远大理想和中国特色社会主义共同理想的坚定信仰者、忠实实践者。习近平总书记强调："坚定的理想信念，必须建立在对马克思主义的深刻理解之上，建立在对历史规律的深刻把握之上。"① 共产党人有了坚定的理想信念，就能"牢牢占据推动人类社会进步、实现人类美好理想的道义制高点"。这些重要论述，深化了对共产党执政使命和奋斗目标的认识。

推进党风廉政建设和反腐败斗争，深化对共产党性质和执政宗旨的认识。一是从跳出历史周期率的高度强调牢记党的性质和宗旨的极端重要性。"我们党的宗旨是全心全意为人民服务。只要我们始终坚持党的性质和宗旨，不变色，不变质，就一定能够跳出这个历史周期率。"二是指出作风问题核心是党同人民群众的关系问题。如果不坚决纠正不良风气，任其发展下去，"就会像一座无形的墙把我们党和人民群众隔开，我们党就会失去根基、失去血脉、失去力量"。② 三是从党和国家生死存亡的高度认识反腐败斗争的极端重要性。我们党作为执政党，面临的最大威胁就是腐败。"真反腐败不仅不会亡党，而且能增强党自我净化、自我完善、自我革新、自我提高能力，保持党同人民群众的血肉联系，使我们党更加坚强、更有力量。"

加强纪律建设和制度建设，深化对共产党执政方式和执政途径的认识。一是将加强纪律建设作为全面从严治党的治本之策。"党面

---

① 习近平：《在庆祝中国共产党成立95周年大会上的讲话》，《人民日报》2016年7月2日第2版。

② 习近平：《更加科学有效地防治腐败　坚定不移把反腐倡廉建设引向深入》，《人民日报》2013年1月23日第1版。

临的形势越复杂、肩负的任务越艰巨,就越要加强纪律建设,越要维护党的团结统一,确保全党统一意志、统一行动、步调一致前进。"二是遵守以政治纪律为根本的"六大纪律"。党的纪律涉及党内生活各个方面,包括政治纪律、组织纪律、廉洁纪律、群众纪律、工作纪律、生活纪律。政治纪律是最重要、最根本、最关键的纪律,是遵守党的全部纪律的重要基础。三是用制度治党、管权、治吏。制度问题更带有根本性、全局性、稳定性、长期性,党要管党、从严治党,必须有坚强的制度作保证。

加强和改善党的领导,深化对党的领导核心地位的认识。办好中国的事,关键在党;全面从严治党,核心是加强党的领导。一是提出关于党的领导"两个最"的重要论断。即"中国特色社会主义最本质的特征是中国共产党领导,中国特色社会主义制度的最大优势是中国共产党领导"。二是强调充分发挥党的领导核心作用。"党政军民学,东西南北中,党是领导一切的。"党是最高的政治力量,各个领域、各个方面都必须坚定自觉坚持党的领导。三是提出巩固党的领导核心地位的"四个意识"。"全党同志要增强政治意识、大局意识、核心意识、看齐意识,切实做到对党忠诚、为党分忧、为党担责、为党尽责。"[①]

对社会主义建设规律认识的深化

党的十八大以来,党中央坚持科学社会主义基本原则与中国实际和时代特征相结合,不断推进实践创新、理论创新、制度创新,不断丰富中国特色社会主义的实践特色、理论特色、民族特色、时代特色,从而深化了对社会主义建设规律的认识。

---

① 习近平:《在庆祝中国共产党成立95周年大会上的讲话》,《人民日报》2016年7月2日第2版。

坚持以人民为中心的发展思想，深化了社会主义本质理论。习近平总书记指出："人民立场是中国共产党的根本政治立场，是马克思主义政党区别于其他政党的显著标志。"① 他深刻指出，带领人民创造幸福生活，是我们党始终不渝的奋斗目标；要顺应人民群众对美好生活的向往，坚持以人民为中心的发展思想；要把人民拥护不拥护、赞成不赞成、高兴不高兴、答应不答应作为衡量一切工作得失的根本标准；让人民群众有更多的获得感，做到发展为了人民、发展依靠人民、发展成果由人民共享；以促进社会公平正义、增进人民福祉为出发点和落脚点，使改革成果更多更公平惠及全体人民。这一系列重要论述，丰富发展了社会主义本质理论。

准确把握基本国情和经济发展新常态，丰富了社会主义发展阶段理论。习近平总书记多次强调，社会主义初级阶段是当代中国的最大国情、最大实际，是建设中国特色社会主义的"总依据"；三个"没有变"的基本国情判断，是谋划发展的"基本依据"。同时，也要看到我国经济社会发展每个阶段呈现出来的新特点。对于社会主义初级阶段过程中新的阶段性特征，习近平总书记不仅从政策层面提出经济发展新常态的重大判断，而且从理论层面强调"从历史长过程看，我国经济发展历程中新状态、新格局、新阶段总是在不断形成，经济发展新常态是这个长过程的一个阶段"②。这是对社会主义发展阶段理论的创新发展。

在新的历史起点上全面深化改革，提升了社会主义发展动力理论。改革开放只有进行时没有完成时。通过深化改革，使中国特色社会主义在解放和发展社会生产力、解放和增强社会活力、促进人的全面发展上比资本主义更有效率。习近平总书记指出，改革必须

---

① 习近平：《在庆祝中国共产党成立95周年大会上的讲话》，《人民日报》2016年7月2日第2版。

② 习近平：《聚焦发力贯彻五中全会精神　确保如期全面建成小康社会》，《人民日报》2016年1月19日第1版。

坚持正确方向,既不走封闭僵化的老路、也不走改旗易帜的邪路;要把完善和发展中国特色社会主义制度、推进国家治理体系和治理能力现代化作为全面深化改革的总目标,"让制度更加成熟定型,让发展更有质量,让治理更有水平,让人民更有获得感";改革既要往增添发展新动力方向前进,也要往维护社会公平正义方向前进。这一系列重要论述,丰富和发展了社会主义改革理论和发展动力理论。

推进"五位一体"总体布局和"四个全面"战略布局,完善了社会主义全面发展理论。党的十八大以来,我们党按照"五位一体"总体布局,形成和协调推进"四个全面"战略布局,这是对统筹推进"五位一体"总体布局的全面贯彻和具体深化。习近平总书记指出:"'五位一体'和'四个全面'相互促进、统筹联动,要协调贯彻好,在推动经济发展的基础上,建设社会主义市场经济、民主政治、先进文化、生态文明、和谐社会,协同推进人民富裕、国家强盛、中国美丽。"[1] 这充分体现了我国发展的总体性、全面性、协调性,标志着中国特色社会主义全面发展达到了新境界。

践行新发展理念,拓展了社会主义发展途径和发展目标理论。党的十八大以来,以习近平同志为代表的中国共产党人总结国内外发展经验教训、分析国内外发展大势,针对我国发展中的突出矛盾和问题,坚持以新发展理念引领经济发展新常态,加快转变经济发展方式、调整经济结构、提高发展质量和效益,着力推进供给侧结构性改革,推动经济更有效率、更有质量、更加公平、更可持续地发展,加快形成崇尚创新、注重协调、倡导绿色、厚植开放、推动共享的机制和环境,不断壮大我国经济实力和综合国力。这有效破解了社会主义发展路径的难题,是对社会主义发展途径和发展目标认识的重大飞跃。

---

[1] 习近平:《在庆祝中国共产党成立95周年大会上的讲话》,《人民日报》2016年7月2日第2版。

对人类社会发展规律认识的深化

党的十八大以来,党中央提出的一系列治国理政新理念新思想新战略贯穿着马克思主义世界观和方法论,为人类对更好社会制度的探索提供了"中国方案",从而深化了对人类社会发展规律的认识。

阐明人类社会历史发展的必然趋势,提出科学认识两大社会制度关系的新思想。习近平总书记以历史唯物主义的宽广视野观察社会发展趋势,明确指出:"马克思、恩格斯关于资本主义社会基本矛盾的分析没有过时,关于资本主义必然消亡、社会主义必然胜利的历史唯物主义观点也没有过时。这是社会历史发展不可逆转的总趋势。"他还强调:"必须认识到,我们现在的努力以及将来多少代人的持续努力,都是朝着最终实现共产主义这个大目标前进的。同时,必须认识到,实现共产主义是一个非常漫长的历史过程,我们必须立足党在现阶段的奋斗目标,脚踏实地推进我们的事业。"这是马克思主义"两个必然"和"两个决不会"的基本原理在当代中国的具体运用和发展。

坚持中国发展和人类社会发展的有机统一,提出促进人类社会繁荣发展的新理念。习近平总书记指出:"为人类不断做出新的更大的贡献,是中国共产党和中国人民早就做出的庄严承诺。"党中央坚持把中国发展和世界发展有机结合,既坚定不移地走中国特色社会主义道路,又把握历史大势,遵循人类社会发展规律,同时向人类社会提供丰盈鲜活的"中国智慧""中国经验""中国方案"。比如,积极参与全球治理体系建设,实施"一带一路"倡议,倡议成立亚投行,推进金砖国家新开发银行建设,等等。中国在实现自身发展的同时,也为世界贡献了"和平发展、合作发展、包容发展"的新理念。

推动形成人类命运共同体和利益共同体，提出国际秩序新原则和人类社会关系新愿景。习近平总书记指出，在当今世界，各国相互联系、相互依存的程度空前加深，越来越成为你中有我、我中有你的命运共同体。打造人类命运共同体需要坚持四项原则：各国相互尊重、平等相待；坚持合作共赢、共同发展；坚持实现共同、综合、合作、可持续的安全；坚持不同文明兼容并蓄、交流互鉴。推动形成人类命运共同体和利益共同体，向世界传递了对人类文明走向的中国判断，勾画了21世纪国际秩序和人类社会关系的理想愿景。

促进不同文明交流互鉴，提出多彩、平等、包容的新文明观。习近平总书记以深邃的历史眼光观察思考文化和文明的生成发展，提出"文明因交流而多彩，文明因互鉴而丰富"的精辟论断，并概括了人类文明的三大特点，即多彩、平等、包容。文明是多彩的，所以不应独尊某一种文明或者贬损某一种文明；文明是平等的，所以"文明没有高低、优劣之分"，"傲慢和偏见是文明交流互鉴的最大障碍"；文明是包容的，所以"就不存在什么'文明冲突'，就可以实现文明和谐"。积极倡导不同文明在交流互鉴中共同发展，共同创造丰富多彩的人类文明。唯有如此，人类社会才会有美好未来。

习近平治国理政思想的理论贡献[*]

党的十八大以来,以习近平同志为核心的中央领导集体,立足新阶段、新起点、新长征,在深入推进伟大斗争、伟大工程、伟大事业的崭新的历史创造过程中,提出了一系列治国理政新理念新思想新战略,实现了实践创新、理论创新、制度创新、文化创新以及各方面创新,形成了系统完整、逻辑严密的科学理论体系。这一科学理论体系,是中国特色社会主义理论体系的最新成果,是马克思主义在当代中国的新发展,是21世纪最鲜活的马克思主义。习近平同志提出要求:"加强对党中央治国理政新理念新思想新战略的研究阐释,提炼出有学理性的新理论,概括出有规律性的新实践。"[①] 整体来看,习近平总书记系列重要讲话和治国理政思想新理念新思想新战略,创造性地回答了"五大问题",进一步深化了对"五大规律"的认识。

---

[*] 本文发表于《红旗文稿》2017年第13期。

[①] 习近平:《结合中国特色社会主义伟大实践 加快构建中国特色哲学社会科学》,《人民日报》2016年5月18日。

围绕坚持和发展中国特色社会主义这个主题，创造性地回答了"建设什么样的中国特色社会主义制度，怎样完善发展中国特色社会主义制度"的问题，进一步深化了对中国特色社会主义规律也即社会主义建设规律的认识

在续写中国特色社会主义这篇大文章的伟大征途上，以习近平同志为核心的中国共产党人，坚持科学社会主义基本原则与中国实际和时代特征相结合，"使具有500年历史的社会主义主张在世界上人口最多的国家成功开辟出具有高度现实性和可行性的正确道路，让科学社会主义在21世纪焕发出新的蓬勃生机"。[①] 党的十八大以来，我们党紧紧围绕坚持和发展中国特色社会主义这个主题，继续拓展这条"正确道路"，进一步深化了对社会主义发展道路、发展阶段、发展战略、发展目的、根本任务、发展动力、依靠力量、领导保障等一系列重大问题的认识。中国特色社会主义的科学内涵和基本架构日益丰富完善，由道路、理论体系、制度的"三位一体"，发展为道路、理论体系、制度、文化的"四位一体"，在此基础上由"三个自信"发展到"四个自信"，并贯穿整个中国特色社会主义事业发展过程的始终。

具体地看，党的十八大以来，我们党在许多方面深化升华了社会主义基本理论、基本原则和基本经验。比如，提出坚持以人民为中心的发展思想，这是唯物史观在当代中国发展中的具体运用，是党的宗旨在发展观上的集中体现，从而提炼升华了社会主义本质理论；强调社会主义初级阶段是建设中国特色社会主义的"总依据"，

---

① 习近平：《在庆祝中国共产党成立95周年大会上的讲话》，《人民日报》2016年7月2日第2版。

同时提出三个"没有变"的谋划发展"基本依据",根据新阶段新形势又提出经济发展新常态的新的现实依据,从而丰富了社会主义发展阶段理论;在新的历史起点上全面深化改革,推进以经济体制改革为重点和牵引的"六大改革",通过新的改革,让制度更加成熟定型,让发展更有质量,让治理更有水平,让人民更有获得感,从而极大提升了社会主义发展动力理论;统筹推进"五位一体"总体布局和协调推进"四个全面"战略布局,两者相互促进、协调联动,提升发展的系统性、全面性、协调性,从而完善了社会主义全面发展理论;践行"五大发展理念",破解了社会主义发展路径的难题,拓展了社会主义发展途径和发展目标理论。

围绕治国理政这条主线,创造性地回答了"什么是治理社会主义社会,怎样治理社会主义社会"的问题,进一步深化了对治国理政规律的认识

党的十八大以来,以习近平同志为核心的党中央以宽广的世界历史眼光审视治国理政的问题,指出:"实际上,怎样治理社会主义社会这样全新的社会,在以往的世界社会主义中没有解决得很好。"[①] 马克思、恩格斯没有遇到全面治理一个社会主义国家的实践;列宁在俄国十月革命后不久就过世了,没有来得及深入探索这个问题;苏联在这个问题上进行了探索,取得了一些实践经验,但也犯下了严重错误,没有解决这个问题。对于这个问题,邓小平生前就带着强烈的忧患意识和紧迫感指出:"我们今天再不健全社会主义制度,人们就会说,为什么资本主义制度所能解决的一些问题,社会主义

---

① 习近平:《切实把思想统一到党的十八届三中全会精神上来》,《人民日报》2014年1月1日第1版。

制度反而不能解决呢？这种比较方法虽然不全面，但是我们不能因此而不加以重视。"① 从我们党治国理政历史的承继发展看，治理社会主义社会的历史实践已经走过了不平凡的历史进程。在以往的社会主义实践中，主要的历史任务是建立社会主义基本制度，并在这个基础上进行改革，现在已经有了很好的基础。今天就是在新的历史起点上把以往世界社会主义实践中"没有解决得很好"的问题进一步解决好，以治国理政的成功充分证明社会主义制度的优越性。正如习近平同志指出的："这就要靠通过不断改革创新，使中国特色社会主义在解放和发展社会生产力、解放和增强社会活力、促进人的全面发展上比资本主义制度更有效率，更能激发全体人民的积极性、主动性、创造性，更能为社会发展提供有利条件，更能在竞争中赢得比较优势，把中国特色社会主义制度的优越性充分体现出来。"②

中国特色社会主义制度是特色鲜明、富有效率的，但还不是尽善尽美、成熟定型的。今天，我们党治国理政的一项重大历史任务，就是推动中国特色社会主义制度更加成熟、更加定型，为党和国家事业发展、为人民幸福安康、为社会和谐稳定、为国家长治久安提供一整套更完备、更稳定、更管用的制度体系，不断提高运用中国特色社会主义制度有效治理国家的能力。全面深化改革不是权宜之计，而是谋长远，谋党和国家的长治久安。邓小平曾深谋远虑地指出："改革的意义，是为下一个十年和下世纪的前五十年奠定良好的持续发展的基础。没有改革就没有今后的持续发展。所以，改革不只是看三年五年，而是要看二十年，要看下世纪的前五十年。"③ 习近平同志以同样的战略视野和历史眼光审视全面深化改革和治国理

---

① 《邓小平文选》第2卷，人民出版社1994年版，第333页。
② 习近平：《切实把思想统一到党的十八届三中全会精神上来》，《人民日报》2014年1月1日第2版。
③ 《邓小平文选》第3卷，人民出版社1993年版，第131页。

政的问题，指出人无远虑，必有近忧。全面建成小康社会之后路该怎么走？如何跳出"历史周期率"、实行长期执政？如何实现党和国家长治久安？这些都是需要我们深入思考的重大问题。

党的十八大以来，我们党根据本国传统、现实国情和长期治理经验，创造性地推进治国理政事业，形成了治国理政新理念新思想新战略，创造了不同于历史上其他社会主义国家的治理模式，也不同于西方资本主义的治理模式，形成了对比于西方社会治理的独特优势，也为如何治理社会主义社会提供了成功经验，这是我们党在新的历史时期治国理政的根本特征和重要创新。当今世界出现了"中国之治"与"西方之乱"的鲜明对照，这也从一个方面反映了我们党对治国理政规律认识的进一步深化，反映了运用中国特色社会主义制度治理国家的有效性、优越性。如果说以往我们更多地从理论上根据历史规律来阐释社会主义制度的优越性，那么21世纪我们则必须运用高于和好于资本主义制度的经济效率与治国理政能力，来真真切切地展现社会主义制度的优越性，这是中国特色社会主义对人类社会发展和制度文明做出的巨大历史贡献。

围绕实现中国民族伟大复兴中国梦这个目标，创造性地回答了"建设一个什么样的社会主义现代化强国，怎样建设社会主义现代化强国"的问题，进一步深化了对社会主义现代化建设规律的认识

实现中华民族伟大复兴，就是实现社会主义现代化，建设富强、民主、文明、和谐的社会主义现代化国家。习近平总书记系列重要讲话和治国理政新理念新思想新战略，深刻阐明了社会主义现代化的必由之路、发展蓝图、总体布局、战略布局、发展理念、保障力量、对外关系、领导核心和科学方法，是建设社会主义现代化强国

的科学指南，为在新的历史条件下把社会主义中国建设好、发展好、治理好，由一个发展中的社会主义大国向一个社会主义现代化强国转变，提供了基本遵循。

在探索符合中国历史传统和现实国情的现代化发展道路上，中国共产党人立足本国、面向世界，既坚定不移地走自己的道路，又博采各国各地区发展道路之众长，可以说走出了一条人类历史上前所未有的现代化新路。世界各个国家和地区，不论其历史传统、社会制度、发展水平如何，都不可避免地、或早或晚地走上现代化道路。但现代化之路往哪个方向走、如何走，却有很大不同。在历史上，可以说西方国家在现代化道路先行一步，其成功经验和积极成果是对人类发展的重要贡献。但据此认为西方道路是实现现代化的唯一正确可行之路、普世之路，其他国家别无选择、必须模仿和跟随，则是错误的。况且，西方现代化道路有着固有的矛盾弊端、制度局限和历史局限。可以说2008年以来的金融危机，也是西方现代化的危机，现在西方国家的种种乱象，如贫富差距悬殊、难民危机、民粹主义泛滥、恐怖主义猖獗，逆全球化和反全球化趋势等，都标志着西方现代化之路走入了死胡同。一些亦步亦趋地追随西方、套用西方现代化模式和西方提供的方案的国家，要么陷入"中等收入陷阱"而长期停滞，要么成为依附于"中心国家"、受其控制和支配而丧失了独立性，要么在"结构性调整计划"的猛药"医治"下而陷入破产，要么在"颜色革命"中陷入政治动荡和国家分裂。

历史和现实都表明，人类发展迫切呼唤一条不同于西方现代化的另一条新道路。以民族复兴为目标的中国社会主义现代化道路，既超越了西方的现代化，也超越了历史上和现实中其他社会主义的现代化道路，走出一条包括经济现代化、政治现代化、文化现代化、社会现代化、国家治理现代化等全面的现代化道路，为人类现代化发展做出了巨大贡献。正如习近平同志所言，"当代中国的伟大社会变革，不是简单延续我国历史文化的母版，不是简单套用马克思主义经典作家设想的模板，不是其他国家社会主义实践的再版，也不是国外现代化发展的翻版"，① 而是最符合中国当今实际的、最鲜活的原版。

围绕全面从严治党这个关键，创造性地回答了"建设一个什么样的马克思主义执政党，怎样建设马克思主义执政党"的问题，进一步深化了对共产党执政规律的认识

"党和人民事业发展到什么阶段，党的建设就要推进到什么阶段。这是加强党的建设必须把握的基本规律。"改革开放以来，我们党在建设什么样的党、怎样建设党的问题上，取得了许多规律性的认识。党的十八大以来，党面临的国内外形势环境发展之快、改革发展稳定任务之重、矛盾风险挑战之多，都前所未有；党员队伍结构、思想状况发生深刻变化，党要带领全国各族人民进行具有许多新的历史特点的伟大斗争。以习近平同志为核心的党中央，以全面从严治党为主线，坚持思想建党和制度治党紧密结合，把全面从严治党纳入"四个全面"战略布局，实现了马克思主义政党治国理政与自身建设的高度统一，实现了伟大斗争、伟大工程、伟大事业的高度统一。

以习近平同志为核心的党中央，从思想、组织、作风、制度、纪律和反腐倡廉建设等各个方面，创造性回答了"建设一个什么样的马克思主义执政党，怎样建设马克思主义执政党"的问题。第一，马克思主义执政党必须有坚如磐石的理想信念。共产党人有了坚定的理想信念，就能"牢牢占据推动人类社会进步、实现

---

① 习近平：《在哲学社会科学工作座谈会上的讲话》，《人民日报》2016 年 5 月 19 日第 3 版。

人类美好理想的道义制高点"。第二，马克思主义执政党必须成为坚强领导核心。确立习近平同志为党中央的核心、全党的核心，集中贯彻了马克思主义政党关于阶级、政党、领袖、群众之关系的基本原则，为继续推进伟大斗争、伟大工程、伟大事业提供了坚强的领导保证。第三，马克思主义执政党必须旗帜鲜明地讲政治，将其作为补钙壮骨、强身健体的根本保证，作为培养自我革命勇气、增强自我净化能力、提高排毒杀菌政治免疫力的根本途径。第四，马克思主义执政党必须严明纪律和加强党内监督，恢复光大这个优良传统和独特优势，重新确立了"党的团结和统一是党的生命"的根本原则。第五，马克思主义执政党必须持续不懈地加强作风建设和反腐败，打破了所谓的"反腐败党亡，不反腐败国亡"的"两难"悖论，找到了一条跳出"历史周期率"的新路；等等。总之，习近平同志的治国理政思想，进一步深化了对马克思主义执政党的性质宗旨、历史使命、执政理念、执政基础、执政途径、根本保证等的规律性认识，是马克思主义政党建设理论的重大丰富和发展。

围绕构建人类命运共同体这个宏伟愿景，创造性地回答了"建设一个什么样的世界、怎样建设这个世界"的问题，从而深化了对人类社会发展规律的认识

中国的问题本来就是世界的问题。毛泽东在1921年谈"改造中国与世界"时，就豪迈大气地指出，"提出'世界'，所以明吾侪的主张是国际的；提出'中国'，所以明吾侪的下手处"。"中国问题本来是世界的问题，然从事中国改造不着眼及于世界改造，则所改造必为狭义，必妨碍世界。"近百年后，在中国真正走进世界舞台中心的历史时刻，习近平同志明确地表达了同样的思想，同样豪迈自

信地提出"为人类对更好社会制度的探索提供中国方案"。进入21世纪，中国的发展与人类社会的发展更加紧密地联系在一起，中国发展道路的探索创新也在为人类社会发展提供新智慧、新经验。我们党着眼于中国走到世界舞台中心的新阶段新形势，致力于为人类对更好社会制度的探索提供中国方案，在人类社会发展趋势、发展目标、发展道路等方面，在人类社会发展中建立更为合理的国际关系和国际秩序等方面，都提出了新理念和新思想，从而深化了对人类社会发展规律的认识。

当今世界处于百年未遇之大变局中。特朗普当选美国总统，暴露了西方民主政治的固有局限和无能为力；"美国优先"、英国脱欧、美国与欧洲的新矛盾新冲突等，说明西方正加剧分裂和撕裂，危机之时"各扫门前雪"，"大难临头各自飞"，充分暴露出资本帝国主义集团的本性与内部矛盾；西方金融寡头和国家为追求超额资本利润曾积极推动自己主导的经济全球化，而今同样为了各自利益而"关门砌墙"，逆全球化潮流而动，实行贸易保护主义政策。曾宣布"历史终结"的弗朗西斯·福山，深深担忧西方自由民主制度正"面临倒退"，哀叹"我们都不知道这会如何完结"。世界向何处去？人类走向何方？许多国际政治家和战略家都陷入焦虑、彷徨和迷惘之中。

在世界深刻复杂的大变局中和变动不居的大动荡中，很多人把目光投向中国。中国作为负责任的大国，发出了"中国应该对人类社会有更大的贡献，更大的担当"的时代强音，提出"让和平的薪火世代相传，让发展的动力源源不断，让文明的光芒熠熠生辉"的美好倡议，提出了构建人类命运共同体的宏伟愿景。习近平同志提出，共建人类命运共同体，各国要相互尊重、彼此包容，更要遵守全人类共同价值观，各尽所能、相互借鉴、互惠共赢。包括联合国在内的国际组织把"构建人类命运共同体"写入各种决议中，充分体现了这一宏伟理念和美好愿景已得到国际社会的普遍认同，也表明了中国对全球治理和人类社会发展的重要贡献。

构建人类命运共同体，是立足中国，面向世界，把中国发展和世界各国发展有机结合，既坚定不移地走自己的发展道路，又把握历史大势，遵循人类社会发展规律，同时向人类社会提供丰盈鲜活的"中国智慧""中国经验""中国方案"，以中国道路和发展理念引领塑造人类社会发展的新未来。习近平同志指出："解决好民族性问题，就有更强能力去解决世界性问题；把中国实践总结好，就有更强能力为解决世界性问题提供思路和方法。"[①] 坚持中国发展和人类社会发展的有机统一，提出促进人类社会繁荣发展的新理念。建设"一带一路"、组建亚投行和金砖银行，推动建设国际政治经济新秩序，积极参与全球经济治理、引导全球经济议程等。中国发展遵循"五大发展理念"，也为人类社会发展贡献了"科学发展、和平发展、包容发展、共赢发展"的新理念。倡导构建人类命运共同体，提出国际秩序新原则和人类社会关系新愿景，是我们党对当今时代"建设一个什么样的世界、如何建设这个世界"的创造性回答，其根本目的就是让世界更美好，让人民更幸福，是中国的"各美其美，美人之美，美美与共，天下大同"理念在当今世界的现实体现。总之，正如习近平总书记所说的："世界好，中国才能好；中国好，世界才更好。"

[①] 习近平：《在哲学社会科学工作座谈会上的讲话》，《人民日报》2016年5月19日第2版。

在新起点上坚持和发展中国特色社会主义[*]

党的十八大强调高举中国特色社会主义伟大旗帜，号召全党不懈探索和把握中国特色社会主义规律，奋力开拓中国特色社会主义更为广阔的发展前景。实践充分证明，中国特色社会主义是当代中国发展进步的根本方向，只有中国特色社会主义才能发展中国。深入学习和贯彻落实党的十八大精神，要求我们深入把握在新的历史起点上坚持和发展中国特色社会主义的重大意义、主要任务和基本要求。

坚持中国特色社会主义旗帜、道路、理论体系、制度的有机统一

经过改革开放30多年理论和实践探索，我们党对中国特色社会主义科学内涵的认识不断深化，对中国特色社会主义规律的把握日益深刻。党的十八大报告明确提出，在改革开放30多年一以贯之的接力探索中，我们坚定不移高举中国特色社会主义伟大旗帜，既不走封闭僵化的老路、也不走改旗易帜的邪路。中国特色社会主义道

---

[*] 本文发表于《人民日报》2012年12月14日。

路，中国特色社会主义理论体系，中国特色社会主义制度，是党和人民90多年奋斗、创造、积累的根本成就，必须倍加珍惜、始终坚持、不断发展。

在新的历史起点上坚持和发展中国特色社会主义，必须坚持"旗帜、道路、理论体系、制度"的有机统一，深入把握四者的丰富内涵及内在联系。"旗帜、道路、理论体系、制度"是紧密相连、相互依存、不可分割的统一体。一方面，旗帜是管总的，规定了道路、理论体系、制度的性质和方向，并通过它们来体现和发挥引领作用；旗帜是全党全国人民的共同信仰、共同理想、共同目标的集中表达，中国特色社会主义伟大旗帜是当代中国发展进步的旗帜，是全党全国各族人民团结奋斗的旗帜。另一方面，道路、理论体系、制度是旗帜的支撑和载体：道路是实现途径，理论体系是行动指南，制度是根本保障。中国特色社会主义道路是实现社会主义现代化和创造人民美好生活的必由之路，中国特色社会主义理论体系是指导全党全国各族人民沿着中国特色社会主义道路实现中华民族伟大复兴的科学理论，中国特色社会主义制度是当代中国发展进步的根本制度保障。举什么旗、走什么路、以什么样的理论为指导、建设什么样的制度，构成了中国特色社会主义的主要内容，共同统一于中国特色社会主义伟大实践。

不断丰富中国特色社会主义的实践特色、理论特色、民族特色、时代特色

党的十八大报告指出，我们一定要毫不动摇坚持、与时俱进发展中国特色社会主义，不断丰富中国特色社会主义的实践特色、理论特色、民族特色、时代特色。这四个特色相辅相成、紧密相连，既阐明了中国特色社会主义的基本特征，又指明了坚持和发展中国特色社会主义的根本途径。

不断丰富中国特色社会主义的实践特色，是坚持马克思主义实践观的必然要求，是一切从实际出发，积极解决改革发展中的问题的必然要求。实践的观点是马克思主义首要的基本观点。马克思主义认为，理论源于实践、指导实践，并接受实践的检验。改革开放和社会主义现代化建设的伟大实践为中国特色社会主义奠定了深厚的实践基础，并赋予其鲜明的实践品格。不断丰富中国特色社会主义的实践特色，就是要从丰富多彩的实践中、从人民群众的伟大创造中汲取营养，同时结合新的实践，在回答和解决实际问题中推动实践基础上的理论创新，始终保持中国特色社会主义的生机和活力。

不断丰富中国特色社会主义的理论特色，是坚持马克思主义科学性的必然要求，是进一步深化对中国特色社会主义规律认识的必然要求。伟大的实践孕育科学的理论，科学的理论又有力地指导伟大的实践。随着中国特色社会主义实践的不断发展，我们党的理论创新步伐不断加快。30多年来，我们党先后形成了邓小平理论、"三个代表"重要思想、科学发展观。不断丰富中国特色社会主义的理论特色，就是要继续丰富和发展中国特色社会主义理论体系，进一步深化对共产党执政规律、社会主义建设规律、人类社会发展规律的认识。

不断丰富中国特色社会主义的民族特色，是坚持马克思主义普遍性和特殊性相统一的必然要求，是深入推进马克思主义中国化的必然要求。马克思主义认为，社会主义在内容上是国际的，在实践形式上则是民族的，每个国家和民族实现社会主义的具体途径是千差万别的。改革开放以来，我们坚持中国特色社会主义道路，最根本的就是从自己的历史传统和现实国情出发，从我国所处的发展阶段出发，从本民族的实际特点和需要出发，独立自主地进行创造性实践，成功走出一条既不同于西方模式又不同于苏联模式的"中国道路"，赋予中国特色社会主义鲜明的民族特色。不断丰富中国特色社会主义的民族特色，就是要深入推进马克思主义中国化，将科学社会主义基本原则与民族特点、民族需要、民族精神、民族传统、民族风格有机结合，熔铸到实现中华民族伟大复兴的事业中。

不断丰富中国特色社会主义的时代特色，是坚持马克思主义与时俱进理论品格的必然要求，是中国特色社会主义始终保持生机活力的必然要求。马克思、恩格斯曾经说过，一切划时代的体系的真正的内容都是由于产生这些体系的那个时期的需要而形成起来的。时代在变化，实践在前进，对不断发展变化的时代和实践做出科学准确的判断和分析，使理论符合实际并指导新的实践，是时代赋予当代中国马克思主义的使命和责任。新世纪新阶段，我们党站在时代发展前列，把握时代发展脉搏和主题，认真研究和回答时代课题，形成了一系列重大战略思想和举措，强调坚持以人为本、全面协调可持续发展，提出构建社会主义和谐社会、加快生态文明建设，形成中国特色社会主义事业总体布局，着力保障和改善民生，促进社会公平正义，推动建设和谐世界，推进党的执政能力建设和先进性建设。不断丰富中国特色社会主义的时代特色，就是要继续坚持解放思想、实事求是、与时俱进、求真务实，紧跟时代步伐，不断赋予中国特色社会主义鲜活的时代内容。

大力推进中国特色社会主义实践创新、理论创新、制度创新

在新的历史起点上坚持和发展中国特色社会主义，最根本的就是高举中国特色社会主义伟大旗帜，按照党的十八大提出的建设中国特色社会主义的总依据、总布局、总任务和八项基本要求，坚持和拓展中国特色社会主义道路，坚持和丰富中国特色社会主义理论体系，坚持和完善中国特色社会主义制度，不断坚定道路自信、理论自信、制度自信，不断推进中国特色社会主义实践创新、理论创新、制度创新。

坚持和拓展中国特色社会主义道路，不断推进实践创新。始终

坚持党的基本路线不动摇，既不走封闭僵化的老路，也不走改旗易帜的邪路，毫不动摇走党和人民在长期实践中开辟的正确道路。应根据实践发展的要求，不断开拓中国特色社会主义各领域、各方面的具体发展道路，如中国特色自主创新道路、新型工业化道路、农业现代化道路，中国特色社会主义政治发展道路、文化发展道路、社会发展道路、生态文明建设道路，中国特色社会主义和平发展道路等。这些具体道路都需要我们在新的实践中继续探索和发展，从而从整体上不断丰富和发展中国特色社会主义道路的内涵。

坚持和丰富中国特色社会主义理论体系，不断推进理论创新。中国特色社会主义理论体系是改革开放历史新时期我们党形成的理论创新成果，是当代中国的马克思主义。中国特色社会主义理论体系是不断发展的开放的理论体系，具有与时俱进的理论品格。这就要求我们根据实践发展的新要求、新经验，深入研究中国特色社会主义的思想路线、发展道路、发展阶段、发展战略、根本任务、发展动力、依靠力量、国际战略、领导力量和根本目的等重大问题，不断拓展和完善中国特色社会主义经济建设、政治建设、文化建设、社会建设、生态文明建设的总体布局，深入研究并科学回答经济社会发展中的一系列重大理论和实际问题，及时总结党领导人民创造的新鲜经验，不断做出新的理论概括，永葆科学理论的旺盛生命力。科学发展观是中国特色社会主义理论体系最新成果，深入贯彻落实科学发展观，对坚持和发展中国特色社会主义具有重大现实意义和深远历史意义。

坚持和完善中国特色社会主义制度，不断推动制度创新。中国特色社会主义制度是当代中国发展进步的根本制度保障，集中体现了中国特色社会主义的特点和优势，必须毫不动摇地坚持。我们决不盲目照搬西方的经济和政治制度，也决不僵化固守不适应发展要求的一些具体制度，而是在坚持中国特色社会主义制度的前提下，以解放思想为重要法宝，以改革开放为强大动力，不断促进社会主义制度的自我完善和发展。应根据新形势新任务对制度建设提出的新要求，深化经济体制、政治体制、文化体制、社会体制以及其他各方面体制改革，不断在制度建设和创新方面迈出新步伐，积极构建系统完备、科学规范、运行有效的制度体系，促进生产关系与生产力、上层建筑与经济基础相协调，不断丰富中国特色社会主义制度的内涵，不断增强中国特色社会主义的制度优势。

决胜全面小康社会实现中国梦的行动纲领*

习近平总书记在省部级主要领导干部专题研讨班上的重要讲话，立足党和国家事业历史性变革的新起点，着眼中国特色社会主义进入新的发展阶段，科学把握我国发展的历史方位，对决胜全面小康社会、实现第一个百年目标做出新部署，对踏上建设社会主义现代化新征程、激励全党全国各族人民为实现第二个百年奋斗目标而努力发出动员令。深入学习贯彻习近平总书记重要讲话精神，就要深刻把握实现"两个一百年"奋斗目标的新形势新要求，为实现中华民族伟大复兴的中国梦继续不懈奋斗。

"两个一百年"铸就"伟大梦想"

党的十八大以来，以习近平同志为核心的党中央，带领全党全国人民续写历史辉煌篇章，顺应人民新期待，统筹推进"五位一体"总体布局，协调推进"四个全面"战略布局，贯彻新发展理念，推动我国发展不断朝着更高质量、更有效率、更加公平、更可持续的方向前进，脱贫攻坚，民生改善，人民获得感显著提升，社会全面

---

* 本文发表于《世界社会主义研究》2017年第7期。

进步，各项事业欣欣向荣，全面建成小康社会取得巨大成绩，再过三年，第一个百年目标胜利实现"小康社会"这一自古至今、代代憧憬的美好期盼，在当代中国共产党人和中国人民的手中变成了活生生的现实。

我们党在不同历史时期，总是根据人民意愿和事业发展需要，提出富有感召力的奋斗目标，团结带领人民为之奋斗。回顾历史，"两个一百年"目标是几代中国共产党人带领全国人民在致力于民族复兴的伟大历史创造中形成和完善的。以毛泽东同志为代表的中国共产党人带领全国人民经过浴血奋战成立新中国，使中华民族站起来。新中国成立后，毛泽东提出要使中国变成富强的国家，需要五十到一百年的时光的设想和"四个现代化"的宏伟目标。新中国建设的巨大成就，为国家发展和百年目标的确立与逐步实现奠定了制度基础、物质基础和各方面准备。改革开放新时期，以邓小平同志为代表的中国共产党人正式确立了 20 世纪末翻两番实现小康社会的战略目标，并提出"三步走"的战略设想。在近 40 年改革开放伟大奋斗历程中，"两个一百年"奋斗目标逐步确立和不断完善。党的十六大提出 21 世纪头 20 年全面建设惠及十几亿人口的更高水平的小康社会的目标，党的十七大提出了全面建设小康社会的新要求，党的十八大做出全面建成小康社会的新部署。中华民族在改革开放中富起来，中国人民在党的领导下稳步实现共同富裕，"两个一百年"目标始终激励人民努力、鼓舞人民奋斗、凝聚人民力量前行。

党的十八大以来，以习近平同志为核心的党中央，提出实现中华民族伟大复兴是中华民族近代以来最伟大的梦想，在新的历史起点上继续推进"两个一百年"目标的胜利实现。"两个一百年"目标与中国梦紧密联结，融合为整体宏伟目标，成为 13 亿多中国人民团结奋进的精神旗帜和鲜明指引。伟大梦想与伟大斗争、伟大工程、伟大事业相互促进、相辅相成，"四个伟大"一体推进和实现，铸就党和国家事业的新辉煌。党的十八大以来砥砺奋进的五年，"两个一百年"奋斗目标具体清晰地展现实现中国梦的现实方向、战略步骤、重大任务，扎实推进、成效显著，人民获得最多、共享最广，国家强盛、社会进步，中华民族实现了从站起来、富起来到强起来的历史性飞跃，伟大梦想在伟大实践中铸就践行。习近平总书记豪迈自信地讲："现在，我们比历史上任何时期都更接近中华民族伟大复兴的目标，比历史上任何时期都更有信心、有能力实现这个目标。"①习近平总书记还求真务实地指出："空谈误国，实干兴邦。我们这一代共产党人一定要承前启后、继往开来，把我们的党建设好，团结全体中华儿女把我们国家建设好，把我们民族发展好，继续朝着中华民族伟大复兴的目标奋勇前进。"②

决胜全面小康社会，奋力践行庄严承诺

　　承诺既是有形的财富，又是无形的力量。习近平总书记指出，到2020年全面建成小康社会，实现第一个百年奋斗目标，是我们党向人民、向历史做出的庄严承诺。重申并宣示践行这一庄严承诺，是我们党对人民负责、对民族负责、对历史负责的集中体现。

　　党的十八大以来取得的历史性变革和历史成就，为决胜全面建成小康社会打下了坚实的基础。5年来，以习近平同志为核心的党中央，科学把握当今世界和当代中国的发展大势，顺应实践要求和人民愿望，推出一系列重大战略举措，出台一系列重大方针政策，推进一系列重大工作，解决了许多长期想解决而没有解决的难题，办成了许多过去想办而没有办成的大事。全面加强党的领导，坚定不移贯彻新发展理念，坚定不移全面深化改革，坚定不移全面推进依法治国，加强党对意识形态工作的领导，坚定不移推进生态文明

---

　　① 习近平：《承前启后　继往开来　继续朝着中华民族伟大复兴目标奋勇前进》，《人民日报》2012年11月30日第1版。
　　② 同上。

建设,坚定不移推进国防和军队现代化,坚定不移推进全面从严治党。这五年的巨大成就,为全面建成小康社会提供了科学的思想引领、丰厚的物质基础、安定的社会秩序、稳固的国家安全、巨大的制度优势、坚强的领导保证,确保了如期全面建成小康社会,庄严承诺如约践行。

人民对美好生活的向往,就是我们党的奋斗目标。决胜全面小康社会,顺应了人民的新期待新要求。经过改革开放近40年的发展,我国社会生产力水平明显提高,人民生活显著改善,对美好生活的向往更加强烈,人民群众的需要呈现多样化多层次多方面的特点,期盼有更好的教育、更稳定的工作、更满意的收入、更可靠的社会保障、更高水平的医疗卫生服务、更舒适的居住条件、更优美的环境、更丰富的精神文化生活。决胜全面小康社会,也是我们党在新的发展阶段坚持人民至上、坚持以人民为中心的发展思想、代表最广大人民根本利益的最实际表达。

遵守并践行承诺,是发展的长久之路。习近平总书记指出,决胜全面小康社会,一定要按照党的十六大、十七大、十八大提出的全面建成小康社会各项要求,突出抓重点、补短板、强弱项,特别是要坚决打好防范化解重大风险、精准脱贫、污染防治的攻坚战,坚定不移深化供给侧结构性改革,推动经济社会持续健康发展,使全面建成小康社会得到人民认可、经得起历史检验。唯有如此,才能为实现第二个百年奋斗目标、实现民族复兴的伟大梦想奠定更加坚实的基础。

运筹第二个百年目标,踏上现代化建设新征程

第一个百年目标即将胜利实现,下一个30年我们党带领全国各族人民按照宏伟蓝图奋力实现第二个百年目标。这是实现中国梦的关键历史节点,是我国社会主义现代化建设的关键历史时期。习近

平总书记在重要讲话中提出具有全局性、战略性、前瞻性的新部署和新号召:"2020年全面建成小康社会后,我们要激励全党全国各族人民为实现第二个百年奋斗目标而努力,踏上建设社会主义现代化国家新征程,让中华民族以更加昂扬的姿态屹立于世界民族之林。"①

"不谋万世者,不足谋一时;不谋全局者,不足谋一域。"习近平总书记向全党全国人民发出的新动员令,正是从历史长远出发,从中华民族和广大人民的根本利益出发,谋划党和国家事业的继往开来和长治久安。胸怀大局、把握大势、着眼大事,是十八大以来以习近平同志为核心的党中央治国理政的一个鲜明特点。习近平总书记以全局战略视野和历史眼光审视党和国家事业发展,谋划"两个一百年"目标的承前启后、接续实现。他曾讲:"人无远虑,必有近忧。全面建成小康社会之后路该怎么走?如何跳出'历史周期率'、实行长期执政?如何实现党和国家长治久安?这些都是需要我们深入思考的重大问题。"② 在事关中国特色社会主义事业前途命运的党的十九大即将召开之际,以习近平同志为核心的党中央统筹谋划"两个一百年"目标的新战略新部署,制定新的行动纲领,体现了我们党的历史担当、为民情怀,也体现了我们党远见卓识、运筹帷幄的政治智慧。

到21世纪中叶第二个百年目标实现之际,中华民族将以更加昂扬的姿态屹立于世界民族之林。邓小平同志曾经说,我们的改革不仅在中国,而且在国际范围内也是一种试验,我们相信会成功。如果成功了,可以对世界上的社会主义事业和不发达国家的发展提供某些经验。今天,中国开创的新的现代化道路拓展了发展中国家走

---

① 习近平:《高举中国特色社会主义伟大旗帜 为决胜全面小康社会实现中国梦而奋斗》,《人民日报》2017年7月28日第1版。

② 习近平:《关于坚持和发展中国特色社会主义的几个问题》,《求是》2019年第7期。

向现代化的途径，为解决人类问题贡献了中国智慧、提供了中国方案，具有普遍性和世界意义。正如习近平总书记曾指出的："我们坚信，随着中国特色社会主义不断发展，我们的制度必将越来越成熟，我国社会主义制度的优越性必将进一步显现，我们的道路必将越走越宽广，我国发展道路对世界的影响必将越来越大。"①

---

① 习近平：《关于坚持和发展中国特色社会主义的几个问题》，《求是》2019 年第 7 期。

科学指导伟大实践的行动指南*

"一切划时代的体系的真正的内容都是由于产生这些体系的那个时期的需要而形成起来的。"党的十九大站在历史和时代的高度，做出中国特色社会主义进入新时代的重大判断，明确提出了马克思主义中国化最新成果和我们党与时俱进的指导思想，即习近平新时代中国特色社会主义思想。我们不断增强理论自信，最重要、最根本的就是深入学习贯彻习近平新时代中国特色社会主义思想，坚持不懈地用这一崭新科学理论武装头脑、凝心聚魂，将其作为理论指引、核心内容、精神支柱和力量源泉，作为指导新实践、推动新发展的行动指南。

增强理论自信，必须充分认识习近平新时代中国特色社会主义思想的时代意义和现实意义。恩格斯说过，我们的理论"是一种历史的产物，它在不同的时代具有完全不同的形式，同时具有完全不同的内容"。我们党之所以取得革命、建设、改革的不断胜利，就在于不断推进马克思主义基本原理与时代特征和中国实际相结合，不断回答时代提出的重大课题，形成不同历史时期一脉相承又与时俱进的马克思主义中国化新成果。习近平新时代中国特色社会主义思想，是对马克思列宁主义、毛泽东思想、邓小平理论、"三个代表"重要思想、科学发展观的继承和发展，从理论和实践的结合上系统

---

* 本文发表于《中国社会科学报》2017年11月7日。

回答了新时代"坚持和发展什么样的中国特色社会主义、怎样坚持和发展中国特色社会主义"的重大时代课题,以全新的视野深化了对共产党执政规律、社会主义建设规律、人类社会发展规律的认识。我们不断增强理论自信,就要深刻认识习近平新时代中国特色社会主义思想的时代性、创新性,深刻认识在当代中国坚持习近平新时代中国特色社会主义思想,就是真正坚持马克思主义、真正坚持社会主义,深刻认识并坚信习近平新时代中国特色社会主义思想是指导党和人民实现中华民族伟大复兴的正确理论。

增强理论自信,必须深刻领会习近平新时代中国特色社会主义思想的精神实质和丰富内涵。深刻领会这一党的创新理论蕴含的马克思主义立场观点方法,深刻领会贯穿其中的坚定信仰信念、鲜明人民立场、强烈历史担当、求真务实作风、勇于创新精神和科学方法论。以习近平同志为主要代表的中国共产党人坚持解放思想、实事求是、与时俱进、求真务实,坚持辩证唯物主义和历史唯物主义,紧密结合新的时代条件和实践要求,进行艰辛理论探索,形成习近平新时代中国特色社会主义思想,极大丰富发展了中国特色社会主义理论体系,实现了党的指导思想的与时俱进。深刻领会其丰富内涵,包括新时代坚持和发展中国特色社会主义的总目标、总任务、总体布局、战略布局和发展方向、发展方式、发展动力、战略步骤、外部条件、政治保证等基本问题,深刻领会其在改革发展稳定、内政外交国防、治党治国治军等各方面提出的一系列重大部署和重大举措。深刻领会这一科学理论指导下形成的新时代坚持和发展中国特色社会主义"十四个坚持"的基本方略,并全面贯彻党的基本理论、基本路线、基本方略。我们不断增强理论自信,就要深刻领会精髓实质,全面掌握丰富内涵,结合实践融会贯通。

增强理论自信,必须自觉运用习近平新时代中国特色社会主义思想指导新的伟大实践。"理论一经掌握群众,也会变成物质力量。"增强理论自信的目的,就是把崭新的科学理论转化为认识世界、改造世界的强大物质力量,更好地坚持和发展中国特色社会主义。我们要在习近平新时代中国特色社会主义思想的科学指引下，进行伟大斗争、建设伟大工程、推进伟大事业、实现伟大梦想，将其贯彻到统筹推进"五位一体"总体布局和协调推进"四个全面"战略布局的全过程，贯彻到决胜全面建成小康社会、全面建设社会主义现代化强国的全过程，贯彻到全面从严治党、不断提高党的执政能力和领导水平的全过程，贯彻到全体人民创造美好生活、实现共同富裕的全过程，贯彻到我国日益走近世界舞台中央、为解决人类问题贡献中国智慧和中国方案的全过程。

开辟治国理政新境界的马克思主义光辉著作[*]

在全党全国人民掀起深入学习贯彻党的十九大精神热潮之际，《习近平谈治国理政》第二卷正式出版发行，这是党和国家政治生活中的一件大事，对于我们全面深刻掌握党的十九大精神，掌握习近平新时代中国特色社会主义思想的发展脉络、主要内容、精神实质和丰富内涵，具有重大的政治意义、理论意义和实践意义。这部重要著作，同第一卷共同形成了系统丰富的思想理论整体，集中反映了习近平同志领导中国共产党推动中国特色社会主义进入新时代的大思路、大战略、大智慧，是一部闪耀着马克思主义真理光芒的纲领性文献。

这部著作集中体现了以习近平同志为主要代表的中国共产党人对中国特色社会主义规律的认识达到前所未有的新高度

贯穿著作的鲜明主题和红线，就是坚持和发展中国特色社会主义，这是改革开放以来我们党全部理论和实践的主题，也是习近平新时代中国特色社会主义思想的核心要义。习近平同志以马克思主

---

[*] 本文发表于《人民日报》2017年11月25日。

义政治家、理论家的高超智慧和雄才大略，创造性地科学回答了在新的时代条件下"坚持和发展什么样的中国特色社会主义、怎样坚持和发展中国特色社会主义"这个时代课题，续写了中国特色社会主义的崭新篇章，从而对共产党执政规律、社会主义建设规律、人类社会发展规律的把握，达到了一个前所未有的新高度。列宁曾经指出，共产党人"如果不愿落后于实际生活，就应当在各方面把这门科学推向前进"。以习近平同志为主要代表的中国共产党人，在新的时代条件下把马克思主义推向新的发展阶段，让科学社会主义在21世纪的中国焕发出强大生机活力。这部著作，深刻回答了坚持和发展中国特色社会主义的总目标、总任务、总体布局、战略布局和发展方向、发展方式、发展动力、战略步骤、外部条件、政治保证等基本问题，深刻揭示了新时代中国特色社会主义的本质特征、独特优势、发展规律、建设路径、重大任务，阐明了我们要建设的是中国特色社会主义而不是其他什么主义，阐明了中国特色社会主义道路、理论、制度、文化"四位一体"的丰富内涵和始终坚定"四个自信"，阐明了在统揽"四个伟大"的新实践中坚持和发展中国特色社会主义，阐明了中国特色社会主义道路是实现中华民族伟大复兴的必由之路、指引中国人民创造美好生活的必由之路，阐明了中国共产党的领导是中国特色社会主义最本质的特征、是中国特色社会主义制度的最大优势，等等，这些重大突破和重大创新，极大地丰富了科学社会主义理论宝库，为新时代坚持和发展中国特色社会主义提供了科学理论指引。

这部著作集中体现了以习近平同志为主要代表的中国共产党人对发展马克思主义做出原创性贡献

整部著作贯穿着马克思主义与时俱进的创新精神，充分展现了习近平同志作为伟大马克思主义者勇于创新、善于创新的伟大品格。他反复强调，时代是思想之母，实践是理论之源。"今天，时代变化和我国发展的广度和深度远远超出马克思主义经典作家当时的想象"，需要我们在实践上大胆探索、在理论上不断突破。发展二十一世纪马克思主义、当代中国马克思主义，必须立足中国、放眼世界，保持与时俱进的理论品格，锲而不舍地推进马克思主义中国化时代化大众化。一方面，要立足中国实际，以我们正在做的事情为中心，不断推进马克思主义中国化。习近平同志指出："新中国成立以来特别是改革开放以来，中国发生了深刻变革，置身这一历史巨变之中的中国人更有资格、更有能力揭示这其中所蕴含的历史经验和发展规律，为发展马克思主义做出中国的原创性贡献。"另一方面，要立足时代特点，不断推进马克思主义时代化，更好运用马克思主义观察时代、解读时代、引领时代。用更加宽阔的眼界审视马克思主义在当代发展的现实基础和实践需要，吸收人类文明一切有益成果，不断创新和发展马克思主义。习近平新时代中国特色社会主义思想，既是当代中国马克思主义发展的最新成果，也是二十一世纪马克思主义发展的最集中、最丰富、最现实的体现，从而开辟了马克思主义发展新境界。

这部著作集中体现了以习近平同志为主要代表的中国共产党人为解决人类问题贡献中国智慧和中国方案

在治国理政实践中，习近平同志把中国人民的伟大梦想同世界各国人民的梦想、中国发展同世界发展紧密结合起来，提出构建人类命运共同体、实现共赢共享的中国方案，表明中国共产党始终把为人类做出新的更大的贡献作为自己的使命。在中国日益走近世界舞台中央的新时代，中国共产党明确提出为人类对更好社会制度的探索提供中国方案。中国发展道路的探索创新，在人类社会发展趋势、发展目标、发展道路等方面，在建立更为合理的国际关系、国际秩序等方面，都提出了新理念、新思想，从而深化了对人类社会发展规律的认识。我们党治国理政的新实践和新经验具有世界意义，提出的"五位一体"总体布局、"四个全面"战略布局、新发展理念、和平发展和合作共赢原则、"一带一路"倡议、构建人类命运共同体等一系列重大理念和政策主张，引起全世界关注热议、赞同认同，拓展了发展中国家走向现代化的途径，给世界上那些既希望加快发展又希望保持自身独立性的国家和民族提供了全新选择。这部著作既是中国共产党和中国人民为实现中华民族伟大复兴的中国梦而奋斗的行动指南，也是为促进人类和平与发展事业贡献中国智慧和中国方案的宝贵财富。

我们要深入学习《习近平谈治国理政》第二卷这部当代中国马克思主义的光辉著作，更加紧密地团结在以习近平同志为核心的党中央周围，坚定不移地以习近平新时代中国特色社会主义思想为指导，为坚持和发展中国特色社会主义、实现中华民族伟大复兴的中国梦而不懈奋斗。

马克思主义为什么"行"[*]

马克思主义为什么"行",既是一个基本的理论问题,又是一个重要的实践问题。习近平总书记指出:"实践证明,马克思主义的命运早已同中国共产党的命运、中国人民的命运、中华民族的命运紧紧连在一起,它的科学性和真理性在中国得到了充分检验,它的人民性和实践性在中国得到了充分贯彻,它的开放性和时代性在中国得到了充分彰显!"回答马克思主义为什么"行",要求我们从理论与实践、历史与现实的结合上,从中国共产党近百年来在马克思主义指导下,带领中国人民进行革命、建设、改革的伟大历史进程中去思考,深刻掌握马克思主义科学性、人民性、实践性、时代性的有机统一,深刻掌握习近平新时代中国特色社会主义思想是必须长期坚持和不断发展的当代中国马克思主义、二十一世纪马克思主义。

马克思主义占据真理制高点,科学回答"历史之问"。马克思主义体系严整、博大精深,它对人类的最大贡献就是"两大发现":揭示历史之谜的唯物史观和揭示资本主义之谜的剩余价值学说。这两大发现,创造性地揭示了人类社会发展的一般规律和资本主义发展的特殊规律,为人类指明了从必然王国向自由王国飞跃的途径,为人民指明了实现自由和解放的道路。正如习近平总书记指出:"在人

---

[*] 原题为《解答历史之问、人民之问、实践之问、时代之问》,发表于《光明日报》2019年8月19日。

类思想史上，就科学性、真理性、影响力、传播面而言，没有一种思想理论能达到马克思主义的高度，也没有一种学说能像马克思主义那样对世界产生了如此巨大的影响。"这是在新时代坚定理想信念、坚守初心使命的科学依据，也是继续推进马克思主义中国化、时代化、大众化的科学依据。习近平新时代中国特色社会主义思想，贯穿马克思主义立场观点方法，闪耀着马克思主义真理光辉，实现了马克思主义中国化新飞跃，是当代中国马克思主义、二十一世纪马克思主义。它的科学性和真理性，已在新时代"四个伟大"实践中，在统筹推进"五位一体"总体布局、协调推进"四个全面"战略布局中，在继续推进伟大社会革命和伟大自我革命的历史创造中得到充分证明，也必将在指引中国建成社会主义现代化强国新征程中继续得到证明。在当代中国，坚持习近平新时代中国特色社会主义思想就是真正坚持马克思主义。

马克思主义占据道义制高点，科学回答"人民之问"。人民性是马克思主义的鲜明品格。习近平总书记指出："马克思主义博大精深，归根到底就是一句话，为人类求解放。"人民是历史创造者的观点，马克思主义政党为绝大多数人民利益而奋斗的观点，坚持人的自由全面发展的观点，一切从群众中来、到群众中去的观点等，都是马克思主义人民性的具体内容。马克思主义的人民性，在习近平新时代中国特色社会主义思想中得到最新体现，在新时代坚持和发展中国特色社会主义中得到最好践行。坚持为人民谋幸福的初心使命，坚持以人民为中心的根本立场，把人民对美好生活的向往作为奋斗目标；永远保持对人民的赤子之心，秉持"我将无我，不负人民"的无私情怀；让发展成果更多更公平地惠及全体人民，朝着实现全体人民共同富裕不断迈进；坚持把人民拥护不拥护、赞成不赞成、高兴不高兴、答应不答应作为衡量一切工作得失的根本标准；坚持人民群众是历史发展和社会进步的主体力量，充分发挥广大人民群众的积极性创造性等，这些理论创新和实践创造，是当代中国共产党人对马克思主义人民性的最好贯彻。

马克思主义占据实践制高点，科学回答"实践之问"。实践的观点是马克思主义首要的、基本的观点。马克思认为，理论的真理性和现实性只能在实践中得到检验和实现："人的思维是否具有客观的真理性，这不是一个理论的问题，而是一个实践的问题。人应该在实践中证明自己思维的真理性，即自己思维的现实性和力量，自己思维的此岸性。"列宁也说："一切理论，如果它符合客观实际，那就是好的。"马克思主义不是教条而是行动的指南，不是书斋学问而是实践的理论，它之所以超越以往及同时代的各种理论，就在于为人们提供了改造世界的强大思想武器。马克思主义的实践性，集中体现为中国共产党人的思想路线，即一切从实际出发，理论联系实际，实事求是，在实践中检验真理和发展真理。习近平新时代中国特色社会主义思想坚持并弘扬马克思主义的实践品格，植根于坚持和发展中国特色社会主义伟大实践，在指导实践、推动实践中展现出强大的真理力量。正是因为坚持问题导向，以习近平同志为核心的党中央提出了一系列治国理政新理念新思想新战略，解决了许多长期想解决而没有解决的难题，办成了许多过去想办而没有办成的大事，推动党和国家事业取得历史性成就、发生历史性变革，实践创新和理论创新都达到了前所未有的高度，马克思主义在21世纪的中国展现出强大的真理力量。正如习近平总书记指出的："把坚持马克思主义和发展马克思主义统一起来，结合新的实践不断做出新的理论创造，这是马克思主义永葆生机活力的奥妙所在。"

马克思主义占据时代制高点，科学回答"时代之问"。时代性是马克思主义的鲜明特征，与时俱进是马克思主义的理论品质，是其能够永葆蓬勃生命力的根本途径。一部马克思主义发展史，就是马克思主义创始人及后继者根据时代和实践的发展而不断创新发展马克思主义的历史。正如恩格斯所说，我们的理论"是一种历史的产物，它在不同的时代具有完全不同的形式，同时具有完全不同的内容"。不同时代的马克思主义代表人物，顺应时代发展、回答时代课题，形成了既一脉相承又与时俱进的科学理论形态。党的十八大以来，以习近平同志为主要代表的中国共产党人立时代之潮头、发思想之先声，从理论和实践结合上系统回答了新时代"坚持和发展什么样的中国特色社会主义、怎样坚持和发展中国特色社会主义"这个重大时代课题，形成了习近平新时代中国特色社会主义思想，科学构建了当代中国马克思主义、二十一世纪马克思主义的最新理论形态。这一伟大思想，既是中国的也是世界的，指引着中国人民昂首迈入建设社会主义现代化强国、实现中华民族伟大复兴的新时代，指引着当代中国走近世界舞台中央、不断为人类做出更大贡献的新时代，指引着中国共产党应对世界百年未有之大变局、推动构建人类命运共同体的新时代。这是坚持用马克思主义观察时代、解读时代、引领时代的成功实践，是对马克思主义为什么"行"的最好回答，是马克思主义永葆生机活力、展现强大力量的最好证明。

中国特色社会主义为什么"好"*

新中国成立70年来，中国共产党带领中国人民在社会主义道路上砥砺奋进，书写了中华民族走向伟大复兴的壮丽史诗。改革开放以来，中国特色社会主义的开创、发展和日益完善，使具有170多年历史的科学社会主义在近14亿人口的东方大国找到了切实可行的实现路径，使古老的中国焕发出蓬勃的生机活力，并蹄疾步稳向着社会主义现代化强国的目标迈进。中国特色社会主义以其独特优势成为当代中国发展进步的根本方向，成为实现中华民族伟大复兴的必由之路。

中国特色社会主义好在"主义真"

这个主义，就是马克思主义，就是科学社会主义。恩格斯说过："我们党有个很大的优点，就是有一个新的科学的世界观作为理论的基础。"中国共产党一经成立，就把马克思主义写在自己的旗帜上，为振兴中华、建设社会主义中国而奋斗，领导中国人民成功进行新民主主义革命、社会主义革命、改革开放新的伟大革命。中国特色

---

* 原题为《当代中国发展进步的根本方向——中国特色社会主义为什么"好"》，发表于《人民日报》2019年6月6日。

社会主义的辉煌成就，深刻诠释了主义"因为真、所以好"的道理。

因为"主义真"，所以这个主义能够解决我们面临的历史性课题。在中华民族积贫积弱的年代，为了站起来，许多主义都进行过尝试。改良主义不行，资本主义也不行，最终只有马克思主义能指导中国革命，只有社会主义才能救中国，解决中华民族"站起来"的历史性课题。改革开放以来，中国共产党坚持把马克思主义基本原理与中国具体实际相结合，走自己的路，建设中国特色社会主义，创造了中国社会发展奇迹。事实证明，只有中国特色社会主义才能发展中国，解决中华民族"富起来"的历史性课题。中国特色社会主义进入新时代，我们要全面建设社会主义现代化强国，只有继续推进马克思主义中国化，坚持和发展新时代中国特色社会主义，才能实现中华民族伟大复兴，解决中华民族"强起来"的历史性课题。正是在这个主义指导下，我们比历史上任何时期都更接近中华民族伟大复兴的目标，比历史上任何时期都更有能力、有信心实现这一目标。

因为"主义真"，所以这个主义能够同我国国情和时代特征紧密结合。习近平同志指出："中国特色社会主义，既坚持了科学社会主义基本原则，又根据时代条件赋予其鲜明的中国特色。"中国特色社会主义是科学社会主义理论逻辑和中国社会发展历史逻辑的辩证统一，是植根于中国大地、反映中国人民意愿、适应中国和时代发展进步要求的科学社会主义。中国特色社会主义的鲜亮底色是科学社会主义，中国特色社会主义的胜利就是科学社会主义的胜利。

中国特色社会主义好在"道路新"

这条道路，就是中国特色社会主义道路。这是一条中国共产党带领中国人民经过长期艰苦奋斗才开辟出来的道路，是一条让当代中国大踏步赶上时代、引领时代发展的康庄大道。

中国特色社会主义道路是独立自主的创新之路。中国是有着5000多年文明史、960多万平方公里国土、近14亿人口的大国，没有哪个国家具有中国这样的国情。在这样一个大国进行革命、建设、改革，我们只能走自己的路。过去，我们也曾照搬过本本、模仿过别人，结果吃了苦头、走了弯路。事实一再证明，我们不可能依赖外部力量、跟在他人后面亦步亦趋实现强大和振兴；只有我们自己开辟的中国特色社会主义道路，才能引领中国进步、增进人民福祉。这一崭新的道路，不是简单延续我国历史文化的母版，不是简单套用马克思主义经典作家设想的模板，不是其他国家社会主义实践的再版，也不是国外现代化发展的翻版，而是中国人民独立自主创造的新版。

中国特色社会主义道路是实现全面发展之路。马克思主义坚持人民立场，以实现人的自由而全面的发展和全人类解放为己任。中国特色社会主义贯彻这一基本要求，努力实现人的全面发展、社会全面进步。走中国特色社会主义道路，就是在中国共产党领导下，立足基本国情，以经济建设为中心，坚持四项基本原则，坚持改革开放，解放和发展社会生产力，统筹推进经济建设、政治建设、文化建设、社会建设、生态文明建设，促进人的全面发展，逐步实现全体人民共同富裕，建设富强民主文明和谐美丽的社会主义现代化强国。正是走中国特色社会主义道路，让中国人民共享经济、政治、文化、社会、生态等各方面发展成果，有更多更直接更实在的获得感幸福感安全感。

中国特色社会主义好在"制度优"

这个制度，就是中国特色社会主义制度。从社会主义制度基本确立，到改革开放以来中国特色社会主义制度不断完善和发展，我国制度优势不断彰显、不断增强，为解放和发展社会生产力、解放和增强社会活力、永葆党和国家生机活力提供了有力保证。

改革开放以来尤其是党的十八大以来，我们通过全面深化改革，使中国特色社会主义各方面制度更加成熟更加定型，推动制度优势转化为治理效能。具体地讲，我国经济制度有效促进生产力发展、促进效率与公平统一，政治制度充分保障人民当家作主，文化制度推动社会主义先进文化繁荣兴盛，社会制度不断保障和改善民生，生态文明制度推动人与自然和谐共生与可持续发展。这是一套日趋系统完备、科学规范、运行有效的成功制度体系，具有独特优势，如中国共产党领导的优势，团结一切可以团结的力量的优势，强大组织动员能力和集中力量办大事的优势，促进社会公平正义的优势，有效应对重大挑战、抵御重大风险、克服重大阻力、解决重大矛盾的优势，等等。这些优势的发挥，使中国特色社会主义展现出旺盛的生机活力。

即使最苛刻的观察者也不得不承认，在中国共产党领导下，中国综合国力不断增强，人民生活水平稳步提升，在持续推进重大改革的同时实现了社会和谐稳定。改革开放之初，邓小平同志曾说："我们的制度将一天天完善起来，它将吸收我们可以从世界各国吸收的进步因素，成为世界上最好的制度。"今天，中国特色社会主义的制度优越性在实现国家富强、民族振兴、人民幸福的历史进程中获得了新的令人信服的证明。按照习近平同志的要求，我们还要"通过不断改革创新，使中国特色社会主义在解放和发展社会生产力、解放和增强社会活力、促进人的全面发展上比资本主义制度更有效率，更能激发全体人民的积极性、主动性、创造性，更能为社会发展提供有利条件，更能在竞争中赢得比较优势，把中国特色社会主义制度的优越性充分体现出来"。中国共产党和中国人民完全有信心为人类对更好社会制度的探索提供中国方案。

中国特色社会主义好在"贡献大"

这个贡献,就是不断为人类做出新的更大的贡献。这也是我们党的一贯追求。早在 20 世纪 50 年代,毛泽东同志就提出,中国应当对于人类有较大的贡献。改革开放初期,邓小平同志反复谈到中国能对人类做出贡献。中国特色社会主义进入新时代,习近平同志指出:"中国共产党始终把为人类做出新的更大的贡献作为自己的使命。"

中国的发展为世界和平发展做出巨大贡献。中国走独立自主的和平发展道路,坚定不移在和平共处五项原则基础上发展同各国的友好关系,推动建设相互尊重、公平正义、合作共赢的新型国际关系,推动构建人类命运共同体;推动各国以文明交流超越文明隔阂、以文明互鉴超越文明冲突、以文明共存超越文明优越;推动经济全球化健康发展,扎实推进"一带一路"建设,努力让"一带一路"参与国人民获得实实在在的发展红利。中国特色社会主义的成功,壮大了维护持久和平与促进繁荣发展的力量。

中国特色社会主义拓展了发展中国家走向现代化的途径,给世界上那些既希望加快发展又希望保持自身独立性的国家和民族提供了全新选择,为解决人类问题贡献了中国智慧和中国方案。中国特色社会主义以巨大的成功显示出科学社会主义的蓬勃生机活力,也使中国在世界和平发展和人类进步事业中发挥出更加积极的作用。无论国际风云如何变幻,中国维护国家主权和安全的信心和决心不会变,中国维护世界和平、促进共同发展的诚意和善意不会变。正在走向复兴的中国,继续敞开胸怀、造福世界,为世界贡献更多中国智慧、中国方案、中国力量。

新中国70年的奋斗历程、辉煌成就与历史经验[*]

1949年中华人民共和国成立，标志着中国结束了自1840年鸦片战争以来一百多年来被侵略、被奴役的屈辱历史，真正成为独立自主的国家，中国人民当家做了主人，"中华民族发展进步从此开启了新纪元！"[①]新中国70年，是中国共产党把马克思主义基本原理同中国具体实际相结合，领导人民进行中国革命、建设和改革的70年；是中国人民当家作主，真正掌握国家、社会和自己命运的70年；是中华民族迎来从站起来、富起来到强起来的伟大飞跃的70年；是开启社会主义现代化新征程建设社会主义现代化强国不断取得成功的70年；是科学社会主义在东方大国大放异彩的70年。

波澜壮阔的奋斗历程

70年来，从开启新纪元到开辟新时期，从进入新世纪到开创新

---

[*] 原题为《接续推进伟大事业 不断开辟复兴道路——新中国70年的奋斗历程、辉煌成就与历史经验》，发表于《马克思主义研究》2019年第8期，姜辉、李正华、宋月红执笔。

[①] 习近平：《在纪念毛泽东同志诞辰120周年座谈会上的讲话（2013年12月23日）》，人民出版社2013年版，第6页。

时代，中国人民在中国共产党领导下进行革命、建设和改革开放伟大事业，展开了从站起来、富起来到强起来的波澜壮阔的奋斗历程。

以毛泽东为主要代表的中国共产党人领导中国人民，建立人民当家作主政权，确立社会主义基本制度，探索中国自己的建设道路，为中华民族独立富强、自立于世界民族之林努力奋斗。

确立社会主义基本制度。新中国成立后，建立了工人阶级为领导的以工农联盟为基础的人民民主专政的国家政权，完成民主革命遗留的任务、医治战争创伤、恢复国民经济，彻底废除外国列强强加给中国的不平等条约和帝国主义在中国的一切特权，彻底结束旧中国半殖民地半封建社会的历史，彻底结束旧中国一盘散沙的局面，实现国家空前的团结统一。1954 年 9 月召开第一届全国人民代表大会，通过《中华人民共和国宪法》，用根本大法的形式，确定人民代表大会制度、中国共产党领导的多党合作和政治协商制度、民族区域自治制度三大基本政治制度。与此同时，制定党在过渡时期总路线，进行卓有成效的"一五"计划建设。开展对农业、手工业和资本主义工商业生产资料私有制的社会主义改造，用不到三年时间成功实现了由新民主主义革命向社会主义革命转变这一中国历史上最深刻最伟大的社会变革。新中国的成立，社会主义基本制度的确立，为当代中国一切发展进步奠定了根本政治前提和制度基础。

探索适合中国情况的社会主义建设道路。社会主义基本制度确立以后，中国共产党把马克思列宁主义基本原理同中国实际进行第二次结合，以苏联为鉴戒，对适合中国情况的社会主义建设道路进行了艰苦探索。1956 年 9 月，中共八大正确分析了中国社会的主要矛盾和主要任务，明确指出中国的主要矛盾，已经是人民对于建立先进的工业国的要求同落后的农业国的现实之间的矛盾，已经是人民对于经济文化迅速发展的需要同当前经济文化不能满足人民需要的状况之间的矛盾。党和国家的主要任务，就是要集中力量来解决这个矛盾，把我国尽快地从落后的农业国变为先进的工业国。① 这是探索中国社会主义建设道路迈出的重要一步。1956年、1957年毛泽东先后发表《论十大关系》《关于正确处理人民内部矛盾》两篇光辉著作，形成了探索社会主义建设的重要理论成果。1964年12月，第三届全国人大正式宣布：在不太长的历史时期内，把我国建设为一个具有现代农业、现代工业、现代国防和现代科学技术的社会主义强国，赶上和超过世界先进水平。还确定了从建立一个独立的比较完整的工业体系和国民经济体系到全面实现"四个现代化"分两步走的战略构想。虽然在探索中，社会主义建设经历了严重挫折，但是中国人民意气风发投身中国历史上从来不曾有过的热气腾腾的社会主义建设，建成了独立的比较完整的工业体系和国民经济体系。仅用20多年的时间，就走完了许多资本主义国家半个多世纪走过的路程。

争取和平安定的国际环境。为了捍卫民族独立、国家安全和为国内建设创造良好的外部环境，为了维护世界和平、促进人类的进步事业，1950年百废待兴的新中国毅然做出抗美援朝、保家卫国的决策，进行了三年的抗美援朝战争并赢得了伟大胜利。新中国坚持独立自主、反对霸权主义的方针，从实际出发，制定、调整外交政策、策略，提出和平共处五项原则，形成关于"三个世界"划分的战略思想，努力建立和发展同世界各国的友好合作关系。1971年10月25日，成功恢复中华人民共和国在联合国的一切合法权利。截至1979年1月1日，中国与包括美国在内的117个国家建立了外交关系。中国国际地位和影响力的提升，为改革开放创造了有利的条件。

以邓小平、江泽民、胡锦涛为主要代表的中国共产党人领导中国人民，开创和发展中国特色社会主义，进行改革开放伟大事业，为中华民族"富起来""强起来"努力奋斗。

---

① 参见《建国以来毛泽东文稿》第9册，中央文献出版社1996年版，第241—242页。

实现新中国成立以来具有深远意义的伟大转折。在"文革"结束后党和国家面临向何处去的重大历史关头，1978年12月党的十一届三中全会做出把党和国家工作中心转移到经济建设上来、实行改革开放的伟大决策，标志着党和国家重新确立了马克思主义的思想路线、政治路线、组织路线，结束了党的工作在徘徊中前进的局面，实现了新中国成立以来具有深远意义的伟大转折。为了进一步统一全党思想，1981年党的十一届六中全会审议通过了《关于建国以来党的若干历史问题的决议》，回顾了新中国成立以前28年的历史，对新中国成立以来32年的历史做出基本估计。根本否定了"文化大革命"这一全局性的、长时间的"左"倾严重错误，正确评价了毛泽东的历史地位，科学概括了毛泽东思想的独创性内容和活的灵魂，深刻阐述了坚持、运用和发展毛泽东思想的重要意义。《决议》的通过，标志着党的指导思想上拨乱反正历史任务的完成。为了推进现代化建设，邓小平明确提出走自己的路、建设中国特色的社会主义，做出中国处于并将长期处于社会主义初级阶段的重大判断，确定"一个中心两个基本点"为主要内容的社会主义初级阶段基本路线，制定到21世纪中叶分三步走、基本实现社会主义现代化的发展战略，科学回答建设中国特色社会主义一系列基本问题，成功开创了中国特色社会主义，为中国的发展指明了前进方向、开辟了新的道路。

"改革开放从十一届三中全会起步，十二大以后全面展开。它经历了从农村改革到城市改革，从经济体制的改革到各方面体制的改革，从对内搞活到对外开放的波澜壮阔的历史进程。"[①] 从十一届三中全会开始，以邓小平为主要代表的中国共产党人，总结新中国成立以来正反两方面的经验，解放思想、实事求是，实现全党工作中心向经济建设转移，实行改革开放。从十三届四中全会开始，以江泽民为主要代表的中国共产党人，在国内外政治风波、经济风险等

---

① 《十四大以来重要文献选编》（上），中央文献出版社2011年版，第5页。

严峻考验面前，坚持党的基本理论基本路线，确立社会主义市场经济体制的改革目标和基本框架，确立社会主义初级阶段基本经济制度和分配制度，开创改革开放新局面，引领改革开放的航船驶向21世纪。党的十六大后，以胡锦涛为主要代表的中国共产党人，顺应国内外形势发展变化，抓住重要战略机遇期，把改革创新精神贯彻到治国理政各个环节，在推动社会主义制度自我完善和发展上迈出新的重大步伐。特别是党的十四大确立社会主义市场经济体制的改革目标和基本框架后，围绕建立社会主义市场经济体制，中国出台一系列重大改革举措，加快了由计划经济体制向社会主义市场经济体制转轨的步伐。改革不断深化，开放不断扩大。

推进全面建设小康社会和祖国统一大业。中国改革开放和社会主义现代化建设事业按照1979年邓小平设想的小康目标[①]向前推进。2000年，国内生产总值达89404亿元，人均国民生产总值比1980年翻两番的任务超额完成[②]，标志着小康目标基本实现。根据新的发展要求，党的十六大确立全面建设小康社会的宏伟目标，全面推进经济建设、政治建设、文化建设、社会建设、生态文明建设，形成中国特色社会主义总体布局，积极推进实践创新、理论创新、制度创新，进一步深化改革。转变经济发展方式，解决、化解在市场化过程中遗留的各种问题，推进统筹协调发展，大幅提升经济实力。战胜突如其来的非典疫情和汶川特大地震等严重自然灾害，克服国际金融危机的冲击。以加入世界贸易组织为契机，努力开拓经济社会发展空间。着力保障和改善民生，成功举办北京奥运会、残奥会和

---

① 1979年12月6日，邓小平在会见日本首相大平正芳，回答他关于中国将来会是什么样的情况、整个现代化的蓝图如何构思时，首次提出了"小康"的概念。这时设想的"小康"目标，是到2000年实现国内生产总值比1980年翻两番，人均国民生产总值达到1000美元，人民物质文化生活总体达到小康水平。参见《邓小平年谱（1975—1997）》（上），中央文献出版社2004年版，第582页。

② 参见《十五大以来重要文献选编》（中），中央文献出版社2011年版，第754—757页。

第41届世界博览会。与此同时，扎实推进适应社会主义市场经济体制需要的社会主义民主和法治。积极推进祖国和平统一大业，坚持"一国两制"方针，先后于1997年、1999年恢复对香港、澳门行使主权。坚持一个中国原则，努力解决台湾问题。

改革开放充分激发了全国人民的积极性，解放和发展了生产力，增强了经济社会的活力和动力。2010年，国内生产总值超过日本，成为世界第二大经济体。1979—2012年，中国经济实现了年均9.8%的快速增长，创造了中外历史上经济发展的奇迹。

以习近平同志为主要代表的中国共产党人领导中国人民，高举中国特色社会主义伟大旗帜，为实现两个一百年的奋斗目标、中华民族伟大复兴的中国梦奋勇前进，不断加快中华民族"强起来"的胜利步伐。

开启中国特色社会主义新时代。党的十八大以来，以习近平同志为核心的党中央，全面审视国际国内形势，顺应实践发展新要求和人民群众新期待，坚定不移地高举改革开放旗帜，提出"两个一百年"的奋斗目标和中华民族伟大复兴的中国梦，开启决胜全面建成小康社会、全面建设社会主义现代化国家新征程。团结带领全国各族人民，统揽伟大斗争、伟大工程、伟大事业、伟大梦想，形成并积极推进经济建设、政治建设、文化建设、社会建设、生态文明建设五位一体的总体布局，形成并积极推进全面建成小康社会、全面深化改革、全面依法治国、全面从严治党的战略布局，坚持以人民为中心的发展思想，坚定中国特色社会主义的道路自信、理论自信、制度自信、文化自信，谱写坚持和发展新时代中国特色社会主义新篇章。

面对世界经济复苏乏力、局部冲突和动荡频发、全球性问题加剧的外部环境，面对中国经济发展进入新常态等一系列深刻变化，党中央迎难而上，开拓进取。统筹推进经济体制、政治体制、文化体制、社会体制、生态文明体制和党的建设制度改革，全面加强党的领导、人民当家作主、依法治国有机统一的制度建设。把改革开放作为实现"两个一百年"奋斗目标、实现中华民族伟大复兴中国梦的关键一招,奋力开拓,以前所未有的决心和勇气推进改革开放再出发。制定全面推进改革开放事业的宏伟蓝图,确立全面深化改革的总目标是完善和发展中国特色社会主义制度、推进国家治理体系和治理能力的现代化,对全面深化改革进行了总部署、总动员,展开了全面深化改革的壮阔画卷。全面推进依法治国,坚持依法治国、依法执政、依法行政共同推进,坚持法治国家、法治政府、法治社会一体建设,努力建设中国特色社会主义法治体系、建设社会主义法治国家。做出全面从严治党的新部署,坚持问题导向,勇于面对党面临的重大风险考验和党内存在的突出问题,以自我革命的勇气,全面加强党的领导和党的建设,改变管党治党宽松软状况,不断完善党内法规制度体系;以顽强意志品质正风肃纪、反腐惩恶,消除党和国家内部存在的严重隐患。

奋力推进全面建成小康社会目标的实现。根据中国发展仍处于可以大有作为的重要战略机遇期和中国经济社会发展实际,党的十八大作出了从全面建成小康社会到基本实现现代化,再到全面建成社会主义现代化强国的战略安排。提出全面建成小康社会的目标任务,扎实推进小康社会建设。统筹推进"五位一体"总体布局,坚定实施科教兴国战略、人才强国战略、创新驱动发展战略、乡村振兴战略、区域协调发展战略、可持续发展战略、军民融合发展战略,突出抓重点、补短板、强弱项,特别是坚决打好防范化解重大风险、精准脱贫、污染防治的攻坚战,奋力推进全面建成小康社会目标的实现。提出并坚定不移贯彻新发展理念,坚决端正发展观念、转变发展方式①,根据中国社会主要矛盾的新变化,从社会关注的焦点、日常生活的难点中,寻找改革的切入点,从老百姓反映最突出的教

---

① 参见习近平《决胜全面建成小康社会 夺取新时代中国特色社会主义伟大胜利——在中国共产党第十九次全国代表大会上的报告》,《人民日报》2017年10月28日第1版。

育、就业、养老、医疗等问题入手，把群众利益诉求作为努力方向，推动中国发展不断朝着更高质量、更有效率、更加公平、更可持续的方向前进①。

举世瞩目的辉煌成就

"艰难困苦，玉汝于成。"70年来，中国迎来了从站起来、富起来到强起来的伟大飞跃，实现了从落后于时代到赶上时代、引领时代的伟大跨越，完成了从世界体系边缘到世界舞台中央的华丽转身。

"实现了中华民族由近代不断衰落到根本扭转命运、持续走向繁荣富强的伟大飞跃。"② 新中国成立后，党励精图治、革故鼎新，团结带领全国各族人民，完成社会主义革命，确立社会主义基本制度，进行了社会主义建设的艰辛探索，"建立起独立的比较完整的工业体系和国民经济体系，独立研制出'两弹一星'，成为在世界上有重要影响的大国，积累起在中国这样一个社会生产力水平十分落后的东方大国进行社会主义建设的重要经验"③。新中国最初30年的社会主义革命和建设虽历经曲折，但所取得的独创性理论成果和巨大成就，为在新的历史时期开创中国特色社会主义提供了宝贵经验、理论准备和物质基础。1978年开始的改革开放这场新的伟大革命，极大激发人民群众的积极性创造性，极大解放和发展社会生产力，极大增强社会发展活力，社会主义市场经济体制不断完善，社会主义民主

---

① 参见《高举中国特色社会主义伟大旗帜　为决胜全面小康社会实现中国梦而奋斗》，《人民日报》2017年7月28日第1版。

② 习近平：《决胜全面建成小康社会　夺取新时代中国特色社会主义伟大胜利——在中国共产党第十九次全国代表大会上的报告》，人民出版社2017年版，第14页。

③ 习近平：《在纪念毛泽东同志诞辰120周年座谈会上的讲话（2013年12月23日）》，人民出版社2013年版，第8页。

法治制度不断健全，文化领域体制机制逐步完善，民生领域制度建设不断推进，生态环境保护制度框架基本形成，全面从严治党逐步实现制度化、规范化，国防和军队改革实现历史性突破。特别是党的十八大以来，"解决了许多长期想解决而没有解决的难题，办成了许多过去想办而没有办成的大事，推动党和国家事业发生历史性变革"①，取得了改革开放和社会主义现代化建设全方位的、开创性的历史性成就。

30年的筚路蓝缕，40年的接续奋斗，中国取得了辉煌成就：经济迅速发展，产品极大丰富，基础设施明显改善，人民生活总体水平显著提高，对外经济日益活跃，各项社会事业全面发展，社会和谐稳定，充满生机活力，综合国力明显增强，国际地位显著提高。以经济发展为例：国内生产总值由1952年的679亿元，增加到1978年的3645亿元、2018年的900309亿元；1952年，中国经济总量占世界的比重很小，1978年才达到1.8%，2017年提高到15%左右，1978—2018年年均经济增速达到7.2%，创造了人类历史上经济增长奇迹。2010年，国内生产总值超过日本，成为世界第二大经济体，出口超过德国，成为世界第一大出口国；2013年，进出口的贸易总量超过美国，成为世界第一大货物贸易国。② 中国革命建设改革取得的伟大胜利，从根本上改变了中国人民和中华民族的前途命运。中国人民"比历史上任何时期都更接近中华民族伟大复兴的目标"③，中华民族迎来了从站起来、富起来到强起来的伟大飞跃。

成功开辟出了一条中国特色社会主义的正确道路。新中国的历

---

① 习近平：《决胜全面建成小康社会 夺取新时代中国特色社会主义伟大胜利——在中国共产党第十九次全国代表大会上的报告》，人民出版社2017年版，第8页。

② 参见《新中国六十年统计资料汇编》，第12页；《中国统计年鉴》（2016），第66页；国家统计局网，2017年2月28日；《2017中国国民经济和社会发展统计公报》；《2018中国国民经济和社会发展统计公报》；《人民日报》2018年7月19日。

③ 习近平：《在纪念毛泽东同志诞辰120周年座谈会上的讲话（2013年12月23日）》，人民出版社2013年版，第23页。

史是一部中国共产党把马克思主义基本原理同中国实际相结合,领导和团结全国各族人民进行社会主义革命、建设、改革的创业史、奋斗史、发展史、强国史,中国人民成功开辟和拓展的中国特色社会主义道路是取得的伟大成就中最大的成就。70年来,中国共产党既坚持科学社会主义的基本原则,又坚持将马克思主义与中国实际相结合,勇于解放思想、冲破旧的思想束缚,不断在实践创新的基础上实现理论创新,丰富和发展了毛泽东思想,先后产生了邓小平理论、"三个代表"重要思想、科学发展观和习近平新时代中国特色社会主义思想等重大理论成果,回答了什么是社会主义、怎样建设社会主义,建设什么样的党、怎样建设党,实现什么样的发展、怎样发展,坚持和发展什么样的中国特色社会主义、怎样坚持和发展中国特色社会主义,这一系列重大时代课题,形成了中国特色社会主义理论体系,开辟了中国特色的社会主义道路,坚持和完善了中国特色社会主义制度,发展了中国特色社会主义文化,推动了中国社会发生历史性的最深刻的变革,创造了中国特色社会主义事业的辉煌。

中国共产党成功开辟出的科学社会主义的正确道路,既是70年来新中国取得的巨大成就,又是中国人民创造人类社会发展史上惊天动地发展奇迹的根本原因。在中国这样一个经济文化十分落后的国家探索民族复兴的现代化道路,是极为艰巨的任务。中国取得的巨大成就,是中国共产党上下求索、正确领导的结果,是全国各族人民自力更生,艰苦奋斗,奋发图强,不断克服前进中的艰难险阻的结果,更是中国特色社会主义制度优势的彰显。正是在科学社会主义的指引下,新中国迅速改变了旧中国一穷二白的面貌,开创和拓展中国特色社会主义道路,写下了中国历史上最壮丽、最华彩的篇章。

为世界和平与发展贡献了中国力量。中国改天换地70年的发展变化,不仅为中国全面建成小康社会打下了坚实基础,而且为拓展发展中国家的现代化路径提供了中国经验,为优化全球治理体系贡献了中国方案,为绘制包容共生的世界文明图景做出了中国贡献,为振兴世界社会主义注入了中国力量,为改写"国强必霸"的西方逻辑提供了中国样本,为世界经济发展和人类文明进步做出了重大贡献。中国成为世界和平建设者、全球发展贡献者、国际维护者。

比如:"中国由新民主主义走向社会主义,开创和拓展中国特色社会主义道路,使社会主义这一人类社会的美好理想在古老的中国大地上变成了具有强大生命力的成功道路和制度体系。这不仅为中华民族实现伟大复兴提供了重要制度保障,而且为人类社会走向美好未来提供了具有充分说服力的道路和制度选择。"①

又比如:中国依靠自力更生,不靠殖民掠夺,取得了旧中国和西方发达资本主义国家无法比拟的经济发展和社会进步,实现了迄今人类历史上最快速度的大规模减贫。特别是2008年下半年国际金融危机爆发,在世界主要经济体增长明显放缓甚至面临衰退的情况下,中国经济依然保持了高增速并率先回升,2013年至2017年,中国对世界经济增长的年均贡献率超过30%,超过美国、欧元区和日本贡献率的总和,居世界第一位。② 中国经济发展成为带动世界经济复苏的重要引擎,成为世界经济增长的主要稳定器和动力源。

再比如:中国以全人类福祉为目标,彰显国际主义情怀,团结一切平等待我之民族,超越意识形态分歧、价值观念差异、文明模式冲突、社会制度矛盾,摒弃丛林法则,不搞强权独霸,从首倡和平共处五项原则到"构建人类命运共同体",从提出"一国两制""搁置争议共同开发"到倡议"一带一路"等,在处理国际关系、国家统一、区域发展等重大问题上,中国不断贡献自己的智慧。

中国向世界提供了应对发展困局、破解治理难题、探索更好社会制度的中国智慧中国方案,扮演了促进世界和平与稳定的角色,

---

① 习近平:《在庆祝中华人民共和国成立65周年招待会上的讲话(2014年9月30日)》,《人民日报》2014年10月1日第2版。

② 参见《中华人民共和国2017年国民经济和社会发展统计公报》,中华人民共和国国家统计局,2018年2月28日。

受到国际社会普遍赞誉。

弥足珍贵的历史经验

新中国 70 年，建设社会主义的伟大实践广泛而深入发展，创造出十分宝贵的历史经验。

（一）必须坚持中国共产党领导，为中国人民谋幸福，为中华民族谋复兴。"共产主义者的目的是要按照共产主义者的理想，创造一个新的社会。"① 中国共产党从诞生起，就在共产主义远大理想的光辉指引下，为建设一个新的中国社会而奋斗。没有共产党，就没有新中国。党领导人民在新民主主义革命胜利的基础上建立起新中国，开辟了中华民族伟大复兴的历史新纪元；在确立社会主义基本制度的基础上开创和发展中国特色社会主义，不断把社会主义现代化建设事业推向前进。历史和人民选择了党的领导。"坚持党的领导，是党和国家的根本所在、命脉所在。"② 在中国革命、建设和改革的伟大历史进程中，党之所以能够始终不忘为中国人民谋幸福、为中华民族谋复兴的初心和使命③，是因为党除了国家、民族和人民的利益，并没有任何自己的特殊利益；党之所以能够始终成为中国人民的主心骨和中华民族的中流砥柱，始终站在时代前列，是因为党能够勇于自我革命，并通过自我革命不断实现自我超越，推动中国伟大社会革命向前发展。"中国特色社会主义最本质的特征是党的领

---

① 《中国共产党宣言》，《建党以来重要文献选编（1921—1949）》第 1 册，中央文献出版社 2011 年版，第 486 页。

② 《中国共产党第十八届中央委员会第四次全体会议文件汇编》，人民出版社 2014 年版，第 119 页。

③ 参见习近平《决胜全面建成小康社会　夺取新时代中国特色社会主义伟大胜利——在中国共产党第十九次全国代表大会上的报告》，人民出版社 2017 年版，第 1 页。

导,最大的优势也是党的领导。"① 坚持和发展中国特色社会主义,必须毫不动摇地坚持党的领导,加强和改善党的领导,不断巩固和增强党的领导和执政地位。

(二)必须坚持人民当家作主,一切为了人民,一切依靠人民。"人民是历史的创造者,群众是真正的英雄。"② 新中国成立,彻底结束了旧中国半殖民地半封建社会的历史,实现中国从几千年封建专制政治向人民民主的伟大飞跃,开启中国人民掌握自己命运、建设自己国家的伟大进程。新中国的一切权力属于人民,决定党和国家前途命运的根本力量在于人民。立党为公、执政为民。党把人民利益放在心中至高无上的地位,坚持以人民为中心的发展思想,坚持群众观点,走群众路线。在党的领导下,新中国坚持和完善人民民主专政的国体和人民代表大会制度的政体,"最广泛地动员和组织人民依法管理国家事务和社会事务、管理经济和文化事业,积极投身社会主义现代化建设,更好保障人民权益,更好保证人民当家作主"③,不断实现好、维护好和发展好最广大人民的根本利益。"人民民主是社会主义的生命。"④ 坚持和完善人民民主,必须坚持人民立场,尊重人民主体地位和首创精神,充分发挥社会主义制度的优势和特点,正确处理人民内部矛盾和各类社会矛盾,保证人民当家作主落实到国家政治生活和社会生活之中,体现到人民对自身利益的实现和发展上来,不断满足人民对美好生活的需要和向往。

(三)必须坚持走社会主义道路,牢牢把握当代中国发展进步的根本方向和前途命运。道路决定命运,道路问题是中国革命、建设

---

① 《〈关于新形势下党内政治生活的若干准则〉〈中国共产党党内监督条例〉辅导读本》,人民出版社 2016 年版,第 192 页。

② 《习近平谈治国理政》,外文出版社 2014 年版,第 5 页。

③ 《中国共产党第十八次全国代表大会文件汇编》,人民出版社 2012 年版,第 13 页。

④ 中共中央宣传部:《习近平总书记系列重要讲话读本》,学习出版社、人民出版社 2014 年版,第 76 页。

和改革的最根本的问题。只有社会主义才能救中国，只有中国特色社会主义才能发展中国。这是近代以来特别是新中国成立以来中国社会发展的必然结论和必然趋势。党坚持把科学社会主义的理论逻辑与中国社会发展的历史逻辑相统一，领导人民"坚持从我国国情出发，探索并形成了符合中国实际的新民主主义革命道路、社会主义改造和社会主义建设道路、中国特色社会主义道路"①，奠基、开创和发展中国特色社会主义伟大事业。坚定不移走社会主义道路，与时俱进拓展社会主义道路，从根本上改变了中国、中国人民和中华民族的前途命运，推动中华民族伟大复兴日益展现出光明前景。坚持和发展中国特色社会主义，"是当代中国发展进步的根本方向"。② 中国特色社会主义道路是实现社会主义现代化、创造人民美好生活的必由之路，中国特色社会主义理论体系是指导党和人民实现中华民族伟大复兴的正确理论，中国特色社会主义制度是当代中国发展进步的根本制度保障，中国特色社会主义文化是激励全党全国各族人民奋勇前进的强大精神力量。无论世界形势如何深刻变化，也无论国内外风险和考验如何纷繁复杂，推进社会主义现代化建设事业，必须始终高举中国特色社会主义伟大旗帜，坚定不移沿着中国特色社会主义道路奋勇前进。

（四）必须立足社会主义初级阶段，不断把我国建设成为富强民主文明和谐美丽的社会主义现代化国家。正确认识国家所处在的历史阶段和方位，是从国情实际出发，把我国建设成为什么样的社会主义和怎样建设社会主义的首要问题。我国从基本完成社会主义改造到基本实现社会主义现代化，处于并将长期处于社会主义初级阶段③。历史地看，从创建新中国到开始建设适合中国国情的社会主

---

① 中共中央文献研究室编：《习近平关于实现中华民族伟大复兴的中国梦论述摘编》，中央文献出版社2013年版，第25页。
② 中共中央宣传部：《习近平总书记系列重要讲话读本》，学习出版社、人民出版社2014年版，第4页。
③ 《中国共产党章程》，人民出版社2007年版，第6页。

义，再到开创和发展中国特色社会主义，国家的建设和发展无不主要源于和基于党对这一国情实际的深刻认识、判断和处理上，而超越或偏离这一历史阶段和方位，就不可避免地发生过这样或那样的失误、挫折甚至错误。"中国特色社会主义进入了新时代，这是我国发展新的历史方位"①，因而社会主要矛盾也发生了转化，但我国仍处于并将长期处于社会主义初级阶段这个基本国情和最大实际没有变。不断推进社会主义现代化建设事业，必须牢牢立足社会主义初级阶段，不断根据和适应我国社会主要矛盾的发展变化，把党和国家各项工作推向前进；必须坚持党的社会主义初级阶段基本路线不动摇，坚持把以经济建设为中心作为兴国之要，坚持把以四项基本原则作为立国之本，坚持把以改革开放作为强国之路，大力发展、协调推进社会主义物质文明、政治文明、精神文明、社会文明和生态文明建设，为把我国建设成为富强民主文明和谐美丽的社会主义现代化国家而不懈奋斗。

（五）必须坚持和深化改革开放，不断解放和发展社会生产力。社会生产力是推动人类社会发展最革命、最活跃的因素。党领导人民进行改革开放，最根本的就是要更好地解放和发展中国社会生产力，推动中国特色社会主义更加符合规律地向前发展。没有改革开放，就没有中国的今天，也就没有中国的明天。改革开放"是坚持和发展中国特色社会主义的必由之路，是决定当代中国命运的关键一招"。② 坚持改革开放，要坚持社会主义正确方向，既不走封闭僵化的老路，也不走改旗易帜的邪路。全面深化改革、不断扩大开放，必须完善和发展中国特色社会主义制度，推进国家治理体系和治理能力现代化，从而极大地促进社会生产力发展，实现国家现代化，

---

① 习近平：《决胜全面建成小康社会 夺取新时代中国特色社会主义伟大胜利——在中国共产党第十九次全国代表大会上的报告》，人民出版社2017年版，第10页。

② 习近平：《在庆祝改革开放40周年大会上的讲话》，人民出版社2018年版，第21页。

让中国人民富裕起来，振兴伟大的中华民族。"改革开放是党和人民大踏步赶上时代的重要法宝。"① 改革开放只有进行时、没有完成时。奋进中国特色社会主义新时代，必须高举新时代改革开放旗帜，把改革开放不断引向深入、进行到底，使科学社会主义在21世纪焕发出更加强大的生机活力，不断促进人的全面发展，实现全体人民共同富裕。

（六）必须坚决维护国家主权和领土完整，不断推进祖国和平统一大业。维护国家主权和领土完整，实现祖国完全统一，是中华民族根本利益所在、中华儿女共同愿望所系。新中国始终是世界和平的维护者，始终不渝走和平发展道路，加强同世界各国人民的团结，坚决反对霸权主义，也永远不称霸、不争霸。新中国坚持独立自主的对外政策，坚持互相尊重主权和领土完整、互不侵犯、互不干涉内政、平等互利、和平共处的五项原则②，发展同各国的外交关系和经济、文化交流。和平与发展是当今时代的主题。新中国以改革开放的姿态走向世界，坚持互利共赢开放战略，增进人类文明交流互鉴，推动构建人类命运共同体。新中国大力弘扬爱国主义、集体主义精神，在人民群众社会生活之中培育和践行家国情怀。新中国不断推进祖国和平统一大业，反对和抵制任何分裂国家活动，坚持"和平统一、一国两制"方针，坚决维护一个中国原则，推动两岸关系和平发展、经济社会融合发展，努力把祖国和平统一大业推向前进。

（七）必须坚持和发展平等团结互助和谐的社会主义民族关系，不断发展民族团结进步事业。新中国是统一的多民族国家，是全国各族人民共同缔造的，同时是全国各族人民共同建设和发展的。"民

---

① 习近平：《在庆祝改革开放40周年大会上的讲话》，人民出版社2018年版，第21页。

② 《十二大以来重要文献选编》（上），人民出版社1986年版，第218页。

族团结是各族人民的生命线"①，关乎国家长治久安、社会和谐稳定、人民幸福安康。新中国坚持党对民族团结进步事业的领导，确立并不断发展平等团结互助和谐的社会主义民族关系，支持和加快民族地区经济社会发展，坚持和完善民族区域自治制度，实行宗教信仰自由政策，积极引导宗教与社会主义社会相适应。全国各族人民同心同德、同心同向，不断增强对伟大祖国、中华民族、中华文化、中国共产党和中国特色社会主义的认同，巩固和发展民族团结的思想基础，铸牢中华民族共同体意识，形成守望相助的中华民族大家庭。新中国开创和发展了中国特色解决民族问题的正确道路，走出了一条中国特色民族团结之路。

（八）必须坚持全面从严治党，确保党始终成为社会主义现代化建设事业的坚强领导核心。治国必先治党，治党务必从严。坚持党要管党、从严治党，不断增强党的阶级基础，扩大党的群众基础，永葆党的先进性。把推进党的建设新的伟大工程同推进社会主义伟大事业结合起来，党和人民事业发展到什么阶段，全面从严治党就跟进到什么阶段。坚持以党的政治建设为统领，把政治建设摆在党的建设的首位。坚持思想建党和制度治党相结合②，深入推进党的建设制度改革。坚持民主集中制，完善和落实民主集中制的各项制度。坚持党管干部原则，建设高素质专业化干部队伍，不断增强执政本领、提高党的执政能力。加强和规范党内政治生活，增强党内政治生活的政治性、时代性、原则性、战斗性。坚持不懈正风肃纪，深入开展反腐败斗争，全面推进惩治和预防腐败体系建设，不断提高拒腐防变和抵御风险能力。坚持群众观点，走群众路线，始终保持党同人民群众的血肉联系，确保党始终成为立党为公、执政为民，求真务实、改革创新，艰苦奋斗、清正廉洁，富有活力、团结和谐

---

① 《十七大以来重要文献选编》（中），中央文献出版社2011年版，第684页。
② 中共中央文献研究室编：《习近平关于全面从严治党论述摘编》，中央文献出版社2016年版，第15页。

的马克思主义执政党，确保党在发展中国特色社会主义的伟大历史进程中始终成为坚强领导核心。

催人奋进的光明前景

新中国成立，开天辟地，如太阳升起在东方，以辉煌的光焰普照大地；新中国70年建设，气壮山河，古老华夏生机盎然，书写出民族独立、人民幸福、国家繁荣发展的壮丽史诗。历史车轮滚滚向前，时代潮流浩浩荡荡。党的十八大以来，在习近平新时代中国特色社会主义思想指引下，中国特色社会主义进入了新时代，中国特色社会主义道路越走越宽广，中华民族伟大复兴日益展现出催人奋进的光明前景。

中国特色社会主义伟大旗帜高高飘扬。旗帜引领方向，旗帜凝聚力量。坚持和发展中国特色社会主义，既极大发展壮大了我国社会主义现代化建设事业，又极大发展壮大了世界社会主义力量，同时丰富拓展了发展中国家走向现代化的途径。新中国70年的历史发展鲜明昭示，社会主义必然胜利是人类社会历史发展不可阻挡的总趋势，坚持和发展中国特色社会主义是当代中国社会发展进步不可动摇的前进方向。

当今世界，正如习近平同志所指出的，"尽管我们所处的时代同马克思所处的时代相比发生了巨大而深刻的变化，但从世界社会主义500年的大视野来看，我们依然处在马克思主义所指明的历史时代"[①]；当代中国，中国特色社会主义在改革开放中不断发展壮大、进入新时代，形成和确立习近平新时代中国特色社会主义思想。习近平新时代中国特色社会主义思想从理论和实践结合上系统回答新时代坚持和发展什么样的中国特色社会主义、怎样坚持和发展中国

---

① 《习近平谈治国理政》第2卷，外文出版社2017年版，第66页。

特色社会主义这一时代课题,以全新的视野深化对共产党执政规律、社会主义建设规律、人类社会发展规律的认识,实现党的指导思想的又一次与时俱进、马克思主义中国化的又一次飞跃,开辟了马克思主义新境界、中国特色社会主义新境界、治国理政新境界、管党治党新境界。① 在习近平新时代中国特色社会主义思想指引下,坚持马克思主义指导地位不动摇,坚持科学社会主义基本原则不动摇,不断赋予中国特色社会主义以鲜明的实践特色、理论特色、民族特色、时代特色,从而凝聚起中国人民、中华民族奋进中国特色社会主义新时代的磅礴力量。新征程上,中国特色社会主义伟大旗帜在中国大地高高飘扬,当代中国马克思主义、二十一世纪马克思主义必将闪耀更加灿烂的真理光芒。

全面建成小康社会必然实现。新中国从过去"一穷二白"到不久即将全面建成小康社会,从过去满目疮痍到如今繁荣发展,中国人民、中华民族迎来了从站起来、富起来到强起来的历史性飞跃。新中国70年的历史发展鲜明昭示,党领导人民进行革命建设改革,就是要让中国人民富裕起来,国家强盛起来,振兴伟大的中华民族。

全面建成小康社会,是实现中华民族伟大复兴的关键一步。党立足人民对美好生活的向往和我国发展实际,向人民、向历史做出庄严承诺,到2020年全面建成小康社会。为此,党领导全国各族人民以必胜的信心、昂扬的斗志和扎实的努力,紧紧扭住战略目标不动摇、战略举措不放松,着力解决好发展的平衡性、协调性、可持续性问题,坚决打好打赢防范化解重大风险、精准脱贫、污染防治的攻坚战,不断将决胜全面建成小康社会引向深入、推向前进。全面建成小康社会,将不仅把"小康"这一中华民族自古以来追求的理想社会状态变成活生生的现实,而且更重要的是把我国建成经济更加发展、民主更加健全、科教更加进步、社会更加和谐、人民生

---

① 刘云山:《深入学习贯彻习近平新时代中国特色社会主义思想》,《党的十九大报告辅导读本》,人民出版社2017年版,第6—7页。

活更加殷实的全面小康社会，并由此乘势而上开启全面建设社会主义现代化国家新征程，推动社会主义现代化建设从全面建成小康社会到基本实现现代化，再到把我国建成富强民主文明和谐美丽的社会主义现代化强国。全面建成小康社会，必将更好满足人民在经济、政治、文化、社会、生态等方面日益增长的需要，更好推动人的全面发展、社会全面进步。

国家治理体系和治理能力现代化深入推进。新中国以马克思主义为立党立国的指导思想，在社会主义现代化建设实践中，既从社会生产上推动实现工业、农业、国防和科学技术等的现代化，又从制度体系上推进国家治理体系和治理能力现代化，为治理好社会主义社会提供更加成熟更加定型的制度保障。新中国70年的历史发展鲜明昭示：怎样治理好社会主义社会，制度具有根本性、全局性、稳定性和深远意义。

党的十八大以来，以习近平同志为核心的党中央在接续推进改革开放和社会主义现代化建设事业中，统筹推进"五位一体"总体布局，协调推进"四个全面"战略布局，将完善和发展中国特色社会主义制度、推进国家治理体系和治理能力现代化确立为改革开放的总目标，既改革不适应实践发展要求的体制机制、法律法规，又不断构建新的体制机制、法律法规，推动中国特色社会主义制度更加成熟更加定型，努力为党和国家事业发展、人民幸福安康、社会和谐稳定、国家长治久安提供一整套"更完备、更稳定、更管用的制度体系"。[①] 在习近平新时代中国特色社会主义思想指引下，国家治理体系和治理能力必将以全面的系统的改造和改进，推动各领域改革和改进形成总体效应、取得总体效果，到2035年基本实现、再到本世纪中叶实现现代化，以更加健全完善国家治理体系及其效能，更加充分发挥中国特色社会主义制度的优越性。

---

① 中央文献研究室编：《习近平关于全面深化改革论述摘编》，中央文献出版社2014年版，第27页。

中国必将为人类社会发展进步事业做出新的更大贡献。中国的发展离不开世界，世界的发展也需要中国。新中国成立70年来，中国与世界日益紧密，中国的建设和发展在深刻改变中国人民、中华民族前途命运的同时，也深刻影响了世界历史发展进程。

中国特色社会主义进入了新时代。这个新时代，是我国日益走近世界舞台中央、不断为人类做出更大贡献的时代。当今世界正处于大发展大变革大调整时期，经济全球化深入发展、全球治理体系深刻变革。中国作为世界最大发展中国家，将始终做世界和平的建设者、全球发展的贡献者、国际秩序的维护者，积极倡导和推动形成人类命运共同体、利益共同体，同世界各国以负责任的精神同舟共济，为建设一个持久和平、普遍安全、共同繁荣、开放包容、清洁美丽的世界而共同努力奋斗①。中国人民具有伟大梦想、伟大奋斗精神，中华民族充满变革和开放精神。新时代，中国人民、中华民族精神豪迈、昂扬奋进，必将继续以改革开放的姿态走向世界，同世界各国人民一道共同推进人类和平发展进步事业，在解决人类问题中不断提供中国方案、中国智慧，在推动人类文明交流互鉴中更加彰显中国精神、中国价值和中国力量。

新中国从波澜壮阔的伟大历史进程中豪迈地走来，今天正进行着全面建成小康社会、全面建设社会主义现代化国家、实现中华民族伟大复兴的伟业。在党的坚强领导下，中国人民、中华民族必将以永不懈怠的精神状态和一往无前的奋斗姿态，奋力谱写中国特色社会主义现代化建设更加壮丽篇章，在辉煌和奋进中创造新中国更加美好的明天。

---

① 习近平：《在庆祝改革开放40周年大会上的讲话》，人民出版社2018年版，第32—34页。

为什么我们依然处在马克思主义所指明的历史时代*

习近平总书记在2017年9月29日主持第十八届中央政治局第43次集体学习时指出:"尽管我们所处的时代同马克思所处的时代相比发生了巨大而深刻的变化,但从世界社会主义500年的大视野来看,我们依然处在马克思主义所指明的历史时代。这是对马克思主义保持坚定信心、对社会主义保持必胜信念的科学依据。"① 这段具有深邃历史视野、洞悉历史发展规律、准确把握时代特征的精辟论述,为我们科学认识当今我们所处历史时代的根本性质和主要特点,正确把握人类社会发展规律和发展趋势,深刻认识中国特色社会主义"从哪里来、到哪里去",从而更好地坚持和发展新时代中国特色社会主义,发扬马克思主义与时俱进的理论品格,继续推进马克思主义中国化时代化,具有重大而深远的指导意义。

马克思主义所指明的历史时代是"从资本主义向社会主义过渡的时代"

习近平总书记强调,"我们依然处在马克思主义所指明的历史时

---

* 本文发表于《世界社会主义动态》2018年第12期。
① 《习近平谈治国理政》第2卷,外文出版社2017年版,第66页。

代"。那么，马克思主义所指明的历史时代究竟是什么样的时代呢？这首先需要从马克思主义发展史上，根据马克思主义经典作家关于历史时代的基本思想和基本观点来弄清楚这个重大问题。

马克思主义经典作家所讲的时代，主要是一个社会历史范畴。在马克思、恩格斯和列宁的著作中，都以不同角度和方式使用过"时代"这个概念。比如马克思和恩格斯的著作中，有"历史时代""革命时代""社会时代""文化时代""原始时代""史前时代""古希腊罗马时代""中世纪时代""封建时代""资产阶级时代"等表述；在列宁的著作中，使用过"宗法制时代""资产阶级民主议会制时代""无产阶级专政的时代""无产阶级政治统治的时代""帝国主义战争时代"等。总的来看，这些"时代"概念的使用，有的是指具有明显标志性的历史时期或阶段，有的是指具有明确生产关系和经济社会形态属性、鲜明阶级本质和统治方式的社会历史时期。

这里所讲的"马克思主义指明的历史时代"，主要是上述中的后者，即具有明确生产关系和经济社会形态属性、鲜明阶级本质和统治方式的社会历史时期。这样的"时代"概念，是一个总体性的、本质性的、体现社会发展规律趋势的"大的历史时代"。

所以，如何划分时代在马克思主义时代理论中是一个重要的基本问题。划分时代不是简单的时段划分，而是深入探究并判明一个具有鲜明特征的大的历史时期的根本社会性质，透过"自然时间"的现实表象找到其"历史时间"的深层本质，从而为一定历史时期的人们确立时代坐标、明确时代本质与特征、把握时代主要矛盾和发展趋势。划分时代依据的标准不同，就会有不同的时代认知。比如根据科学技术和生产工具，可以划分为石器时代、青铜器时代、铁器时代、蒸汽时代、电器时代、网络时代；从产业发展上来看，可以划分为农业时代、工业时代、后工业时代或信息时代；从经济形态上来看，可以划分为自然经济时代、商品经济时代、产品经济时代；政治上来看，可以划分为专制时代、民主时代；从文明程度来看，可以划分为蒙昧时代、野蛮时代、文明时代，等等。有的划分采用的是单一标准，有的划分采用的是复合标准；有的侧重自然属性，有的侧重社会属性；有的是从某一社会领域划分，有的则是从社会整体发展上划分。

马克思主义关于时代划分的标准基于唯物史观。马克思和恩格斯从社会历史的宏观尺度揭示人类社会发展规律，并以生产力与生产关系、经济基础与上层建筑的矛盾运动揭示时代本质及其主要矛盾、基本特征，并以此为主要标准划分不同的历史时代。这集中体现在马克思1859年撰写的《〈政治经济学批判〉序言》中一段经典论述："社会的物质生产力发展到一定阶段，便同它们一直在其中运动的现存生产关系或财产关系（这只是生产关系的法律用语）发生矛盾，于是这些关系便由生产力的发展形式变成生产力的桎梏。那时社会革命的时代就到来了。随着经济基础的变更，全部庞大的上层建筑也或快或慢地发生变革。""大体说来，亚细亚的、古希腊罗马的、封建的和现代资产阶级的生产方式可以看做是经济的社会形态演进的几个时代。"这里，马克思运用唯物史观阐明了划分时代的主要依据和根本标准，并以此划分了人类社会发展的四个阶段。随着资本主义生产方式由于其内在基本矛盾和主要矛盾的运动，资本主义形态将作为"社会生产过程的最后一个对抗形式"而必然灭亡，这样，"人类社会的史前时期就以这种社会形态而告终"[①]。马克思的论述，包含了由资本主义社会向共产主义转变的历史发展趋势。

马克思在论述不同时代的区别时，还提出了生产力发展水平和生产关系及社会关系相统一的标准的观点，特别是生产关系及社会关系对于区分不同时代的重要性。在《哲学的贫困》中，马克思就明确论述："社会关系和生产力密切相联。随着新生产力的获得，人们改变自己的生产方式，随着生产方式即谋生的方式的改变，人们

---

① 《马克思恩格斯选集》第2卷，人民出版社2012年版，第2—3页。

也就会改变自己的一切社会关系。手推磨产生的是封建主的社会，蒸汽磨产生的是工业资本家的社会。"① 他在《资本论》第一卷中又明确指出："各种经济时代的区别，不在于生产什么，而在于怎样生产，用什么劳动资料生产。劳动资料不仅是人类劳动力发展的测量器，而且是劳动借以进行的社会关系的指示器。"② 可见，马克思主义的"时代"概念不是单一的经济、科技、文化等的概念，而是政治的、社会的、历史的范畴。

列宁根据其所处的帝国主义时代的状况，比较全面、深入地阐述了时代问题。他认为，"时代"是"大的历史时代"，时代也不是某个国家或地区的个别情形，而是人类社会的整体状况和总体格局特征。尽管"每个时代都有而且总会有个别的、局部的、有时前进、有时后退的运动，都有而且总会有各种偏离运动的一般型式和一般速度的情形"，③ 但其总的方向、总的特征、总的运动过程是基本确定的，这是时代划分的基本依据。正确判明一个时代及其特征，要从社会历史发展和世界格局的整体上来把握。时代本质体现在历史和世界的总体联系及深层规律之中，时代特征就是这种整体联系和总体趋势的必然的集中体现。

列宁运用马克思主义唯物史观及时代观，以及马克思主义阶级分析方法，根据对时代问题的深入探索，还提出划分时代的阶级标准，他这样论述说："我们无法知道，一个时代的各个历史运动的发展会有多快，有多少成就。但是我们能够知道，而且确实知道，哪一个阶级是这个或那个时代的中心，决定着时代的主要内容、时代发展的主要方向、时代的历史背景的主要特点等等。"④ 因而在一定的时代中，顺应时代发展、推动时代进步的先进阶级是决定该时代

---

① 《马克思恩格斯选集》第1卷，人民出版社2012年版，第222页。
② 《马克思恩格斯全集》第44卷，人民出版社2001年版，第210页。
③ 《列宁专题文集·论资本主义》，人民出版社2009年版，第91页。
④ 同上。

发展状况、特征和趋势的重要力量。可见，列宁讲的阶级标准，实际上是马克思主义所讲的生产方式标准在阶级社会中的具体呈现。

列宁不仅深刻地阐述了时代性质及时代划分的标准，而且根据当时资本主义发展和无产阶级革命斗争的实际情况，科学分析了资本主义时代的主要矛盾、发展趋势和社会主义革命胜利的时代前景。他运用马克思主义观点科学判明时代特征，在《打着别人的旗帜》中把资本主义的发展划分为三个历史时代：第一个时代（1789—1871年），从法国大革命到普法战争，是资产阶级崛起并完全胜利的时代，是资产阶级的上升时期；第二个时代（1871—1914年），从普法战争到第一次世界大战爆发，是资产阶级取得完全统治而走向衰落的时代，是新的阶级慢慢聚集力量的时代；第三个时代（1914年之后），是帝国主义时代，是由帝国主义引起动荡的时代。他明确指出："无可争辩，我们是生活在两个时代的交界点。"① 这个新的"时代交界点"，具有了新的社会内容和阶级内容，"资产阶级从上升的、先进的阶级变成了下降的、没落的、内在死亡的、反动的阶级。现在，上升的阶级——在广阔的历史范围内——已经是全然不同的另一个阶级了"②。列宁在随后撰写的《帝国主义是资本主义的最高阶段》中，又指出垄断资本主义矛盾的尖锐化，"是从全世界金融资本取得最终胜利时开始的过渡历史时期的最强大的动力"③。这里提出了"过渡历史时期"的概念。1917年十月革命胜利后，列宁把十月革命作为分水岭，指出十月革命开辟了"两个具有世界历史意义的时代，即资产阶级时代和社会主义时代，资本家议会制度时代和无产阶级苏维埃国家制度时代的世界性交替的开始"④。这可以说是后来马克思主义文献中所讲的"从资本主义向社会主义

---

① 《列宁专题文集·论资本主义》，人民出版社2009年版，第91页。
② 同上书，第95页。
③ 同上书，第209页。
④ 《列宁全集》第36卷，人民出版社1985年版，第208页。

过渡的时代"的最早表述。

此后，在国际共产主义运动中关于时代的界定和特征，基本上按照列宁的观点和结论。斯大林在《论列宁主义基础》中提出，当今时代是帝国主义和无产阶级革命时代。1957年在莫斯科召开的12个社会主义国家共产党工人党会议上通过的《莫斯科宣言》中写道：我们时代的主要内容是"俄国十月革命开辟的从资本主义向社会主义的过渡"。这个表述，被当时各国共产党广泛认同，成为关于当今时代的最为共识，也符合历史实际的界定和结论。

习近平总书记指出，尽管我们所处的时代同马克思所处的时代相比发生了巨大而深刻的变化，但从世界社会主义500年的大视野来看，"我们依然处在马克思主义所指明的历史时代"。总的来说，习近平讲的"马克思主义指明的历史时代"，是依据马克思主义唯物史观，根据生产力和生产关系、经济基础和上层建筑辩证统一的社会基本矛盾运动，根据资本主义基本矛盾、阶级关系和阶级斗争发展的实际状况，提出的由资本主义向共产主义转变的时代，也是列宁提出的"大的历史时代"，即由十月革命开辟的"从资本主义向社会主义过渡的历史时代"。世界社会主义500年历史沧桑，国际共产主义运动170年风云变幻，世界发生巨大而深刻的变化，但时代和实践发展证明，时代性质和人类社会发展趋势没有变，我们依然处在马克思主义所指明的历史时代。

从时代本质和时代特征的辩证统一中把握当今我们所处的历史时代

马克思主义说的时代，是"大时代"概念。一个历史时代中，又可以根据不同发展阶段的时代特征和主要问题，划分为若干"小时代"。我们今天仍然处在从资本主义向社会主义过渡的"大时代"，但这个大时代中的不同发展阶段有不同的时代主题和主要矛盾。因而，这就需要从时代本质和时代特征的辩证统一中来全面准确地把握当今时代。

时代本质，就是一个时代的根本性质，集中体现在该时代占主导和统治地位的生产方式、阶级力量及社会制度性质。判断一个历史时代的性质，必须从这个时代的物质生活条件和生产方式矛盾中去探寻。正如马克思所讲的："我们判断一个人不能以他对自己的看法为根据，同样，我们判断这样一个变革时代也不能以它的意识为根据；相反，这个意识必须从物质生活的矛盾中，从社会生产力和生产关系之间的现存冲突中去解释。"① 恩格斯在《共产党宣言》英文版序言中也表达了同样的思想："每一历史时代主要的经济生产方式和交换方式以及必然由此产生的社会结构，是该时代政治的和精神的历史所赖以确立的基础，并且只有从这一基础出发，这一历史才能得到说明。"② 马克思主义讲的"大的历史时代"，就是从时代本质、根本性质的意义上来讲的。也正是在这样的最根本层次上，也就是从社会历史性质的意义上，才得出"资本主义时代""社会主义时代"这样的宏观历史概念，才得出当今时代的本质仍然是从资本主义向社会主义过渡的历史时代的科学结论。

时代特征，是指一个大的历史时代在不同发展阶段呈现的、反映和体现时代本质的，在政治、经济、文化、社会等方面集中突出表现出来的标志性的现实状况和主要特点，集中体现为时代主题、主要矛盾、主要问题、阶级关系、国际关系、世界格局以及不同社会制度发展水平及其相互关系等。比如资本主义时代中，就经历了自由资本主义、垄断资本主义、国家垄断资本主义和国际金融垄断资本主义的发展阶段，每个阶段都表现出不同的特点和特征。在从资本主义向社会主义过渡的历史时代中，两大社会制度长期共存竞争，不同历史时期具有不同的时代特点，有着不同的时代主题。比

---

① 《马克思恩格斯选集》第 2 卷，人民出版社 2012 年版，第 3 页。
② 《马克思恩格斯选集》第 1 卷，人民出版社 2012 年版，第 222 页。

如列宁把19世纪末20世纪初称为"无产阶级革命的时代"。还有在20世纪70年代之前，时代主题是"战争与革命"，80年代之后，邓小平提出的时代主题是"和平与发展"。因而可以说，我们当今时代的本质没有变，仍然是马克思主义所指明的"从资本主义向社会主义过渡的时代"，但时代主题发生了转换，即从战争与革命转变为和平与发展。

坚持时代本质和时代特征（时代主题）的统一，对于全面科学认识时代、深刻准确把握时代具有重要的现实意义和方法论意义。时代本质是根本性、决定性的，决定时代特征的总体方向、表现方式、展现程度。正确把握时代特征，要以时代本质为依据，在时代发展的宏大和长远历史背景中探究时代发展的特点和趋势。时代特征是时代本质在不同历史时期的具体表现和呈现，集中地体现为面临的时代课题、主要矛盾、历史任务和适应时代发展的战略策略。时代本质和时代特征是紧密结合、不可割裂的，只有把它们有机结合和统一起来，才能科学正确地认识时代，把握时代发展趋势和规律，才能顺应时代发展、回答时代课题，制定正确的路线方针政策。如果只看到时代的某些变化和局部特征，不从长远历史眼光和社会发展规律上正确把握时代本质，就会迷失方向，动摇信念，不能正确认识和判明时代发展趋势；如果只是一成不变地理解时代本质，教条僵化地固守信条，就不能与时俱进地把握时代脉搏、顺应时代发展潮流，不能正确回答和解决时代不断提出的新问题。因而，坚持时代本质与时代特征的结合和统一，对于正确认识我们所处的时代、制定正确的路线方针政策是至关重要的。

我们党关于时代的认识，既有许多正确的、成功的宝贵经验，也有错误的认识及教训。改革开放以来，正是因为我们党准确地判明时代本质，及时认清并实现时代主题转换，才为准确制定改革开放的路线方针政策提供了正确的思想理论基础。邓小平关于时代本质和时代主题的思想，是运用马克思主义时代理论观察世界大势、解决中国问题的典范。20世纪80年代，邓小平根据国际形势和世界格局的新变化新特点，明确提出了"和平与发展是当今世界的两大问题"，从而在党内形成了"时代主题"的思想范畴和基本共识，观察和研究时代问题也具有了时代本质与时代主题的正确区分。正是坚持了二者的有机结合，才使得走上改革开放和社会主义现代化建设之路的中国既坚持了社会主义方向，又顺应了时代发展的潮流。

邓小平首次提出"时代问题"（时代主题）是在1985年3月4日会见日本的一个访华团时讲："现在世界上真正大的问题，带全球性的战略问题，一个是和平问题，一个是经济问题或者说发展问题。和平问题是东西问题，发展问题是南北问题。概括起来，就是东西南北四个字。"① 1987年党的十三大报告提出和平与发展是当代"世界的两大问题"，1992年党的十四大报告正式提出和平与发展是当今的"时代主题"，此后历次党的代表大会报告都强调这个主题，这成为全党的长期共识。党的十九大报告仍然强调了这个时代主题："世界正处于大发展大变革大调整时期，和平与发展仍然是时代主题。"②

坚持时代本质和时代特征（时代主题）的结合，对于中国特色社会主义沿着正确方向胜利前进，具有十分重要的现实意义。坚持和平与发展的时代主题，对于我国抓住战略机遇期和历史机遇期加快发展是十分重要的。同时必须看到，时代本质仍然没有变，我们依然处在马克思主义指明的历史时代，即从资本主义向社会主义过渡的历史时代，只有这样，才能保持坚定的理想信念和社会主义必胜信心。在坚持时代本质、认清历史发展必然趋势的同时，必须顺应时代发展潮流，聆听时代声音，回答解决时代新课题。时代发展没有止境，我们必须跟上时代，引领时代。正如习近平指出的："在历史前进的逻辑中前进，在时代发展的潮流中发展。"

---

① 《邓小平文选》第3卷，人民出版社1993年版，第105页。
② 习近平：《决胜全面建成小康社会 夺取新时代中国特色社会主义伟大胜利——在中国共产党第十九次全国代表大会上的报告》，人民出版社2017年版，第58页。

总之，改革开放以来，一方面，我们始终坚持"和平与发展"的时代主题，聚精会神搞建设，一心一意谋发展，为改革开放和社会主义现代化建设创造良好的和平外部环境。紧紧抓住战略机遇期加快发展，综合国力快速提升，国际地位空前提高。另一方面，我们始终坚持时代本质不变，在国际风云变幻中保持战略定力，在历史发展的大趋势中把握时代特征的变化，在深刻把握社会发展规律中坚定"四个自信"。例如在20世纪90年代东欧剧变之后，"社会主义失败论""历史终结论"甚嚣尘上。在这历史发展的关键时刻，邓小平坚定指出社会历史发展的总趋势不可逆转，"中国的社会主义是变不了的。中国肯定要沿着自己选择的社会主义道路走到底。谁也压不住我们。只要中国不垮，世界上就有五分之一的人口在坚持社会主义。我们对社会主义的前途充满信心"①。这是基于对时代本质的深刻把握而确立的信心。同时，我们始终坚持社会主义代替资本主义是一个长期复杂的历史过程，坚持党的最高纲领和基本纲领的统一。这是坚持时代本质与时代特征（时代主题）相统一的具体体现。正如习近平阐述的那样："事实一再告诉我们，马克思、恩格斯关于资本主义基本矛盾的分析没有过时，关于资本主义必然灭亡、社会主义必然胜利的历史唯物主义观点也没有过时。这是社会历史发展不可逆转的总趋势，但道路是曲折的。"② 在世界处于大发展大变革大调整的21世纪，以习近平同志为核心的党中央把握时代发展潮流，顺应时代发展趋势，正确认识时代发展的规律和趋势，创造性坚持时代本质和时代特征的有机统一，在世界发生百年未有之大变局的历史时代，在社会主义和资本主义两种制度进行新的激烈较量的历史时期，带领中国人民走入中国特色社会主义新时代，开创了科学社会主义发展的新局面，在世界上高高举起了中国特色社会主义伟大旗帜，使新时代中国特色社会主义成为21世纪社会主义发

---

① 《邓小平文选》第3卷，人民出版社1993年版，第320—321页。
② 《十八大以来重要文献选编》（上），中央文献出版社2014年版，第117页。

展的中流砥柱，使中国特色社会主义道路、理论、制度、文化不断发展，拓展了发展中国家走向现代化的途径，给世界上那些既希望加快发展又希望保持自身独立性的国家和民族提供了全新选择，为解决人类问题贡献了中国智慧和中国方案。

在时代发展中把握社会主义与资本主义长期共存竞争的历史进程和力量对比态势

坚持时代本质和时代特征的统一，坚持理论与实际、历史与现实、国内与国际的结合，我们可以得出结论：21世纪初我们依然处在马克思主义所指明的历史时代，时代本质没有变，但呈现出不同以往的新特征。我们所处的时代仍然是马克思主义所揭示的从资本主义向社会主义过渡的历史大时代，时代的主题仍然是和平与发展，但这两个问题一个都没有根本解决，而且呈现出许多新的表现和新的特点。习近平指出："和平与发展仍然是时代主题，同时全球治理体系深刻变革，不同制度模式、发展道路深层较量和博弈。"当代资本主义是国际金融垄断阶段的帝国主义，资本主义的内在矛盾在全球范围内积累。在当今世界，和平、发展、合作、共赢仍然是时代的潮流，国际力量对比将继续朝着有利于世界和平与发展的方向发展，但人类依然面临诸多难题和挑战，维护世界和平，促进共同发展依然任重道远。需要用世界眼光和历史视野来观察研究当代资本主义的新变化新趋势，研究21世纪世界社会主义发展的新态势、新问题和新趋势，研究当前世界资本主义与世界社会主义竞争较量与力量对比的新态势，全面地、历史地观察分析时代发展新特征新走向。

2008年资本主义危机之后的时期，美国等发达资本主义国家的政治经济实力相对下降，主导世界的能力显得力不从心。东欧剧变之后形成的资本主义"历史终结"的神话破灭，"狂飙突进"的资本主义在全球发展的进攻势头发生逆转。以中国为代表的世界社会主义和以美国西欧国家为代表的世界资本主义之间的力量对比和关系格局发生了重大变化。这次较量，虽然"资强社弱"的总体格局没有根本改变，但是资本主义在竞争中明显处于守势，以中国为代表的世界社会主义力量明显上升。这次危机标志着两大社会制度的竞争、世界历史的发展都进入一个新的历史时期，具有新的态势和新的格局。

可以这样概括21世纪初世界资本主义与世界社会主义力量对比的新格局：世界资本主义在其发展的长周期中开始进入了一轮规模较大的衰退期，而世界社会主义虽然总体上仍然处于东欧剧变之后的低潮期，但以中国特色社会主义发展取得的巨大成就为主要依托和标志，开始进入了世界社会主义发展长周期的上升期。世界资本主义与世界社会主义经过近一个世纪的共存斗争、反复较量，到了21世纪初，世界资本主义经历了由衰而盛再走下坡路的过程，世界社会主义经历了由盛转衰再到上升的过程。

近30年来，世界社会主义运动经历了从东欧剧变步入低谷到21世纪初谋求振兴的过程。在每个重要的历史节点，中国特色社会主义都对世界社会主义的发展发挥了至关重要的历史转折性作用，成为世界社会主义运动的主心骨、风向标和根据地。总的来看，有三个重要历史节点非常重要：东欧剧变、资本主义危机和全球化发生波折。

第一个历史节点：20世纪80年代末90年代初，苏联解体、苏共垮台、东欧剧变，"社会主义失败论""历史终结论"一度甚嚣尘上，"中国崩溃论"在国际上不绝于耳。然而中国顶住了巨大压力和挑战，没有在那场"多米诺骨牌"式的剧变中倒塌。正如邓小平同志讲的："只要中国社会主义不倒，社会主义在世界将始终站得住。"① 中国捍卫和挽救了社会主义。

---

① 《邓小平文选》第3卷，人民出版社1993年版，第346页。

第二个历史节点：21世纪初由国际金融危机引发的整个资本主义危机。这场危机距东欧剧变也就不到20年，从东欧剧变、苏联解体引发的所谓"社会主义危机"和"历史的终结"，在较短的时间内却变为"资本主义危机"和"资本主义的终结"。同时，在这个发展过程中，中国特色社会主义取得的巨大成就，不仅把社会主义旗帜在世界上举住了、举稳了，而且把社会主义的发展推向一个崭新阶段。正如习近平指出的："特别是苏联解体、东欧剧变以后，唱衰中国的舆论在国际上不绝于耳，各式各样的'中国崩溃论'从来没有中断过。但是，中国非但没有崩溃，反而综合国力与日俱增，人民生活水平不断提高，'风景这边独好'。"① 中国发展和振兴了社会主义。

第三个历史节点：21世纪过了15年后，以英美等主要西方国家发生的逆全球化潮流为转折，表明资本主义对整个世界的驾驭和统治能力显著下降，显得力不从心；中国则高扬起继续推进全球化的旗帜，并推动全球化朝着公平、合理的方向发展。正如习近平同志指出的："20年前甚至15年前，经济全球化的主要推手是美国等西方国家，今天反而是我们被认为是世界上推动贸易和投资自由化便利化的最大旗手，积极主动同西方国家形形色色的保护主义作斗争。"② 可以说，这是由长期以来资本主义主导的全球化开始向由社会主义主导的全球化方向转变。这对于世界社会主义发展来说也具有重要转折性意义。就是这个关键的历史时期，中国特色社会主义进入新时代，意味着科学社会主义在21世纪的中国焕发出强大生机活力。中国特色社会主义成为21世纪世界社会主义发展的引领旗帜，成为世界社会主义走向振兴的中流砥柱，必将为世界社会主义和科学社会主义新发展做出更大贡献。中国引领和塑造了21世纪社会主义。

---

① 习近平：《关于坚持和发展中国特色社会主义的几个问题》，载《十八大以来重要文献选编》（上），中央文献出版社2014年版，第109—110页。

② 《习近平谈治国理政》第2卷，外文出版社2017年版，第212页。

正确把握当今时代发展的新特点新趋势，为解决人类问题贡献中国智慧和中国方案

当前，世界正处于大发展大变革大调整时期，和平与发展仍然是时代主题。世界多极化、经济全球化、社会信息化、文化多样化深入发展，全球治理体系和国际秩序变革加速推进，各国相互联系和依存日益加深，和平发展大势不可逆转。同时，世界面临的不稳定性和不确定性突出，世界经济增强动能不足，地区热点问题此起彼伏，传统安全与非传统安全问题相互交织，人类面临着许多共同的问题和挑战。

经济全球化在遭遇逆流中深度调整。经济全球化是历史发展的必然趋势，但迄今为止的经济全球化则主要是国际金融资本主导的全球化，在国际经济秩序中存在着许多不平等、不公正、不合理的现象。2008年国际金融危机的爆发，预示着发达国家主导的全球化模式和全球经济金融治理体系面临着结构性的调整。在世界经济复苏乏力的背景下，以美国为首的西方国家兴起了一股"逆全球化"浪潮，贸易保护主义、孤立主义、民粹主义滋生蔓延，世界和平与发展面临的挑战更加严峻。特别是美国总统特朗普打着"美国优先"的旗号单方面发动贸易战，更加助推了"逆全球化"恶风浊浪，经济全球化进入了深度调整期和再平衡期。中国作为世界上最大的发展中国家，也作为迈向现代化强国的社会主义大国，肩负起引领经济全球化发展的大国责任担当。

政治多极化发生内涵和外延的重大变化。21世纪初，国际政治多极化的格局正在加快形成。美欧等西方国家的实力相对衰落和衰退，以金砖国家为代表的一大批新兴市场国家和发展中国家正在群体性崛起；中国改革开放取得了巨大成就，成为国际格局中重要的力量。世界格局的深刻变化促使各大国加快战略和相互关系的调整，

特别是美国等西方国家加大战略调整力度,力争继续维持在全球的主导地位,促使国际局势更加复杂多变。各国在许多领域进行激烈的竞争博弈,但都注重利用国际机制与规则,围绕国际规则的主导权和国际话语权展开竞争。当前,热点地区冲突与争端、恐怖主义、核扩散和核安全、网络安全等传统安全威胁和非传统安全威胁相互交织,需要加强全球治理,维护世界和平、发展与共同安全。国际力量消长变化向纵深发展,国际格局和国际关系深刻演变。

新一轮科学技术革命和产业革命的竞争更为激烈。进入21世纪以来,新一轮科技革命和产业变革正在孕育兴起,全球科技创新呈现出许多新的发展态势和特征,重大科技创新重塑全球经济结构。当前,世界各主要发达国家都加快了通过科技创新寻觅新的经济增长点的步伐。新技术革命也为后发国家提供了巨大发展机遇。中国能否迎接挑战,超前布局,主要看能否在创新驱动发展上取得实实在在的进展。

思想文化和意识形态领域的斗争更加激烈,不同制度模式、发展道路和价值观的竞争较量成为主要内容。各种思想文化的交流、碰撞日趋频繁,意识形态领域的国际较量和斗争更加尖锐复杂;不同制度模式、发展道路和价值观的竞争也日益凸显,中国发展模式在竞争中被西方国家赋予更浓厚的制度竞争和意识形态竞争色彩。一些西方国家在国际文化交流中采取文化霸权主义战略,把西方国家的文化价值观和意识形态、制度模式、发展道路等作为一种"普世准则"加以推行,特别是对社会主义国家加紧进行意识形态渗透,策划发动"颜色革命"。一个国家只有切实维护本国的意识形态安全和文化安全,弘扬自己的核心价值观,探索出符合国情的制度模式和发展道路,才能在竞争中获得巨大发展。我们必须始终坚持中国特色社会主义的道路自信、理论自信、制度自信、文化自信,形成具有鲜明中国特色、明显制度优势、强大自我完善能力的先进制度,为人类对更好社会制度的探索提供中国方案。

两大社会制度竞争和斗争态势发生大变化,正发生向有利于世界社会主义振兴和中国特色社会主义发展的深刻转变。资本主义危机爆发后，世界范围内马克思主义思潮和左翼思潮与运动有所复兴和发展。国际金融危机引发欧美罢工潮和各种占领运动，社会矛盾空前激化。一些社会主义思潮也重新活跃起来。世界左翼组织和各国共产党还积极召开了各种国际会议和论坛，并以此成为展示和联合左翼力量的平台。21世纪初资本主义危机之后，世界社会主义无疑进入了一个新的发展时期，呈现出新的特点和趋势。总的来看，从21世纪初到21世纪中叶是世界社会主义进入谋求复兴和发展时期，主要特征是"四期叠加"：一是世界范围内反对和变革资本主义运动的集中开展期；二是各具特色社会主义的民族化趋势与加强协调联合的国际化趋势的并存发展期；三是中国特色社会主义成为世界社会主义的旗帜且引领示范作用的上升期；四是处于新一轮衰退期的世界资本主义与处于新一轮上升期的世界社会主义之间的竞争与博弈更趋激烈期。

习近平指出，我们看世界，不能被乱花迷眼，也不能被浮云遮眼，而要端起历史规律的望远镜去细心观望。中国共产党把握人类社会发展规律、社会主义建设规律和执政党建设规律，顺应大势方能成为时代潮流的弄潮者。面对21世纪初世界经济、政治、文化及各领域各方面发生的巨大而深刻的变化，面对处于"世界怎么了，人类向何处去"的时代之问，中国共产党基于当今时代的新形势新问题，基于中国和世界关系的深刻变化，也根据中国综合国力和国际地位的提升，提出推动构建"人类命运共同体"的中国方案。这一解决时代问题和难题的方案，既着眼于当今时代人类社会的长远发展和前途命运，也致力于解决人类社会面临的许多共同问题；既继承弘扬了马克思主义关于建立"自由人联合体"社会的理念目标，也深深融入了中国传统文化中"天下一家、世界大同"的理想社会追求，同时也是推动改变世界范围内发展不平衡不充分，解决"发展赤字""和平赤字""治理赤字"的现实方案。

在今天这个混乱失序、动荡频仍的世界，正在崛起之中的中国，致力于建设持久和平、普遍安全、共同繁荣、开放包容、清洁美丽的世界，在求同存异的基础上维护世界和平，推动建立相互尊重、公平正义、合作共赢的世界，这是新时代中国特色社会主义为人类做出的新的更大贡献。党的十九大报告明确指出："中国共产党是为中国人民谋幸福的政党，也是为人类进步事业而奋斗的政党。中国共产党始终把为人类做出新的更大的贡献作为自己的使命。"今天，"坚持推动构建人类命运共同体"已确立为新时代坚持和发展中国特色社会主义的基本方略之一，先后被写入党章和宪法，并被写入联合国相关文件，成为世界大多数国家和人民的广泛共识。

习近平总书记指出："只有民族的才是世界的，只有引领时代才能走向世界。要立足时代特点，推进马克思主义时代化，更好运用马克思主义观察时代、解读时代、引领时代，真正搞懂面临的时代课题，深刻把握世界历史的脉络和走向。"[①] 我们要坚持用马克思主义观察时代、解读时代、引领时代，用鲜活丰富的当代中国实践来推动马克思主义发展，用宽广视野吸收人类创造的一切优秀文明成果，坚持在改革中守正出新、不断超越自己，在开放中博采众长、不断完善自己，不断深化对共产党执政规律、社会主义建设规律、人类社会发展规律的认识，不断开辟当代中国马克思主义、二十一世纪马克思主义新境界。这是21世纪中国共产党人对时代本质和时代特征的深刻把握，是对时代课题和时代之问的正确回答。

---

① 《习近平谈治国理政》第2卷，外文出版社2017年版，第66页。

中国特色社会主义进入新时代在人类社会发展史上的重大意义*

习近平同志指出:"中国特色社会主义进入新时代,在中华人民共和国发展史上、中华民族发展史上具有重大意义,在世界社会主义发展史上、人类社会发展史上也具有重大意义。"中国特色社会主义进入新时代,中国道路、中国理论、中国制度、中国文化更加生机勃勃,不断为人类文明发展做出新的更大贡献。我们要深入理解中国特色社会主义进入新时代在人类社会发展史上的重大意义,坚定信心、奋发有为,让中国特色社会主义展现出更加强大的生命力。

为发展二十一世纪马克思主义做出新贡献

党的十八大以来,以习近平同志为主要代表的中国共产党人,应时代之变迁、立时代之潮头、发时代之先声,从理论和实践结合上系统回答了新时代坚持和发展什么样的中国特色社会主义、怎样坚持和发展中国特色社会主义这一重大时代课题,形成了习近平新时代中国特色社会主义思想。这既集中体现了当代中国马克思主义的最新成果,也科学构建了二十一世纪马克思主义的最新理论形态。

---

* 本文发表于《人民日报》2019年9月27日。

习近平新时代中国特色社会主义思想，深化对共产党执政规律、社会主义建设规律、人类社会发展规律的认识，贯通马克思主义哲学、政治经济学、科学社会主义，为丰富和发展马克思主义做出了原创性贡献。比如，坚持辩证唯物主义和历史唯物主义世界观和方法论，创造性运用实践的观点、矛盾的观点、群众的观点、全面发展的观点，丰富和发展了马克思主义哲学；提出新发展理念、建设现代化经济体系、推进供给侧结构性改革等，丰富和发展了马克思主义政治经济学；提出我国社会主要矛盾发生转化，发展了社会主义发展阶段理论；提出完善和发展中国特色社会主义制度、推进国家治理体系和治理能力现代化，丰富和发展了社会主义现代化理论；等等。这些具有重大理论意义和实践意义的新理念新思想新战略，是二十一世纪马克思主义的崭新内容。

习近平新时代中国特色社会主义思想在世界范围内产生广泛的感召力和影响力，得到普遍认同和高度赞誉。不少人认为这一思想富含中国共产党近一个世纪的实践和探索经验，运用马克思主义观察时代、解读时代、引领时代，以深远的历史眼光和宽广的世界眼光审视马克思主义创新发展的理论需要和实践需要，用鲜活丰富的当代中国实践推动马克思主义发展，是二十一世纪马克思主义创新发展的旗帜和典范。

推动世界社会主义发展进入新阶段

中国特色社会主义进入新时代，意味着科学社会主义在21世纪的中国焕发出强大生机活力，在世界上高高举起了中国特色社会主义伟大旗帜。新时代中国特色社会主义对于世界社会主义发展具有重大意义。

经济文化比较落后的国家如何建设社会主义，是社会主义发展中的重大历史课题。马克思、恩格斯曾提出比较落后国家跨越资本主义"卡夫丁峡谷"的设想。十月革命后，列宁对经济文化相对落后的俄国如何建设社会主义作了许多开创性探索，提出新经济政策、实行工业化、加强党的建设等思想。中国特色社会主义进入新时代，中国特色社会主义迎来了从创立、发展到完善的伟大飞跃。这一历史课题正在得到成功破解。

科学社会主义在中国的成功，对马克思主义、科学社会主义的意义，对世界社会主义的意义，是十分重大的。东欧剧变后，"社会主义失败论""历史终结论"一度甚嚣尘上。中国顶住巨大压力和挑战，成功坚持和发展了社会主义，取得举世瞩目的发展成就。中国特色社会主义进入新时代，以不可辩驳的事实彰显了科学社会主义的鲜活生命力。中国特色社会主义道路越走越宽广，使世界范围内两种意识形态、两种社会制度的历史演进及其较量，发生了有利于马克思主义、社会主义的深刻转变。中国特色社会主义进入新时代，对世界社会主义发展具有深远历史意义。

拓展人类走向现代化新道路

为探索符合中国历史传统、现实国情和时代潮流的发展模式，中国共产党既坚持科学社会主义基本原则，又根据时代条件赋予其鲜明的中国特色，同时吸收人类文明有益成果，走出一条现代化新路，推动中国特色社会主义进入新时代。

世界上没有普世的发展模式。西方国家走向现代化的成功经验是对人类发展的重要贡献，但据此认为这就是现代化的唯一道路则是错误的。西方国家的种种乱象，如贫富分化、债务危机、治理失灵、民粹主义等，都说明西方现代化有很大弊端和历史局限性。一些照抄照搬西方模式的国家，有的陷入"中等收入陷阱"发展长期停滞，有的成为他国的依附而丧失自身独立性，还有的在"颜色革命"中陷入政治动荡、社会撕裂。

中国特色社会主义进入新时代，意味着中国成功开辟了一条不同于西方的现代化道路。它依靠自身发展和艰苦奋斗实现现代化，不同于基于殖民掠夺的现代化；它坚持以人民为中心、以实现人民对美好生活的向往为目标，不同于那种少数国家和少数人获益的现代化；它推动经济社会全面发展、人与自然和谐共生，不同于单纯追求经济增长和短期利益的片面现代化；它追求世界和平发展，不同于追求霸权、"国强必霸"的现代化。总之，中国特色社会主义进入新时代，拓展了发展中国家走向现代化的途径，破除了一些人所谓的现代化只有一种模式的成见，给世界上那些既希望加快发展又希望保持自身独立性的国家和民族提供了全新选择。近14亿人口的中国在社会主义制度下实现现代化，这将是人类社会发展史上前所未有的大事件。

为解决人类面临的共同问题提供新方案

中国特色社会主义进入新时代，我们积极为解决人类面临的共同问题贡献中国智慧和中国方案。中国共产党是为中国人民谋幸福的政党，也是为人类进步事业而奋斗的政党，把为人类做出新的更大的贡献作为自己的使命。中国共产党人和中国人民完全有信心为人类对更好社会制度的探索提供中国方案。

当前，世界多极化、经济全球化、文化多样化、社会信息化深入发展，全球治理体系和国际秩序变革加速推进。同时，世界面临的不稳定性不确定性突出，人类处在一个挑战层出不穷、风险日益增多的时代。世界经济增长乏力，发展鸿沟日益突出，冷战思维和强权政治阴魂不散，恐怖主义、网络安全、重大传染性疾病、气候变化等非传统安全威胁持续蔓延。人类又一次站在了十字路口。

在世界大发展大变革大调整的背景下，中国特色社会主义进入新时代，为解决世界经济、国际安全、全球治理等一系列重大问题提供了新方向、新方案、新选择。中国推动经济全球化朝着更加开放、包容、普惠、平衡、共赢的方向发展，积极参与全球治理体系改革和建设，倡导构建人类命运共同体和新型国际关系，推动各国以文明交流超越文明隔阂、文明互鉴超越文明冲突、文明共存超越文明优越。中国特色社会主义进入新时代，不仅使中华民族迎来了从站起来、富起来到强起来的伟大飞跃，也为世界和平发展做出重大贡献。

新时代要正确看待和坚持两个"没有变"[*]

中国特色社会主义进入新时代，我国发展进入新的历史方位，社会主要矛盾发生重大变化，但我国仍处于并将长期处于社会主义初级阶段的基本国情没有变，我国是世界最大发展中国家的国际地位没有变。这样的"变"与"不变"，是我们党运用辩证唯物主义和历史唯物主义方法论研究解决中国问题的必然结果，是坚持解放思想、实事求是、与时俱进、求真务实的必然结果，是科学把握当今世界和当代中国发展大势、自觉遵循运用中国特色社会主义发展规律的必然结果，集中体现了党和国家事业发展进程中继承性与创新性、阶段性与连续性、量变与质变的辩证统一。

当前，要从历史与现实、理论与实践、国内与国际的结合上完整准确地把握新时代的"变"与"不变"。既要深刻认识到我国社会主要矛盾的变化是关系全局的历史性变化，对党和国家工作提出了许多新要求，必须在变化了的情况和条件下与时俱进、变革创新，僵化保守、因循守旧势必成为时代的落伍者；又要深刻认识到社会主要矛盾的变化没有改变我们对我国社会主义所处历史阶段的判断，必须继续坚持两个"没有变"，否则就可能出现盲目乐观、急于求成，反而欲速则不达，最终有害于党和国家事业健康发展。

---

[*] 本文发表于《人民日报》2018年5月4日。

在新时代正确看待和坚持两个"没有变",最根本的要求就是长期坚持习近平同志在党的十九大报告中明确提出的"三个牢牢",即"全党要牢牢把握社会主义初级阶段这个基本国情,牢牢立足社会主义初级阶段这个最大实际,牢牢坚持党的基本路线这个党和国家的生命线、人民的幸福线"。这"三个牢牢",是改革开放40年来我们党制定和坚持正确路线方针政策的根本依据,是保证中国特色社会主义事业从胜利走向胜利的宝贵经验。进入新时代,我国综合国力、人民生活水平显著提高,中华民族伟大复兴展现出从未有过的光明前景;我国日益走近世界舞台的中央,国际地位和影响力大幅提升,中华民族以更加昂扬的姿态屹立于世界民族之林。与此同时,两个"没有变"时时刻刻提醒我们,决不能因为胜利而骄傲,决不能因为成就而懈怠,更不能因为国际地位提升而忘乎所以。要居安思危,更加清醒地看到差距、看到问题、看到挑战、看到风险,继续艰苦奋斗、砥砺前行。正如习近平同志在党的十九大报告中告诫全党的那样:"行百里者半九十。中华民族伟大复兴,绝不是轻轻松松、敲锣打鼓就能实现的。全党必须准备付出更为艰巨、更为艰苦的努力。"时代越是进步,事业越是发展,取得的成就越是显著,就越是要更加坚定践行"三个牢牢"。

正确看待和坚持两个"没有变",要具有历史耐力。要以历史眼光充分认识社会主义初级阶段的长期性、复杂性。在长期的社会主义初级阶段历史过程中,必然会经历若干具体的发展阶段,不同历史时期会有不同的阶段性特征。但我们要时刻牢记,"社会主义初级阶段是当代中国的最大国情、最大实际",这是我们党从社会性质和发展阶段上对中国国情所做的全局性、总体性判断。正如习近平同志指出的那样:"不仅在经济建设中要始终立足初级阶段,而且在政治建设、文化建设、社会建设、生态文明建设中也要始终牢记初级阶段;不仅在经济总量低时要立足初级阶段,而且在经济总量提高后仍然要牢记初级阶段;不仅在谋划长远发展时要立足初级阶段,而且在日常工作中也要牢记初级阶段。"①

正确看待和坚持两个"没有变",要保持战略定力。习近平同志说:"实现我们确立的奋斗目标,我们既要有'乱云飞渡仍从容'的战略定力,又要有'不到长城非好汉'的进取精神。"②治理大国、建设强国,必须保持战略方针的稳定性、延续性。如果没有足够的战略定力,就会犹豫不决、摇摆不定,容易随波逐流、进退失据。今天,我们距全面建成小康社会还有不到3年的时间,距基本实现社会主义现代化还有不到20年的时间,距全面建成社会主义现代化强国还有30多年的时间。时间紧迫,任务艰巨。越是这样就越要保持清醒头脑,牢牢立足社会主义初级阶段这个最大国情、最大实际。古人讲:"无欲速,无见小利。欲速,则不达;见小利,则大事不成。"要从全局、长远出发推进事业发展,不为任何风险所惧,不被任何干扰所惑,不被任何眼前的短期利益所蒙蔽,在"乱花渐欲迷人眼"时保持冷静,在"千磨万击"和"东西南北风"中"咬定青山不放松",在复杂多变的国际形势中保持战略上的平常心态,做到"任凭风浪起,稳坐钓鱼船"。

正确看待和坚持两个"没有变",要树立忧患意识。"思所以危则安矣,思所以乱则治矣,思所以亡则存矣。"习近平同志在学习贯彻党的十九大精神研讨班开班式上提出的"三个一以贯之"要求中,强调增强忧患意识、防范风险挑战要一以贯之。"历史的道路不是涅瓦大街上的人行道",前进道路不可能一帆风顺,会有许多迂回曲折、困难挑战。越是取得成绩的时候,越是受到更多赞誉的时候,越是地位和影响力上升的时候,越要有如履薄冰的谨慎,越要有居安思危的忧患,绝不能犯战略性、颠覆性错误。当前,我国正处于

---

① 习近平:《紧紧围绕坚持和发展中国特色社会主义 学习宣传贯彻党的十八大精神》,《人民日报》2012年11月19日第2版。

② 习近平:《在毛泽东同志诞辰120周年座谈会上的讲话》,《人民日报》2013年12月27日第2版。

大有可为的历史机遇期，风景独好，前途光明，但面临的各方面挑战和风险很多，面临的困难和问题也很多，改革发展稳定的任务繁重艰巨。越是这样的时候，越应当保持清醒的头脑。树立底线思维，常怀忧患之心；凡事从坏处准备，努力争取最好的结果。这样才能有备无患、遇事不慌，牢牢把握主动权。

正确看待和坚持两个"没有变"，要埋头苦干、艰苦创业。社会主义初级阶段的长期性，两个"没有变"的客观性，要求我们在新时代新征程上继续进行长期不懈的奋斗，进行具有许多新的历史特点的伟大斗争。建设社会主义是前无古人的伟大事业，需要几代人、十几代人、几十代人持续奋斗、艰苦创业。邓小平同志曾说："如果从建国起，用一百年时间把我国建设成中等水平的发达国家，那就很了不起！从现在起到下世纪中叶，将是很要紧的时期，我们要埋头苦干。"[①] 习近平同志特别指出："天上不会掉馅饼，努力奋斗才能梦想成真。""新时代是奋斗者的时代。"忧劳可以兴国，逸豫可以亡身；空谈误国，实干兴邦。实现中华民族伟大复兴是一项光荣而艰巨的事业，需要一代又一代中国人共同为之努力。要切实把奋斗精神贯彻到进行伟大斗争、建设伟大工程、推进伟大事业、实现伟大梦想全过程，形成竞相奋斗、团结奋斗的生动局面。

---

① 《邓小平文选》第 3 卷，人民出版社 1993 年版，第 383 页。

始终坚持以人民为中心的根本立场*

在《习近平谈治国理政》第三卷中，"坚持以人民为中心"是一个重要专题，其精神实质是贯穿全书的一条主线，充分体现了习近平总书记领导新时代治国理政实践的根本逻辑、显著特点和现实要求。学深悟透原著，有助于我们更加深入领会掌握习近平新时代中国特色社会主义思想的科学体系，进一步增强学思践悟的自觉性和坚定性，以实现人民幸福为己任，胸怀理想、锤炼品格，投身于中国特色社会主义伟大实践并为之终生奋斗。

树牢唯物史观，始终紧紧依靠人民

《习近平谈治国理政》第三卷中《人民是我们党执政的最大底气》强调："人民是历史的创造者，是决定党和国家前途命运的根本力量。"唯物主义史观认为，人民群众既是历史活动的主体，又是历史的决定力量。波澜壮阔的中华民族发展史是中国人民书写的。我们党执政以来，特别是改革开放40多年来，领导中国人民创造了令世人瞩目的奇迹，从小岗村村民签下包产到户的契约掀开改革大幕，到义乌人用"鸡毛换糖"的小商品成就大市场，再

---

* 本文发表于《中国纪检监察报》2020年8月27日。

到科技创新从"跟跑者"变为一些领域的"同行者""领跑者",中国人民的创新创造熠熠生辉。拥有14亿多人民群众的智慧和力量,是我们战胜一切困难的根本保证,是中华民族走向复兴的深厚根基。

"一个政党,一个政权,其前途和命运最终取决于人心向背。如果我们脱离群众、失去人民拥护和支持,最终也会走向失败。"中国共产党之所以能够发展壮大,中国特色社会主义之所以能够不断前进,是因为始终依靠人民。《习近平谈治国理政》第三卷中《人民是我们党执政的最大底气》强调:我们党"要抓住人民最关心最直接最现实的利益问题,把人民群众的小事当作我们的大事,从人民群众关心的事情做起,从人民满意的事情抓起"。因为"实现中华民族伟大复兴的中国梦,必须紧紧依靠人民,充分调动最广大人民的积极性、主动性、创造性"。要把党的正确主张变为人民群众的自觉行动,必须在党和群众之间建立信念纽带,用共同理想把人民团结起来。两个百年奋斗目标能否实现,归根结底取决于我们在实践中能不能树牢唯物主义史观,尊重人民主体地位和首创精神,始终保持同人民群众的血肉联系,凝聚起众志成城的磅礴力量,团结带领人民共同创造历史伟业。

以习近平同志为核心的党中央推进新时代治国理政的最鲜明特点,就是"始终把人民放在心中最高位置",把"以人民为中心"作为根本执政理念。其中"四个全面"战略布局正是党中央顺应人民群众的热切期待而提出来的大思路、大方略,充分彰显了人民至上的价值指向,也是"始终把人民放在心中最高位置"的生动体现。只有尊重人民主体地位,发挥群众首创精神,才能紧紧依靠人民将改革不断推向深入;只有充分彰显人民主体力量,才能依靠人民推动"四个伟大",创造新的更大奇迹;只有从广大人民群众的根本利益出发,才能持续推进"两个革命",实现"两个一百年"奋斗目标,实现中华民族伟大复兴的中国梦。

牢记初心使命，让人民过上更好的日子

《习近平谈治国理政》第三卷中《我们的目标就是让全体中国人都过上更好的日子》强调："我们的目标很宏伟，但也很朴素，归根结底就是让全体中国人都过上更好的日子。"这生动诠释和集中体现了党的宗旨初心。我们党在不同历史时期践行宗旨初心，总是和实现伟大奋斗目标紧密联系在一起。中国特色社会主义进入新时代，人民对美好生活的向往更加强烈，期盼有更好的教育、更稳定的工作、更满意的收入、更可靠的社会保障、更高水平的医疗卫生服务、更舒适的居住条件、更优美的环境、更丰富的精神文化生活。

牢牢把握人民群众对美好生活的向往和期盼，是贯彻全心全意为人民服务宗旨的切实体现。我们党提出，到2020年，实现国内生产总值和城乡居民人均收入比2010年翻一番，实现全面建成小康社会目标的宏伟蓝图，将全面深化改革的根本目的，落在不断满足人民群众对美好生活的向往之上，体现了改革成果必须由人民共享的本质要求。同时，始终把人民放在心中最高位置，大力加强以保障和改善民生为重点的社会建设，提高人民生活质量，解决好人民群众最关心最直接最现实的利益问题，在幼有所育、学有所教、劳有所得、病有所医、老有所养、住有所居、弱有所扶上持续取得新进展，努力让人民过上更好生活。党的十八大以来，人民群众与日俱增的获得感、幸福感、安全感，是新时代坚持党的群众路线的切实成效，兑现了我们党对全体人民的庄严承诺。把人民放在心中最高位置，为人民的美好生活不懈奋斗，《习近平谈治国理政》第三卷中《我们的目标就是让全体中国人都过上更好的日子》强调："各级领导干部要牢记全心全意为人民服务的宗旨，始终把人民安居乐业、安危冷暖放在心上，时刻把群众的困难和诉求记在心里，努力办好各项民生事业。"

进入新时代，我们党走上了创造人民美好生活、逐步实现全体人民共同富裕的新征程。提出全面建成小康社会的目标，集中体现了人民共同富裕的社会理想，农村贫困人口如期脱贫、贫困县全部摘帽、解决区域性整体贫困，是决胜全面建成小康社会、决战脱贫攻坚的重中之重。在新时代治国理政实践中，始终坚持以人民为中心，把实现好、维护好、发展好最广大人民根本利益作为一切工作的出发点和落脚点，让改革发展成果更多更公平惠及全体人民，朝着实现全体人民共同富裕不断迈进。我们追求的发展是造福人民的发展，我们追求的富裕是全体人民共同富裕。"让发展成果更多更公平惠及全体人民，不断促进人的全面发展，朝着实现全体人民共同富裕不断迈进。"让"生活在我们伟大祖国和伟大时代的中国人民，共同享有人生出彩的机会，共同享有梦想成真的机会，共同享有同祖国和时代一起成长与进步的机会"。习近平总书记特别关心处于社会弱势群体和困难群众的合法权益，在考察扶贫开发工作时，多次强调对各类困难群众，要格外关注、格外关爱、格外关心，千方百计帮助他们排忧解难。"确保到2020年所有贫困地区和贫困人口一道迈入全面小康社会。"体现了新时代中国共产党人心系人民、热爱人民的鲜明立场和真挚感情，为人民根本利益和实现共同富裕不辞辛苦、殚精竭虑。

筑牢人民情怀，把人民放在心中最高位置

《习近平谈治国理政》第三卷中《我将无我，不负人民》强调："我愿意做到一个'无我'的状态，为中国的发展奉献自己。"习近平总书记的人民情怀深深地植根于人民群众之中："当年我离开梁家河，人虽然走了，但是心还留在这里。那时候我就想，今后如果有条件有机会从政，就要做一些为老百姓办好事的工作。"《习近平谈

治国理政》第三卷中《始终把人民放在心中最高位置》强调："一切国家机关工作人员，无论身居多高的职位，都必须牢记我们的共和国是中华人民共和国，始终要把人民放在心中最高的位置，始终全心全意为人民服务，始终为人民利益和幸福而努力工作。"这展现了党的领袖、人民领袖深厚的人民情怀，始终把人民放在心中最高位置，把"人民对美好生活的向往"作为奋斗目标，从人民群众中汲取智慧和力量，引领中华巨轮不断破浪前行。面对党内、国内、军内存在的突出矛盾问题："不是没有掂量过。但我们认准了党的宗旨使命，认准了人民的期待。"

党的十八大以来，以习近平同志为核心的党中央坚持以"勇闯深水区、敢啃硬骨头"的决心全面深化改革，确立起国家治理体系和治理能力现代化的四梁八柱，谱写了"人民有所呼、改革有所应"的改革新篇章；以"不让一个人掉队""不获全胜决不收兵"的信念打响脱贫攻坚战，创造了人类反贫困史上的奇迹；以"为千秋万代计"的视野大刀阔斧推动生态文明建设，"为子孙后代留下天蓝、地绿、水清的生产生活环境"；以"得罪千百人、不负十三亿"的勇气管党治党，锻造党的坚强肌体；以"天下一家"的理念为人类谋和平与发展，推动构建人类命运共同体；以"人民至上、生命至上，保护人民生命安全和身体健康可以不惜一切代价"的担当，亲自指挥、亲自部署，在最短时间内取得新冠肺炎疫情防控阻击战的重大战略成果。"我将无我、不负人民"的伟大担当，生动践行了初心使命的内涵，把人民幸福镌刻在通向民族复兴中国梦的里程碑上。

习近平总书记的人民情怀，树起了新时代共产党人的精神旗帜和光辉典范。把人民放在心中最高位置，处理好"小我"和"大我"的关系、个体与人民的关系，以"我将无我"的境界投入伟大事业中。"功成不必在我"的胸怀，展现的是以人民为中心的新型政绩观，要把对自我价值的实现定位在历史和人民的评价中，把人民作为最高裁判者和最终评价者，牢记"时代是出卷人，我们是答卷人，人民是阅卷人"。"功成必定有我"的担当，展现的是中国共产党人的初心使命意识。唯有如此，才能为人民利益负重做事，真正做出无愧于历史、无愧于时代、无愧于人民的业绩。

不断深化对改革开放的规律性认识[*]

40多年前,在党和国家面临何去何从的重大历史关头,中国共产党做出了实行改革开放的历史性决策。邓小平首次把改革称为"中国的第二次革命",指出:"生产力方面的革命也是革命,而且是很重要的革命,从历史的发展来讲是最根本的革命。"① 中国的改革开放从一开始,就是一场完善和发展社会主义制度的广泛而深刻的社会革命。40多年来,中国共产党带领中国人民在极不平凡的岁月创造了人类发展的奇迹,开创了社会主义现代化新路,推动了中国特色社会主义事业的伟大飞跃。正如习近平总书记指出:"改革开放是决定当代中国命运的关键一招,也是决定实现'两个100年'奋斗目标、实现中华民族伟大复兴的关键一招。"② 今天,改革开放已成为当代中国最鲜明的特色,当代中国共产党人最鲜明的品格。在新时代,"关键一招"更加关键,改革开放是坚持和发展中国特色社会主义、实现中华民族伟大复兴的根本动力和必由之路。

---

* 原题为《新时代"关键一招"更加关键——不断深化对改革开放的规律性认识》,发表于《人民论坛》2019年第27期。

① 《邓小平文选》第2卷,人民出版社1994年版,第311页。

② 《增强改革的系统性整体性协调性 做到改革不停顿开放不止步》,《人民日报》2012年12月12日第1版。

"关键一招"使中国实现从赶上时代到引领时代的历史跨越

改革开放是当代中国发展进步的活力之源，是党和人民事业大踏步赶上时代的重要法宝。邓小平同志曾明确指出："我们要赶上时代，这是改革要达到的目的。"① 经过40多年改革开放，极大改变了中国的面貌、中华民族的面貌、中国人民的面貌、中国共产党的面貌，改革开放成为发展中国、发展社会主义、发展马克思主义的强大动力和必然途径，使中国实现了从落后时代到赶上时代再到引领时代的历史跨越。

改革开放是科学社会主义的本质要求，是社会主义现代化题中应有之义。恩格斯早就指出，社会主义社会"不是一成不变的东西，而应当和其他任何社会制度一样，把它看成是经常变化和改革的社会"。改革开放是社会主义制度的自我完善和发展。世界社会主义发展的经验教训表明，采取教条主义的态度和凝固僵化的思维对待马克思主义、对待社会主义行不通，只有改革开放才能坚持和发展马克思主义、坚持和发展社会主义。习近平总书记指出："我们党靠什么来振奋民心、统一思想、凝聚力量？靠什么来激发全体人民的创造精神和创造活力？靠什么来实现我国经济社会快速发展、在与资本主义竞争中赢得比较优势？靠的就是改革开放。"② 社会主义要赢得与资本主义相比较的优势，就必须实行改革开放，在坚持科学社会主义基本原则的基础上，改革一切与时代要求和实践发展不符合的体制机制，吸收和借鉴当今世界各国包括资本主义发达国家在内

---

① 《邓小平文选》第3卷，人民出版社1993年版，第242页。
② 习近平：《关于〈中共中央关于全面深化改革若干重大问题的决定〉的说明》，《人民日报》2013年11月16日第4版。

的一切反映现代社会化生产规律的先进经营方式、管理方法，走出一条社会主义现代化新路。

改革开放带来了思想大解放，使我们对"什么是社会主义、怎样建设社会主义"有了全新的认识。习近平总书记指出："改革开放是我们党的历史上一次伟大觉醒，正是这个伟大觉醒孕育了新时期从理论到实践的伟大创造。"[1] 从实行家庭联产承包、乡镇企业异军突起、取消农业税到农村承包地"三权"分置、打赢脱贫攻坚战、实施乡村振兴战略，我们对中国这样一个农村人口占大多数的国家解决"三农"问题有了全新的认识；从兴办深圳等经济特区、沿海沿边沿江沿线和内陆中心城市对外开放到加入世界贸易组织、共建"一带一路"、设立自由贸易试验区、成功举办首届中国国际进口博览会，从"引进来"到"走出去"，我们对中国这样一个发展中的社会主义大国实行对外开放有了全新的认识；从搞好国营大中小企业、发展个体私营经济到深化国资国企改革、发展混合所有制经济，从单一公有制到公有制为主体、多种所有制经济共同发展和坚持"两个毫不动摇"，我们对社会主义初级阶段的基本经济制度有了全新的认识；从传统的计划经济体制到前无古人的社会主义市场经济体制再到使市场在资源配置中起决定性作用、更好发挥政府作用，我们对社会主义与市场经济的关系有了全新的认识；从以经济体制改革为主到全面深化经济、政治、文化、社会、生态文明体制和党的建设制度改革，一系列重大改革扎实推进，各项便民、惠民、利民举措持续实施，我们对改革开放的全面性、系统性、目的性有了全新的认识。

改革开放拓展了走向现代化的途径，为其他国家和民族的现代化之路提供了中国智慧和中国方案。改革开放40多年来，我们以敢闯敢干的勇气和自我革新的担当，闯出了一条新路、好路。改革开

---

[1] 《增强改革的系统性整体性协同性　做到改革不停顿开放不止步》，《人民日报》2012年12月12日第1版。

放拓展了走向现代化的途径。实现现代化是人类社会文明进步的标志，也是世界各国特别是广大发展中国家孜孜以求的目标。新中国成立以来特别是改革开放以来，我们用几十年的时间，走过了西方发达国家上百年甚至数百年的发展历程。中国实现现代化，是人类历史上前所未有的大变革。在迄今为止人类现代化进程中，实现工业化的国家不超过三十个、人口不超过十亿。中国这个世界上最大发展中国家在现代化道路上的成果探索，意味着比现在所有发达国家人口总和还要多的中国人民将进入现代化行列，其影响将是世界性的。当中国成为世界上第一个不是走资本主义道路，而是走社会主义道路取得成功的现代化大国时，中国共产党领导中国人民进行的改革开放伟大社会革命将更加充分地展示出其世界意义。中国特色社会主义现代化的顺利实现，以铁一般的事实证明，西方模式不是走向现代化的唯一模式，广大发展中国家终将突破要么陷入发展困境、要么沦为"依附式发展"的两难选择。中国特色社会主义现代化道路，是人类现代化发展的一条全新道路，为世界提供了发展途径和方式的全新选择，为解决人类问题贡献了中国智慧和中国方案。

不断深化对改革开放的规律性认识

习近平总书记提出"勇于推进理论和实践创新，不断深化对改革规律的认识"的历史任务，他要求："认真回顾和深入总结改革开放的历程，更加深刻地认识改革开放的历史必然性，更加自觉地把握改革开放的规律性，更加坚定地肩负起深化改革开放的重大责任。"[①] 40多年改革开放的丰富实践和丰硕成果，使我们不断

---

① 《以更大的政治勇气和智慧深化改革　朝着十八大指引的改革开放方向前进》，《人民日报》2013年1月2日第1版。

深化对改革开放的规律性认识、不断深化对中国特色社会主义规律的认识。

必须坚持党对改革的全面领导。中国特色社会主义最本质的特征是中国共产党领导，中国特色社会主义制度的最大优势是中国共产党领导，党是最高的政治领导力量。党的全面领导，是共产党执政规律和社会主义建设规律的根本要义，也是战胜全面深化改革中一切困难和风险的"定海神针"。改革开放是党紧紧抓住历史契机主动选择的结果。坚持党对改革的全面领导，是改革这场伟大社会革命胜利推进的根本所在、命脉所在，是全国各族人民享受改革成果的利益所在、幸福所在。必须充分发挥党总揽全局、协调各方的领导核心作用。正如习近平总书记指出的，"最核心的是坚持和改善党的领导、坚持和完善中国特色社会主义制度，偏离了这一条，那就南辕北辙了"。

必须坚持完善和发展社会主义制度的总目标。改革不是改向，变革不是变色。全面深化改革不是要否定社会主义制度，恰恰相反，是要更好地完善和发展社会主义制度。不实行改革开放死路一条，搞否定社会主义方向的"改革开放"也是死路一条。如果搞否定社会主义方向的"改革开放"，只能是误入歧途，导致亡党亡国。我们要有主张、有定力，改什么、不改什么，先改什么、后改什么，都要在坚持马克思主义基本原理与本国国情相结合的基础上科学决定、稳步推行，决不人云亦云，甚至随着别人的"指挥棒"起舞。推动中国特色社会主义制度更加成熟、更加定型，是我们党面临的一项重大历史任务。改什么、怎么改必须以是否符合完善和发展中国特色社会主义制度、推进国家治理体系和治理能力现代化的总目标为根本尺度，该改的、能改的我们坚决改，不该改的、不能改的坚决不改，决不能在根本问题上出现颠覆性错误。

必须坚持以人民为中心的改革。为人民谋幸福，是中国共产党人的初心。习近平总书记指出："人民对美好生活的向往，就是我们的奋斗目标。"40多年前，我们党做出改革开放的决策，就是回应了人民群众的呼声；40年来，改革的每一步深入推进，都伴随着人民群众不断增长的诉求；在新时代，全面深化改革必须以促进社会公平正义、增进人民福祉为出发点和落脚点。如果不能给老百姓带来实实在在的利益，不能创造更加公平的社会环境，改革就失去意义，也不可能持续。新时代的社会主要矛盾已经转化为人民群众日益增长的美好生活需要和不平衡不充分的发展之间的矛盾，要把促进社会公平正义、增进人民福祉作为一面镜子，审视我们各方面体制机制和政策规定。人民群众是历史的创造者，共产党人只有依靠人民群众才能创造历史伟业。推动改革最大的依靠力量是人民群众。改革开放不断攻坚克难取得丰硕成果，无不来自亿万人民的实践和智慧。

必须坚持改革的正确方法论。在人类历史上，为解决问题、谋得发展而实行的改革并不鲜见，但却从未有像中国特色社会主义改革这样从深化规律认识的角度，坚持正确的改革方法论。习近平总书记指出："改革开放是前无古人的崭新事业，必须坚持正确的方法论，在不断实践探索中前进。"改革是一项复杂的系统工程，涉及改革发展稳定、内政外交国防、治党治国治军的各个领域、各个方面、各个层次、各个要素。改革必须注重系统性、整体性、协同性。坚持整体推进，讲求整体效果，防止畸轻畸重、单兵突进、顾此失彼，要坚持"两点论"与"重点论"相统一，既要注重抓方案协同和落实协同，又要注重抓重要领域和关键环节。改革必须坚持加强顶层设计和摸着石头过河相结合。摸着石头过河就是摸规律。既要加强宏观思考和顶层设计，又要继续鼓励大胆实验、大胆突破，不断把改革引向深入。改革要坚持"蹄疾"和"步稳"相结合，符合实际、必须做的，就要大胆地干，同时方向要准、步子要稳，尤其是不能犯颠覆性错误。改革必须坚持把改革的力度、发展的速度和社会可承受程度统一起来，在保持社会稳定中推进改革发展，通过改革发展促进社会稳定。

必须坚持改革与开放相促进。社会主义社会既不是一成不变的社会，也不是封闭孤立的社会，这是社会主义建设和实现现代化的一条重要规律。开放也是改革。一方面，改革开放以来，我们坚持对外开放基本国策，打开国门搞建设，实现了从封闭半封闭到全方位开放的伟大历史转折，这是改革的一个重要方面和重要成果。另一方面，对外开放也要求实行与此相适应的改革，以开放促改革、促发展，是我国发展不断取得新成就的重要法宝。改革不停顿，开放不止步。正如习近平总书记所强调："中国开放的大门不会关闭，只会越开越大！"

新时代坚定不移用好改革开放这个"关键一招"

改革开放只有进行时，没有完成时，停顿、倒退没有出路。正如习近平总书记指出的，"中国要前进，就要全面深化改革开放"。"要继续高举改革旗帜，站在更高起点谋划和推进改革，坚定改革定力，增强改革勇气，总结运用好党的十八大以来形成的改革新经验，再接再厉，久久为功，坚定不移将改革进行到底。"[①] 中国现在所处的，是一个船到中流浪更急、人到半山路更陡的时候，是一个愈进愈难、愈进愈险而又不进则退、非进不可的时候。改革开放已走过千山万水，但仍需跋山涉水。改革开放进入新时代，"关键一招"更加关键。

新时代面临着改革进入深水区和攻坚期，硬骨头越来越多，只有加大改革力度才能啃下硬骨头。一个时代有一个时代的问题，一代人有一代人的使命。随着改革进入攻坚期和深水区，遇到的阻力越来越大，面对的暗礁、潜流、旋涡越来越多。发展中的问题和

[①]《加强领导总结经验运用规律　站在更高起点谋划和推进改革》，《人民日报》2017年8月30日第1版。

发展后的问题、一般矛盾和深层次矛盾交织叠加、错综复杂。比如，在贯彻以人民为中心的发展思想，落实新发展理念，建设现代化经济体系，深化供给侧结构性改革方面，还有许多困难需要克服；在加快实施创新驱动发展战略、乡村振兴战略、区域协调发展战略方面，还有许多问题需要解决；在推进精准扶贫、精准脱贫方面，最终的完全实现还待时不我待的艰巨努力；在促进社会公平正义，不断增强人民获得感、幸福感、安全感方面，依然任重而道远。改革中的矛盾只能用改革的办法来解决。在新时代，中国人民将继续自强不息、自我革新，坚定不移全面深化改革，逢山开路，遇水架桥，敢于向顽瘴痼疾开刀，勇于突破利益固化藩篱，将改革进行到底。

新时代面临国际上的不稳定不确定因素明显增多，只有以更大力度深度广度开放才能有力应对挑战。当前世界经济深刻调整，保护主义、单边主义抬头，经济全球化遭遇波折，多边主义和自由贸易体制受到冲击，风险挑战加剧。同时更要看到，当今世界，开放融通的潮流滚滚向前，经济全球化的历史大势不可逆转。习近平总书记指出："让世界经济的大海退回到一个一个孤立的小湖泊、小河流，是不可能的，也是不符合历史潮流的。"① 在新时代，中国经济要继续到世界市场的汪洋大海中去游泳，去经风雨、见世面，主动参与、推动引领经济全球化进程，发展更高层次的开放型经济。中国将继续扩大开放、加强合作，坚定不移走和平发展道路，积极发展全球伙伴关系，坚定支持多边主义，积极参与推动全球治理体系变革，构建新型国际关系，推动构建人类命运共同体。

为人民谋幸福、为民族谋复兴、为世界谋大同，是中国共产党人的初心使命。改革开放是决定当代中国命运的关键一招，也是

---

① 习近平：《共担时代责任 共促全球发展》，《人民日报》2017年1月18日第3版。

实现这个初心使命的关键一招。新时代，中国共产党带领中国人民在前进道路上，不忘初心，牢记使命，将改革开放进行到底，不断实现人民对美好生活的向往，不断为人类做出新的更大贡献，创造中华民族新的更大奇迹！

充分发挥制度优势，
成功实现"中国之治"[*]

党的十九届四中全会站在党和国家事业全局和战略高度，在我国国家制度和国家治理问题上系统回答了"坚持和巩固什么、完善和发展什么"这个重大政治问题，明确提出了推进我国制度建设和国家治理的指导思想、总体要求、总体目标、战略途径和重大举措，充分体现了以习近平同志为核心的党中央对中国特色社会主义建设规律认识的深化，为成功实现"中国之治"提供了深厚的制度基础和有力的制度保障。

习近平总书记以广阔的世界历史眼光思考国家制度建设和国家治理问题，明确提出"怎样治理社会主义社会这样全新的社会"这个在世界社会主义发展史上的重大课题。习近平总书记把我国制度建设进程划分为"前半程"和"后半程"，从形成更加成熟更加定型的制度看，我国社会主义实践前半程的主要历史任务是建立社会主义基本制度，并在这个基础上进行改革，现在已经有了很好的基础。后半程的主要历史任务是完善和发展中国特色社会主义制度，为党和国家事业发展、为人民幸福安康、为社会和谐稳定、为国家长治久安提供一整套更完备、更稳定、更管用的制度体系。

党的十九届四中全会对实现"后半程"的历史任务做出全面规

---

* 本文发表于《人民日报》2020年1月7日。

划和战略部署，形成新的理论成果、实践成果、制度成果。具体地看，既准确把握我国国家制度和国家治理体系的演进方向和规律，又把制度建设和治理能力建设摆到更加突出的位置；既明确了前进方向和指导原则，又提出了总体要求和重大任务；既讲清了中国特色社会主义制度的"十三个显著优势"，又指明了把制度优势转化为治理效能的主要途径；既提出了"三步走"总体目标的时间表和路线图，又规划了"十三个坚持和完善"的重大任务；既体现了科学社会主义基本原则，又具有鲜明的中国特色、民族特色、时代特色。总之，创造性回答了"怎样治理社会主义社会"这个关系党和国家前途命运的重大课题，丰富发展了科学社会主义理论与实践，具有全局性、开创性、里程碑标志的重大意义。

一种社会制度优劣与否，是否管用有效，不能靠单纯的主观判定，而是由实践来检验和证明。党的十九届四中全会从宏观层面概括了"两大奇迹"：即经济快速发展奇迹和社会长期稳定奇迹。这两大奇迹，交相辉映、相辅相成，是中国特色社会主义制度威力的实际展现，共同铸就了"中国之治"的丰碑。党的十九届四中全会科学概括了中国特色社会主义制度十三个方面的显著优势，涵盖了从生产力到生产关系、从经济基础到上层建筑各领域各方面，充分体现了中国特色社会主义制度的优越、韧性、活力和潜能，形成了以中国共产党领导这个最大优势为统领、各方面优势各展其长、整体优势汇聚彰显的"制度优势群"，这表明我们党对"三大规律"的认识达到了前所未有的高度。

当今世界处于百年未有之大变局，世界范围内的制度竞争更加复杂、更加激烈。我们必须头脑清醒，保持战略定力，绝不自失主张、自乱阵脚，在任何时候任何情况下都要坚定中国特色社会主义道路自信、理论自信、制度自信、文化自信。

"天下之势不盛则衰，天下之治不进则退。"必须坚持以习近平新时代中国特色社会主义思想为指导，在全面深化改革中推进制度建设和制度创新，开辟"中国之治"的崭新未来。

一是必须牢牢把握正确的前进方向。正确方向就是确保国家始终沿着社会主义方向前进，坚定不移地走中国特色社会主义道路。要坚持方向不变、道路不偏，既要把握长期形成的历史传承，又要把握党和人民在我国国家制度建设和国家治理方面走过的道路、积累的经验、形成的原则，不照抄照搬他国制度模式，既不走封闭僵化的老路，也不走改旗易帜的邪路。

二是必须坚持以人民为中心的根本立场。要始终着眼于实现好、维护好、发展好最广大人民根本利益，着力保障和改善民生，使改革发展成果更多更公平惠及全体人民。坚持人民当家作主，发展人民民主，密切联系群众，紧紧依靠人民推动制度建设和国家发展。

三是必须推进全面系统的改革。党的十九届四中全会在已有制度体系建设的基础上提出的"十三个坚持和完善"的全面性安排，是我国制度建设和国家治理建设的顶层设计，是新时代"中国之治"的整体性布局和系统性工程。

四是必须借鉴世界优秀制度文明成果。我们推进国家治理体系和治理能力现代化，不可能脱离世界文明发展的轨道，不可能在自我封闭中独善其身，要尊重制度文明发展的多样性，学习借鉴各民族创造的优秀制度文明成果，坚持以我为主、为我所用，去其糟粕、取其精华，使我们的制度博大深厚，引领时代，为人类文明发展做出更大贡献。

五是必须坚持和加强党的全面领导。在我国国家制度和国家治理体系的"十三个显著优势"中，首要的是坚持党的集中统一领导；在"十三个坚持和完善"的战略安排中，首位的是坚持和完善党的领导制度体系；在各项要求中，根本的是加强党对坚持和完善中国特色社会主义制度、推进国家治理体系和治理能力现代化的领导。必须坚决维护以习近平同志为核心的党中央权威和集中统一领导，健全总揽全局、协调各方的党的领导制度体系，把党的领导落实到国家治理各领域各方面各环节。

加强对新时代党治国理政
新经验的研究*

重大风险挑战既考验一个国家和民族的综合实力及执政党的治理能力，也检验其国家制度的力量和人民的精神力量。这次新冠肺炎疫情，是对国家治理体系和治理能力的一次大考。在以习近平同志为核心的党中央坚强领导下，我国疫情防控阻击战取得重大战略成果，统筹推进疫情防控和经济社会发展工作取得积极成效，展现了"中国之治"的实践威力和中国制度的显著优势，党的领导力在这一过程中得到了充分彰显和提升。正如习近平总书记指出的，我国疫情防控和复工复产之所以能够有力推进，根本原因是党的领导和我国社会主义制度的优势发挥了无可比拟的重要作用。

当前，疫情还在世界范围内蔓延，虽然中国抗疫取得了重大成果，但统筹推进疫情防控和经济社会发展工作还面临不少挑战，推进国家治理体系和治理能力现代化任重道远。习近平总书记指出："当今世界正经历百年未有之大变局，我国正处于实现中华民族伟大复兴关键时期，我们党正带领人民进行具有许多新的历史特点的伟大斗争，形势环境变化之快、改革发展稳定任务之重、矛盾风险挑

---

* 本文发表于《经济日报》2020 年 7 月 14 日。

战之多、对我们党治国理政考验之大前所未有。"① 这次疫情发生，也促进我们从中华民族伟大复兴战略全局和世界百年未有之大变局的高度，来进一步增强对中国共产党领导和中国特色社会主义制度的深刻理解，进一步深化对共产党执政规律的认识，加强对新时代党治国理政新经验的总结和理论升华，为"中国之治"提供有力的理论支撑、制度保障。

一是深入研究"怎样治理社会主义社会"这个重大课题。习近平总书记以广阔的世界历史眼光思考国家制度建设和国家治理问题，在党的十八届三中全会第二次全体会议上的讲话中明确提出"怎样治理社会主义社会这样全新的社会"这一重大课题。与资本主义社会的治理相比，治理社会主义社会有着根本性质的不同，同时在指导思想、价值理念、治理途径、制度安排以及治理的深刻性和复杂性方面，也有着显著的区别。曾经为共产党执政的社会主义国家苏联，最终解体的一个重要原因，就是没有解决好这个问题，没有形成有效的国家治理体系和治理能力。而资本主义社会的国家治理，无论如何不能摆脱资本主义私有制的局限，不能摆脱党派纷争与利益集团博弈的影响，不可能真正实现国家治理的公平公正、安定和谐和长治久安。这次疫情发生，就充分暴露了西方资本主义国家执政党的一些弊端顽症。实践证明，没有有效的国家治理体系和治理能力，就不能有效解决社会矛盾和问题，各种社会矛盾和问题日积月累、积重难返，必然带来严重政治后果。

中国共产党是具有高度制度自觉和卓越治理能力的马克思主义政党，在长期实践探索中，总是把开拓正确道路、发展科学理论、建设有效制度有机统一起来，及时把创新的理论原则、成功的实践经验转化为系统的制度成果。习近平总书记以深远的历史眼光，把我国制度建设进程划分为"前半程"和"后半程"："从形成更加成

---

① 《习近平在"不忘初心，牢记使命"主题教育总结大会上的讲话》，《人民日报》2020年1月9日第2版。

熟更加定型的制度看，我国社会主义实践的前半程已经走过了，前半程我们的主要历史任务是建立社会主义基本制度，并在这个基础上进行改革，现在已经有了很好的基础。后半程，我们的主要历史任务是完善和发展中国特色社会主义制度，为党和国家事业发展、为人民幸福安康、为社会和谐稳定、为国家长治久安提供一整套更完备、更稳定、更管用的制度体系。"① 从国家治理意义上说，党的十八届三中全会是划时代的，开启了全面深化改革、系统整体设计推进改革的新时代。党的十九届四中全会通过的《中共中央关于坚持和完善中国特色社会主义制度、推进国家治理体系和治理能力现代化若干重大问题的决定》，既体现坚持战略部署的一贯性和连续性，又根据我国发展要求和时代潮流，对实现"后半程"的历史任务作出全面规划和战略部署，形成新的理论成果、实践成果、制度成果，创造性回答了"怎样治理社会主义社会"这个关系党和国家前途命运的重大课题，具有全局性、开创性、里程碑标志的重大意义。当前，全面深入总结我们党治国理政经验和制度优势，不断推进理论创新、实践创新和制度创新，是坚持和完善中国特色社会主义制度、实现国家治理目标的必然要求。

二是深入研究新时代党治国理政的显著特征和新鲜经验。其中一个全局性、战略性的显著特征，就是新时代党治国理政实现了发展、改革、治理这三者的有机融合和高度统一。相比过去，新时代改革开放具有许多新的内涵和特点。一方面，要破解发展面临的各种难题，化解来自各方面的风险和挑战，更好发挥中国特色社会主义制度优势，推动经济社会持续健康发展，除了深化改革开放，别无他途。另一方面，制度建设分量更重，改革更多面对的是深层次体制机制问题，对改革顶层设计的要求更高，对改革的系统性、整体性、协同性要求更强，相应地建章立制、构建体系的任务更重。

---

① 《习近平关于社会主义政治建设论述摘编》，中央文献出版社2017年版，第6—7页。

正如习近平总书记指出的："我国发展走到今天，发展和改革高度融合，发展前进一步就需要改革前进一步，改革不断前进也能为发展提供强劲动力。"①

党的十九届四中全会和党的十八届三中全会历史逻辑一脉相承、理论逻辑相互支撑、实践逻辑环环相扣，目标指向一以贯之，重大部署接续递进。党的十八届三中全会侧重于发展与改革，以全面深化改革促发展，突破性、动态性特点鲜明；党的十九届四中全会侧重于发展与治理，突出制度建设，秩序性、稳定性特点鲜明。而在发展目标的制定中，从以往主要侧重于经济社会发展这个维度，转变为经济社会发展与改革、治理并重。所以说，在新时代，我们党治国理政实现了发展、改革和治理的有机融合和高度统一，也相应实现了发展方式、改革路径与治理举措的高度统一，必然产生新的理论成果、实践成果和制度成果，需要我们深入加以研究和总结。

三是深入研究中国共产党治国理政的比较优势。制度优势是一个国家的最大优势，制度竞争是国家间最根本的竞争。制度稳则国家稳，治理强则国家强。当今世界处于百年未有之大变局，世界范围内的制度竞争更加复杂、更加激烈，"中国之治"与"西方之乱"形成鲜明对比。在世界大变局中，"东升西降"趋势明显，我国成为推动这一趋势发展和世界格局变化的主要力量。同时，我国既处于重大战略机遇期，也面临诸多挑战。最重要的挑战，就是有的西方国家已经公开把中国当作主要竞争对手，在战略上围堵、在规则上钳制、在发展上迟滞、在形象上丑化。其根本目的就是颠覆中国共产党领导和中国特色社会主义制度，阻滞或中断中华民族伟大复兴的历史进程。今天，两种制度竞争加剧，而且这种制度竞争是长期的、复杂的。对此，我们必须头脑清醒，保持战略定力，绝不自失

---

① 《全面贯彻党的十八届五中全会精神 依靠改革为科学发展提供持续动力》，《人民日报》2015年11月10日第1版。

主张、自乱阵脚，在任何时候任何情况下都要坚定中国特色社会主义道路自信、理论自信、制度自信、文化自信。

在两种制度的竞争中，中国特色社会主义制度更加成熟更加定型，不仅为实现中华民族伟大复兴提供制度保障，也为世界上其他一些国家在社会制度建设上提供全新选择，不断丰富创新着人类制度文明。在西方国家社会治理明显呈现制度局限、制度困境、制度衰败的背景下，中国共产党的国家治理成效和制度建设成效越来越具有感召力和影响力。在这次全球疫情防控中，中国为世界赢得了宝贵时间，积累了有益经验，充分彰显了中国共产党领导和中国特色社会主义制度的显著优势，人类命运共同体理念也得到了世界范围内更广泛、更深切的认同。所以，我们要全面深入研究当前两种制度、两种治理竞争对比的新态势新特点，全面深入阐释中国共产党治国理政的卓越能力和丰富智慧，把具体经验上升到理论和规律，为新时代坚持和完善中国特色社会主义制度、推进国家治理体系和治理能力现代化提供智力支持。

坚持制度自信和制度创新的有机统一*

习近平在省部级主要领导干部学习贯彻党的十八届三中全会精神全面深化改革专题研讨班的重要讲话中提出，推进国家治理体系和治理能力现代化，必须完整理解和把握全面深化改革的总目标。我们的方向就是中国特色社会主义道路。没有坚定的制度自信就不可能有全面深化改革的勇气，同样，离开不断改革，制度自信也不可能彻底、不可能久远。摆在我们面前的一项重大历史任务，就是推动中国特色社会主义制度更加成熟更加定型。讲话高瞻远瞩，内涵丰富，深刻阐明了坚持根本方向、坚定制度自信和实现制度创新的辩证统一关系，具有极为重要的理论和实践意义。

坚持根本方向，独立自主走自己的路

方向决定命运前途，方向凝聚力量共识。明确"要往什么方向走"的问题是带有根本性的问题。在全面深化改革的关键历史时期，方向清晰、方向笃定、方向自觉，是至关重要的。习近平向全党重申"我们的方向就是中国特色社会主义道路"，具有很强的针对性和现实性。全面深化改革必须牢牢把握正确方向，改革开放的大船必

---

* 本文发表于《思想理论教育导刊》2014年第6期。

须始终沿循正确航向。

以习近平同志为主要代表的中国共产党人一以贯之地强调坚持中国特色社会主义道路的正确方向。习近平在参观《复兴之路》展览时明确强调:"全党同志必须牢记,道路决定命运,找到一条正确的道路多么不容易,我们必须坚定不移走下去。"他在关于党的十八届三中全会《决定》的说明中又指出:"改革开放到了一个新的重要关头。我们在改革开放上决不能有丝毫动摇,改革开放的旗帜必须高高举起,中国特色社会主义道路的正确方向必须牢牢坚持。"这次在省部级专题研讨班重要讲话中再次突出强调"我们的方向就是中国特色社会主义道路",就是庄严宣示:我们的改革是在中国特色社会主义道路上不断前进的改革,既不走封闭僵化的老路,也不走改旗易帜的邪路;深化改革的目的是不断推进我国社会主义制度的自我完善和发展,赋予社会主义新的生机和活力。

坚持根本方向,必须独立自主,坚定不移地走自己的路。我们党在领导革命、建设、改革长期实践中,历来坚持独立自主开拓前进道路。独立自主是我们立党立国的重要原则,就是坚持中国的事情必须由中国人民自己作主张,自己来处理。建设中国特色社会主义是一项前无古人的伟大探索,没有任何先例可循,没有任何现成模式可以套用,没有任何灵丹妙药能够解决问题。中国特色社会主义道路是中国共产党带领中国人民历尽千辛万苦、付出各种代价取得的成果。开拓这样的道路,不是靠照抄"本本",不是靠别人传授成功秘诀,不是靠走别人修的路、架的桥,而是由中国共产党领导中国人民在实践中自己来探索、自己来选择、自己来创造的。邓小平在改革开放之初就郑重宣告:"把马克思主义的普遍真理同我国的具体实际结合起来,走自己的道路,建设有中国特色的社会主义,这就是我们总结长期历史经验得出的基本结论。"① 在改革开放进入攻坚期的今天,在中华民族昂然屹立在世界东方、比历史上任何时

---

① 《邓小平文选》第3卷,人民出版社1993年版,第93页。

候都更接近实现伟大复兴的历史时期，中国共产党人更深刻、更自觉、更自信地认识到，没有一个国家、没有一个民族可以通过依靠外部力量、跟在他人后面亦步亦趋实现强大和复兴。我们独立自主开拓的道路既不同于过去模式的社会主义道路，也不同于西方资本主义道路，而是一条自己创造历史的新路。正如习近平所说的："我们走自己的路，具有无比宽广的历史舞台，具有无比深厚的历史底蕴，具有无比强大的前进定力。中国人民应该有这个信心，每一个中国人都应该有这个信心。"[①] 这就是当代中国共产党人的庄严宣告。只有中国特色社会主义才能发展中国，没有其他主义可以指引，没有其他方向可以抉择，没有其他道路可以替代。

坚持根本方向，必须完整理解和把握全面深化改革总目标。这个总目标是两句话组成的整体：一是完善和发展中国特色社会主义制度；二是推进国家治理体系和治理能力现代化。这两句话，不是简单的并列和平行关系，而是有着内在的必然联系和逻辑关系。前者规定了全面深化改革的性质和根本方向，具有决定和指引作用；后者是在前者决定和指引下明确了全面深化改革的具体指向。在这个意义上可以说，二者之间是内容与形式、目的与手段、决定与被决定的关系，前者为后者规定了出发点和基本内容，后者为前者提供了实践形式和实现路径。离开了前者，全面深化改革就会迷失方向，国家治理就可能陷入失去前提条件和本质内容的抽象"善治""良治"的泥淖中而毫无成效，治理现代化就可能蜕变为"西方化"和"资本主义化"；离开了后者，全面深化改革就可能失去现实基础和实践依托，就难以增强系统性、整体性和协调性，难以更好地提升运用中国特色社会主义制度有效治国理政的能力和水平。总之，二者紧密相连，相互作用，相辅相成，有机统一于探索"怎样治理社会主义社会"的伟大实践中。

---

① 习近平：《在纪念毛泽东同志诞辰120周年座谈会上的讲话》，《人民日报》2013年12月27日第2版。

坚定制度自信，巩固和发挥制度优势

中国共产党是具有高度制度自觉和坚定制度自信的马克思主义政党。在革命、建设和改革的各个历史时期，总是能够将科学理论、正确道路具体转化和体现在卓有成效的制度设计、制度安排中，从而为实现党的纲领和目标、推动社会发展进步提供坚实有力的制度保障。在新民主主义革命时期，我们党提出了新民主主义制度的目标纲领，带领人民取得新民主主义革命的胜利，实现了中国从几千年君主专制制度向人民民主制度的历史跨越。我们党在全国执政以后，一直积极探索社会主义制度建设和国家治理问题，虽然发生过严重曲折，但确立了社会主义基本制度，为当代中国一切发展进步奠定了根本的制度基础。改革开放以来，我们党以全新的角度思考制度建设和国家治理问题，在带领人民成功开辟、坚持和发展中国特色社会主义道路的过程中，形成了一整套相互衔接、相互依存的中国特色社会主义制度体系，为中国特色社会主义事业注入了强大生机和活力。

中国特色社会主义制度既体现了马克思主义和科学社会主义基本原则，又具有鲜明的中国特色；既符合中国社会主义初级阶段的基本国情，又顺应了时代发展潮流，具有鲜明的时代特色；既是中国自己实践经验的升华结晶，又吸收借鉴了人类制度文明的优秀成果。因而具有巨大的科学性、优越性。这说明，我们的国家治理体系和治理能力总体上是好的，是有独特优势的，我们应该有这样的自信。正是中国特色社会主义制度的科学性和优越性，是我们坚定制度自信的根本依据。

坚定制度自信，要具有战略定力。中国特色社会主义制度具有悠久的历史渊源、深厚的实践基础、强大的自我发展创造力，这是我们坚持制度自信、不照搬照抄别国制度模式的历史底蕴、实践底蕴和力量底蕴。正是中国特色社会主义制度有着这样的坚实基础和底蕴，才能在东欧剧变之后坚强抵住了"共产主义失败论""历史终结论"的挑战，在风云变幻的复杂环境坚持和捍卫了社会主义，宣告了那种认为各国都要以西方制度模式为圭臬和归宿的单线式历史观的破产。在改革开放的关键时期，在中国经济社会发展成就突出和国际地位显著提高、国际社会更加关注中国发展道路和发展模式的情况下，又相继成功回应了"中国崩溃论""中国威胁论"的挑战，从而更加自觉、更加坚定地追求实现中华民族复兴的中国梦。同发达资本主义国家陷入各种危机相比，同一些发展中国家陷入发展陷阱相比，同一些国家由于奉行西方推行的"民主""自由"而发生所谓"颜色革命"造成政治动荡、社会混乱相比，中国特色社会主义的发展是风景这边独好，显示了强大的制度优越性和生命力。因而，我们要充分认识到中国特色社会主义的优势、韧性、活力和潜能，保持强大的战略定力。

坚定制度自信，要保持政治坚定。中国特色社会主义制度的发展是在错综复杂的国际国内环境中进行的，各种思想观念和利益诉求相互激荡。面对各种影响和干扰，我们必须坚持马克思主义的政治立场观点方法，透过现象认清本质。比如在经济体制改革和经济制度问题上，有人提出中国应实行完全市场化、私有化的新自由主义改革，才能"扭转改革停滞和倒退"，才能解决"改革不到位"；在政治体制改革和政治制度问题上，有人提出中国应实行西方的多党制、三权鼎立、议会制等，主张只有实行西方"宪政"才能真正从"党治""人治"走向"法治""民治"；在社会体制改革和社会治理问题上，有人提出中国应大力推动西方"公民社会"建设，主张那种排斥党的领导和政府管理的"公民自治"；在文化体制改革和价值观问题上，认为中国制度和中国道路不具有特殊性和特色，必须奉行西方的自由、民主、人权的"普世价值"，重新进行"思想启蒙运动"和"价值观改造"等。面对种种思想观点的干扰和冲击，我们只有保持政治坚定性，明确政治定位，有立场，有主张，有定力，坚持从自己的实际和国情出发，按照自己的方式方法、路径模式来推进深化经济、政治、文化、社会体制改革，才能不为任何风险所惧、不为任何干扰所惑，才是制度自信的最好体现。

坚定制度自信，要把握制度优势。改革开放以来，我们不仅走出了一条不同于西方国家的成功发展道路，而且形成了一套不同于西方国家的成功制度体系，显示了独特优势。习近平指出，我们的制度和国家治理体系，是在我国历史传承、文化传统、经济社会发展的基础上长期发展、渐进改进、内生性演化的结果。这表明，中国特色社会主义制度的独特优势来源于：它是内生性演化的结果，不是外来性嫁接的产物；它是在本国经济社会发展基础上长期发展的结果，不是主观设计、一蹴而就的东西；它是对本国发展建设之鲜活实践经验的总结升华和对社会发展规律的深刻把握和创造性运用。它超越了西方的那种关于市场与政府、国家与社会、集中权威与民主自由、公共领域与私人领域等的机械的对立两分，而根据本国传统、现实国情和长期治理经验，实现了这些因素和关系的有机统一，因而形成了对比于西方社会制度的独特优势。它超越了一些发展中国家在现代化进程中遭遇的"中等收入陷阱"政治混乱和社会动荡陷阱，同时实现了经济快速增长、社会和谐稳定、充满改革活力，成为许多发展中国家在社会制度和运行体制上效仿的榜样。因而我们无论是成功应对各种危机还是创造发展奇迹，其原因不能简单归结为"后发优势"，不能偏见地归结为"走了别人修的路"，也不是偶然的幸运和天时地利，其成功奥秘恰恰在于中国特色社会主义制度的独特优势，以及由这种制度产生的能够团结一切可以团结的力量的优势、强大动员能力和集中力量办大事的优势、有效促进社会公平正义的优势等。因而，我们的自信就是归根结底来源于中国特色社会主义制度不可比拟的优越性。

全面深化改革，推动制度更加成熟更加定型

恩格斯说过："所谓'社会主义社会'，不是一种一成不变的东西，而应当和其他社会制度一样，把它看成是经常变化和改革的社会。"① 改革是社会主义制度的本质属性和内在发展的必然要求。现在改革又到了一个新的重要关头，进入新的历史阶段，制度的完善与创新成为核心和关键任务，全面深化改革的核心问题就是制度现代化问题。今天我们党处在这样的历史方位上，摆在我们面前的一项重大历史任务，就是推动中国特色社会主义制度更加成熟更加定型。正如习近平指出的："中国特色社会主义制度是特色鲜明、富有效率的，但还不是尽善尽美、成熟定型的。中国特色社会主义事业不断发展，中国特色社会主义制度也需要不断完善。"② "我们全面深化改革，是要使中国特色社会主义制度更好；我们说坚定制度自信，不是要固步自封，而是要不断革除体制机制弊端，让我们的制度成熟而持久。"从历史上看，我国社会主义实践以往的主要历史任务是建立社会主义基本制度，并在这个基础上进行改革。而当前和今后相当长一段时期的主要历史任务，就是完善和发展中国特色社会主义制度，实现制度现代化，为党和国家事业发展、为人民幸福安康、为社会和谐稳定、为国家长治久安提供一套更完备、更稳定、更管用的制度体系。

第一，必须坚持全面的系统的改革。实现制度现代化是一个极为复杂、极为宏大的系统工程。实现制度现代化不仅要解决好体制机制弊端问题，而且要解决好关系党和国家长治久安的全局性和战

---

① 《马克思恩格斯全集》第37卷，人民出版社1971年版，第443页。
② 习近平：《紧紧围绕坚持和发展中国特色社会主义 学习宣传贯彻党的十八大精神》，《人民日报》2019年11月19日第2版。

略性问题。因而全面深化改革，不是推进一个领域改革，也不是推进几个领域改革，而是推进所有领域改革。习近平强调："必须是全面的系统的改革和改进，是各领域改革和改进的联动和集成，在国家治理体系和治理能力现代化上形成总体效应、取得总体效果。"①要实现改革总目标，零敲碎打调整不行，碎片化修补也不行。因而，党的十八届三中全会第一次提出国家治理体系和治理能力现代化，也就是制度现代化，规定了总的目标，并在总目标下明确了经济体制、政治体制、文化体制、社会体制、生态文明体制和党的建设制度深化改革的分目标。这是我们党对改革认识的深化和系统化，对社会主义现代化规律认识的深化和系统化。所以只有坚持全面的系统的改革，才能不断提高运用中国特色社会主义制度有效治理国家的能力，更好发挥中国特色社会主义制度的优越性。

第二，必须着眼于"三个进一步解放"。党的十八届三中全会提出要进一步解放思想，进一步解放和发展社会生产力，进一步解放和增强社会活力。这"三个进一步解放"，既是改革的目的，又是改革的条件。进一步解放思想是前提，是总开关。思想不解放，就很难看清各种利益固化的症结所在，很难找准突破的方向和着力点，很难拿出有突破性的举措，因而必须继续解放思想，反对故步自封，打破不合时宜的思维定式。进一步解放和发展社会生产力是最根本最迫切的任务，是实现"两个一百年"目标、实现中华民族伟大复兴的根本的物质基础。制度现代化属于上层建筑方面的调整变化，必须适应经济基础的变化，必须适应生产力的发展，因而必须破除制约科学发展的体制机制障碍，坚持以经济建设为中心不动摇，坚持发展是执政兴国的第一要务不动摇，促进生产力的新的解放和发展。进一步解放和增强社会活力是动力源泉，要通过深化改革让一切创造社会财富的源泉充分涌流，激发全体人民的积极性、主动性、

---

① 《完善和发展中国特色社会主义制度　推进国家治理体系和治理能力现代化》，《人民日报》2014年2月18日第1版。

创造性，最大程度凝聚改革共识和力量，为顺利推进改革营造良好社会环境。

第三，必须维护和实现最广大人民群众的根本利益。马克思曾指出："不是国家制度创造人民，而是人民创造国家制度。""在民主制中，国家制度本身就是一个规定，即人民的自我规定。"① 改革开放以来，我们党坚持马克思主义的群众观点和群众路线，践行党的宗旨，把坚持人民主体地位作为首要的基本要求，把人民作为改革的主体，紧紧依靠群众推动改革，以促进社会公平正义、增进人民福祉作为改革的出发点和落脚点。习近平强调："推进任何一项重大改革，都要站在人民立场上把握和处理好涉及改革的重大问题，都要从人民利益出发谋划改革思路，制定改革举措。"② 实现制度现代化，就要认真思考广大群众期待什么样的制度，我们的制度是否成为维护和实现群众利益的坚强制度保障，制度的科学性和有效性归根结底由广大群众的实践来检验。只有这样，实现制度现代化才有了正确的方向和目的，才能真正如马克思所说，是"人民创造国家制度"，我们的各项制度是"人民的自我规定"。

第四，必须吸收借鉴世界优秀制度文明成果。我们根据国情和自己的历史传承、文化传统和经济社会发展状况建立和完善国家制度，选择自己的国家治理体系，不亦步亦趋地照搬别国模式，但这丝毫不排斥我们积极借鉴吸收其他国家和地区推进制度现代化、实施社会治理的有效经验和积累的制度文明成果。习近平指出："中华民族是一个兼容并蓄、海纳百川的民族，在漫长历史进程中，不断学习他人的好东西，把他人的好东西化成我们自己的东西，这才形成我们的民族特色。"③ 各国各地区的社会制度和治理方式有其制度

---

① 《马克思恩格斯全集》第3卷，人民出版社2002年版，第40页。
② 《紧紧依靠人民推进改革》，《人民日报》2013年11月22日第1版。
③ 习近平：《在庆祝中国共产党成立95周年大会上的讲话》，《人民日报》2016年7月2日第2版。

性质、阶级属性和历史文化的特殊性，但也有一定的规律性和共性。在经济全球化条件下，各种社会制度相互联系、相互作用、相互影响，在融合交流中比较竞争、取长补短。因而，我们实行制度现代化不可能脱离世界文明发展的轨道，不可能在自我封闭中独善其身。我们推进国家治理体系和治理能力现代化，要尊重世界各国各地区制度文明发展的多样性，虚心学习和认真借鉴各民族创造的优秀制度文明成果，以我为主，为我所用，使我们的制度现代化不仅赶上时代，而且引领时代潮流，走在时代前列，为人类文明发展做出更大贡献。

第五，必须加强和改善党对改革的领导。中国共产党领导是中国特色社会主义最本质的特征。全面深化改革，实现制度现代化，最核心的是坚持和改善党的领导、坚持和完善中国特色社会主义制度。偏离了这一条，那就南辕北辙，走上邪路。我们发展社会主义民主政治，深化政治体制改革，并不是削弱或放弃党的领导，而是要坚持和促进党的领导、人民当家作主、依法治国有机统一。在改革的新的重要关头，改革任务的繁重，推进改革的复杂程度、艰巨程度，问题之多，矛盾之大，都是空前的。没有党的坚强领导，什么事也干不成。必须始终坚持和不断加强党的领导，充分发挥党在各项改革中总揽全局、协调各方的领导核心作用，同时紧紧围绕提高科学执政、民主执政、依法执政水平，深化党的建设制度改革，完善党的领导体制和执政方式，为全面深化改革、实现制度现代化提供坚强政治保证。

"初心"是中国共产党人不懈奋斗的根本动力*

习近平总书记在"不忘初心、牢记使命"主题教育工作会议上指出:"为中国人民谋幸福,为中华民族谋复兴,是中国共产党人的初心和使命,是激励一代代中国共产党人前赴后继、英勇奋斗的根本动力。"习近平总书记这一重要论述深刻阐明了马克思主义执政党的动力来源,展现了当代中国共产党人的政治品格、价值追求、精神风范,为激励中国共产党人不断奋斗指明了方向、提供了根本遵循。

中国共产党人的初心和使命是激励中国共产党人坚持为崇高理想不懈奋斗的重要法宝。回望历史,中国共产党从成立之日起就把为共产主义、社会主义而奋斗确定为自己的纲领,并把实现共产主义确立为党的最高理想和最终目标,树立了共产党员的远大理想,使全体共产党员明确了前进方向。中国共产党成立以来,在崇高理想的指引下,一代又一代共产党人肩负起实现中华民族伟大复兴的历史使命,同中国人民接续奋斗,成立了中华人民共和国,进行了改革开放的伟大革命,开辟了中国特色社会主义道路,谱写了气吞山河的社会主义壮丽史诗,使中华民族焕发出新的生机活力,使中国大踏步赶上时代。习近平总书记指出:"我们党是否坚强有力,既

---

* 本文发表于《党建》2019年第7期。

要看全党在理想信念上是否坚定不移,更要看每一位党员在理想信念上是否坚定不移。"① 回顾过去,革命理想高于天,初心使命始终是中国共产党人不断前行的强大动力,激励了一代又一代共产党人英勇奋斗。展望未来,只有不忘初心、牢记使命,才能永远保持建党时中国共产党人的奋斗精神,激励共产党人在实现中华民族伟大复兴的征程中发挥主动性、积极性和创造性,不断把为崇高理想奋斗的伟大实践推向前进。

中国共产党人的初心和使命是激励中国共产党人永葆革命精神的重要法宝。中国共产党已经成为领导人民掌握全国政权的马克思主义执政党,同时是马克思主义革命党。习近平总书记指出:"不忘初心,牢记使命,就不要忘记我们是共产党人,我们是革命者,不要丧失了革命精神。"② 中国特色社会主义已经进入新时代,要实现党和国家兴旺发达、长治久安,全党同志只有不忘初心、牢记使命,才能永葆共产党人的革命精神、革命斗志,把我们党领导人民进行的伟大社会革命继续推进下去,同时不断进行自我革命。只有不忘初心、牢记使命,才能更好地激励广大党员干部,永远保持过去革命战争时期的那么一股劲、那么一股革命热情、那么一种拼搏精神,在决胜全面建成小康社会的战斗中、在推动经济社会全面发展的新使命中,勇往直前、奋发有为,努力使中国特色社会主义展现更加强大、更有说服力的真理力量。

中国共产党人的初心和使命是激励中国共产党人夺取中国特色社会主义新胜利的重要法宝。党的十八大以来,以习近平同志为核心的党中央以巨大的勇气和定力践行了共产党人的初心和使命,团结带领全党全国各族人民,全面审视国际国内新的形势,通过总结

---

① 习近平:《在庆祝中国共产党成立 95 周年大会上的讲话》,《人民日报》2016 年 7 月 2 日第 2 版。

② 《以时不我待只争朝夕的精神投入工作 开创新时代中国特色社会主义新局面》,《人民日报》2018 年 1 月 6 日第 1 版。

实践、展望未来，深刻回答了新时代坚持和发展什么样的中国特色社会主义、怎样坚持和发展中国特色社会主义这个重大时代课题，形成了习近平新时代中国特色社会主义思想，推动党和国家事业发生历史性变革、取得历史性成就。当前，世界正处于大发展大变革大调整时期，呈现出深刻复杂变化的态势，我国社会主要矛盾已经转化为人民日益增长的美好生活需要和不平衡不充分的发展之间的矛盾。在新时代新矛盾新征程中，我国面临的改革发展稳定任务之重前所未有，矛盾风险挑战之多前所未有。但只要坚持不忘初心、牢记使命，就能激励共产党人带领广大人民群众排除干扰、认准方向、坚定信心、攻坚克难，不断推进中国特色社会主义事业、夺取"两个一百年"奋斗目标的伟大胜利。

中国共产党人的初心和使命是激励中国共产党人不断奋斗的根本动力。在中央开展的这次"不忘初心、牢记使命"主题教育中，要始终把习近平新时代中国特色社会主义思想和党的十九大精神作为灵魂和主线贯穿其中，对照主题教育的具体目标，认真学习贯彻习近平总书记一系列重要讲话及论述，学习《习近平新时代中国特色社会主义思想学习纲要》《习近平关于"不忘初心、牢记使命"重要论述选编》等主要参考读物，认真检视影响和制约我们发展的问题，针对问题提出具体措施，并抓好整改落实。通过扎实开展主题教育，在党员干部中来一次深刻的初心使命教育，教育引导党员干部坚定对马克思主义的信仰、对中国特色社会主义的信念，深刻理解掌握习近平新时代中国特色社会主义思想的历史地位、时代背景、精神实质、核心内容、科学体系、实践要求，深刻领会其时代意义、理论意义、实践意义、世界意义，筑牢信仰之基、补足精神之钙、把稳思想之舵，教育引导党员干部以奋发有为的姿态干好正在做的事情，以良好的精神状态和实实在在的工作业绩喜迎新中国成立70周年。

进一步增强当代中国主流意识形态自信[*]

我国的主流意识形态是经济政治状况的集中反映和精神旗帜，它适应于社会发展的新变化、新情况、新阶段，并通过其强大的引导力、凝聚力和影响力，促进社会变革，推动社会发展，维系社会稳定。党的十八大以来，在以习近平同志为主要代表的中国共产党人坚强有力领导下，全面建成小康社会、全面深化改革、全面依法治国、全面从严治党和实现中华民族伟大复兴中国梦的伟大实践，同社会主义主流意识形态的建设与弘扬同步推进，相辅相成。实践的开拓创新及瞩目成就推动了主流意识形态地位与影响力的稳步提升，主流意识形态的积极构建与影响力增强促进了改革发展稳定新格局的开拓形成。总的讲，这是意识形态建设任务更加繁重的时期，也是大有作为的时期。唯有更加积极主动，更多现实观照，更为自觉自信，意识形态建设才能为全面深化改革的顺利推进提供有力的理论指导、精神动力和舆论支撑。

---

[*] 本文发表于《红旗文稿》2015年第3期。

主流意识形态的影响力稳步提升

　　意识形态作为思想上层建筑，其性质、内容和形式取决于一个时代的经济基础及社会结构，其发展状况和影响力的变化归根结底要从时代的经济社会发展中得到说明。党的十八大以来，以习近平同志为主要代表的中国共产党人在坚持和发展中国特色社会主义、追求实现中华民族伟大复兴中国梦的新的历史阶段，在治党治国治军、内政外交国防各领域各方面做出新部署，推出新举措，经济社会发展成效显著，社会大局和谐稳定，党风政风焕然一新，全社会向心力和凝聚力明显提高。在这样变化发展的背景下，主流意识形态的地位和影响力随之稳步提升，呈现出新面貌和新特点。主要体现在：

　　一是主流意识形态的公信力和认同度提高了。这种公信力和认同度来自党中央推行的一系列全局部署、长远谋划、务求实效、深得民心的治党治国治军举措。诸如落实改进工作作风、密切联系群众的八项规定，开展以反对"四风"为重点的群众路线教育活动，掀起"老虎""苍蝇"一起打、治标与治本相结合的反腐败斗争，全面深化改革、推进国家治理体系和治理能力现代化，全面推进依法治国、建设社会主义法治国家，培育践行社会主义核心价值观，等等。党的十八大之后仅两年多时间，中国特色社会主义"五位一体"建设成绩显著，党风政风为之一新，综合国力和国际影响力显著提高，广大群众对党的路线方针政策认同度提高，信心增强，拥护支持声音高涨，我国主流意识形态的公信力和认同度也随之明显提高。

　　二是主流意识形态的引导力和掌控力增强了。中国特色社会主义道路的成功开拓，创造的一个个举世瞩目的中国奇迹，使得国内多年来与主流意识形态挑战争锋的新自由主义、社会民主主义、"普世"价值论、西方"宪政"论、历史虚无主义等非主流意识形态影响力下降；国际上的"中国崩溃论""中国失败论"等渐趋式微，而"中国威胁论""中国争霸论"尽管有所抬头，但由于中国推行和平共赢的外交政策，这些论调也难以赢得多数人认同。党和人民不断增强的道路自信、理论自信、制度自信，提升了主流意识形态的自信，也提升了其对多元多样思想观点的引导力、对非主流意识形态的竞争力、对各种噪声杂音的掌控力，以及开展有理有利有节舆论斗争的效力。主旋律更加强劲高昂，正能量更加汇集凝聚，主导力更加强大从容。

三是主流意识形态的开放性和包容性拓展了。党的十八大以来，我国改革开放的深度和广度都大大提高了，中国与世界相互作用、相互影响的关系更加密切。主流意识形态建设更加注重统筹国际国内两个大局，更加注重历史资源与现实经验的有机融合，更加注重维护意识形态安全与兼容并蓄其他思想思潮观念的关系，更加注重坚持思想文化的先进性与广泛性的统一，其开放性和包容性明显拓展，充分展现了主流意识形态的博大自信和蓬勃生命力。深入学习贯彻习近平总书记系列重要讲话，中国化马克思主义在新的实践中与时俱进，形成一系列最新的理论成果；中华传统文化得到高度重视和弘扬，其优秀理念和精华内容转化为中国特色社会主义理论和先进文化的内生之源和丰富滋养；世界各国各地区思想文化的合理成分和国家治理的有益经验，已成为中国特色社会主义理论和制度的重要创新资源和有机因子。主流意识形态的延拓力、整合力、覆盖面、影响力都显著地拓展与增强。

非主流意识形态影响力下降但挑战仍将持续

可以说，当前主流意识形态地位稳步提升，处于明显的优势和主导地位。相对而言，非主流意识形态在时代大潮淘洗和实践检验中逐渐失去影响力。这反映了非主流意识形态所代表的政治力量和利益集团社会号召力和动员力的下降趋势，也反映出其倡导的理论主张及政治方向被实践证明是偏离了正确的发展道路。但同时，非主流意识形态也呈现出新的特点和态势，继续以变化了的内容和方式持续挑战主流意识形态。主要体现在：一是政治诉求和价值取向趋于显性化、公开化，比如在关于全面深化改革的路径与方向、依法治国与党的领导的关系等的重大决策中，都发出异于主流的较强的声音；二是多种非主流意识形态汇集合流，设置某个或数个易引起人们关注和激发情绪的话题，制造"意识形态群体性事件"；三是非主流意识形态越来越多地借助学术讨论、政策辩论平台，一些所谓"公共知识分子"成为其主要传播者、鼓动者、建言者。

改革开放 30 多年来，交替出现或同时并存的成规模非主流意识形态包括新自由主义、民主社会主义、西方宪政主义、"普世"价值论、历史虚无主义以及一些极端"新左派"思潮等。党的十八大以来，由于中国特色社会主义主流意识形态影响力的提升，这些非主流意识形态影响力虽然下降，但继续以新的方式对主流意识形态发起冲击并形成一定挑战。其中一种主要方式与策略，就是以"深度解读"主流意识形态理论、政策为手段，传播渗透其观点主张。比如，新自由主义在国际金融危机发生之后在国际国内都信誉扫地，但当前，一些信奉和宣扬新自由主义的人，将我们党提出的"市场在资源配置中的决定性作用"解读为"彻底市场化"，从而否定政府在宏观调控中发挥出作用，将"发展混合经济"解读成将公有制企业"私有化"，给人们带来了极大的思想困惑；民主社会主义或社会民主主义在与中国特色社会主义的比较竞争中逐渐式微，但仍有一定影响和市场，特别是其中一些人将重点放在抨击共产党"垄断"和"极权"，中国"政治民主化"进程跟不上"经济市场化"进程，人权得不到有效保障等方面，从而保持着一定的影响力；主张实行西方宪政者将党的十八届四中全会提出的"依宪治国""依宪执政"，解读为实行西方的"宪政"，批评党的领导过于"强势"，宪法权威无法保障和落实;"普世"价值论者仍然以直接或间接的方式论说"没有什么中国特色,只有普世道路";历史虚无主义则把"历史虚无"的罪名扣到共产党身上,并通过重新解说各种历史事件影响误导群众对党的历史和党的领袖的评价;而各种极端"新左派"则利用腐败问题、贫富差距问题等,否定改革开放的成就,极端者还为"文化大革命"辩护,等等。

以上这些非主流意识形态的渗透、挑战呈现出的新方式、新特点,更具蛊惑性和危害性,对主流意识形态的影响不可低估。要进一步巩固主流意识形态的主导地位和影响力,根据新情况新态势防范和应对其蔓延和渗透。

主流意识形态要进一步增强自信

当前是进一步巩固和创新主流意识形态的大好时期。党的十八大以后,党和国家事业的新发展、新变化、新成就、新气象,为社会主义主流意识形态的巩固、创新、提升、拓展提供了大好机遇和广阔空间;主流意识形态的巩固和提升,又促进全面深化改革事业的发展。主流意识形态要增强自信,要大有作为,在新的实践中进一步增强中国特色社会主义的道路自信、理论自信、制度自信。

一是积极推进党的指导思想创新,不断丰富和发展马克思主义中国化理论成果。马克思主义指导思想,中国特色社会主义共同理想,是当代中国主流意识形态的核心和灵魂,决定主流意识形态的性质和方向。一方面,要始终旗帜鲜明地坚持马克思主义的指导地位不动摇,坚持用马克思主义中国化最新成果统领意识形态建设;另一方面,要坚持解放思想,实事求是,与时俱进,积极推进党的理论创新。党的十八大以来,以习近平同志为主要代表的中国共产党人在治党治国治军、内政外交国防等各领域各方面取得了开创性成就,习近平总书记系列重要讲话是新时期我们党治国理政经验的高度总结和集中体现，是坚持和发展中国特色社会主义、实现中华民族伟大复兴中国梦的指导方针，是马克思主义中国化的最新成果。立足新实践，总结新经验，升华新理论，不断丰富和发展马克思主义中国化新成果，是主流意识形态建设的核心任务，也是增强理论自信的思想源泉和理论基础。

二是增强主动性和引导力，加强对非主流意识形态的驾驭和整合。同非主流意识形态竞争和斗争，并在这一过程中不断发展壮大主流意识形态，是理论发展的一般进程和规律。从历史上看，马克思主义就是在不同历史时期同各种非马克思主义思潮的竞争和斗争中获得发展的。一方面要加强正面宣传、引导和阐释，使主流意识形态深入人心，为广大群众真正理解、认同和掌握。另一方面要开展积极的舆论斗争，针对各种非主流意识形态的新动态、新特点和新趋势，及时分析研判，掌握主动权，打好主动仗。至言不出，俗言胜也；至理不明，谬论妄也。要通过深入研究和科学阐释重大理论和现实问题，比如中国特色社会主义道路的性质和内涵、全面深化改革的方向和目标、依法治国的原则和方针等等，用科学正确的理论阐释，用有说服力、感染力的宣传教育，使党的路线方针政策深入人心，使主流意识形态成为"普照之光"，在竞争比较中增强主导力、凝聚力和整合力。

三是坚持理论自信，积极推进话语权和话语体系建设。话语权建设是主流意识形态建设和增强自信的关键和迫切任务，其目的有两个：第一是抵制和反对西方的意识形态霸权，采取有效措施应对其渗透和影响；第二是将中国特色社会主义实践的丰富成果和宝贵经验凝练升华，形成具有中国特色、中国风格、中国气派的概念、范畴、理论和话语体系。没有自己的理论体系和话语体系，就不可能有真正的理论自信，主流意识形态就会缺少"脊梁"和"筋骨"，无法长久居于主导地位。改革开放以来，我们党在理论与实践创新中积累了诸多属于自己"专利权"的、创造性的理论、范畴和话语体系，比如社会主义初级阶段，社会主义市场经济，党的领导、人民当家作主和依法治国三者有机统一，社会主义核心价值观，等等，它们是抗衡西方"私有化改革""宪政民主""司法独立""公民社会""普世价值"等思潮和话语的最有力武器，也是主流意识形态增强自信的最根本依据。

四是兼收并蓄、汲取精华，扩大主流意识形态的开放性和包容性。主流意识形态要适应当今社会人们思想的多样性、独立性、选择性和差异性的变化，获得最广大人民群众的广泛认同和支持，代表最广大人民群众的愿望和诉求，就要在坚持马克思主义指导地位的前提下，处理好指导思想"一元化"同各种思想观点"多样性"的关系，从诸多思想观点中汲取合理成分，从古今中外文明成果中吸收营养，与时俱进、不断创新，兼收并蓄、丰富完善。比如，社会主义核心价值观就吸收了人类文明发展成果中关于自由、平等、民主、法治的理念，吸收了古今中外文化中深厚蕴含、代代相传的爱国、敬业、诚信、友善的优秀品质，并结合时代特征和实践发展将其发扬光大，使之成为主流意识形态的有机组成部分。只有不断增强开放性和包容性，当代中国的社会主义主流意识形态才会不断增强吸引力、感召力、竞争力，才能有效地发挥自身的引领和整合作用，从而更具自信，更加自觉，更有作为，真正成为全党全国人民团结奋斗的共同思想基础和精神支撑。

新时代意识形态工作要在
增强凝聚力和引领力上下功夫[*]

习近平总书记在全国宣传思想工作会议上指出，中国特色社会主义进入新时代，必须把统一思想、凝聚力量作为宣传思想工作的中心环节。全党特别是宣传思想战线必须担负起建设具有强大凝聚力和引领力的社会主义意识形态的战略任务。这是从新时代党和国家事业全局出发，突出强调意识形态工作的极端重要性，并对新时代意识形态工作做出的重要部署，是当前做好意识形态工作的根本遵循。

正确把握新时代意识形态领域存在的突出问题，在关键处、要害处下功夫

中国特色社会主义进入新时代，为社会主义意识形态的巩固创新、丰富提升、发展壮大提供了机遇和广阔空间。但也要清醒地认识到，当前我国面临的改革发展稳定任务之重、矛盾风险挑战之多、治国理政考验之大都是前所未有的。意识形态工作的社会环境和现实条件发生着复杂而深刻的变化。我们处于全面建成小康社会的决

---

* 本文发表于《中国党政干部论坛》2018年第9期。

胜期，处于实现"两个一百年"奋斗目标的关键历史时刻。实现党的十九大确定的战略目标，进行"四个伟大"的新实践，需要凝聚起全党全国各族人民的磅礴力量，更加需要坚定自信、鼓舞斗志，更加需要同心同德、团结奋斗。增强社会主义意识形态凝聚力和引领力，必须进一步探索总结新时代意识形态建设规律，关键是坚持问题导向，认真研究解决当前意识形态领域存在的突出问题。

一是马克思主义指导地位与多样化社会思潮的关系问题。一方面，我们党坚持用马克思主义观察时代、解读时代、引领时代，把马克思主义基本原理同新时代中国具体实际相结合，不断推进马克思主义中国化理论创新，不断开辟当代中国马克思主义、二十一世纪马克思主义新境界。另一方面，多样化社会思潮纷杂呈现，多元化思想观点激烈交锋，社会舆论场分化纷争。总的来看，马克思主义一元化指导地位正经受各种社会思潮的影响和挑战。比如，新自由主义、西方"宪政"民主、"普世价值"、历史虚无主义等错误思潮，虽噪声杂音影响渐弱但又余音未绝，并总是寻机发声，有时还彼此呼应；"意识形态终结论""意识形态淡化论""去意识形态化""非意识形态化"等错误观点，对马克思主义在意识形态领域的指导地位也构成了挑战。意识形态领域新旧问题交织，风险因素持续累积。

二是社会主义核心价值观与多元化价值观念的关系问题。随着经济体制的深刻变革、社会结构的深刻变动、利益格局的深刻调整，无论是在广度还是深度上，我国都正在经历着前所未有的社会变革。在这一过程中，新的价值关系和价值诉求在加速形成，人们思想观念和价值取向的多样性、独立性、选择性、差异性在不断增强，用社会主义核心价值观引领整合多元价值观念的难度也随之加大。比如市场经济的逐利性，会导致或助长功利主义、物质主义、拜金主义、极端个人主义等蔓延，冲击作为社会主义核心价值观之基础的集体主义精神、团结互助精神、奉献精神等；西方消费主义、泛娱乐主义、后现代主义、解构主义等思潮的影响，增加了社会思想价值观念的复杂性，有人甚至提出"消解主流意识形态"。这些问题造成部分人价值观混乱，对培育和弘扬社会主义核心价值观造成许多不利影响。

三是中国国际地位和影响力提升与面对各种遏制的问题。随着中国的快速发展及日益走近世界舞台中央，中国的国际影响力、感召力、塑造力、引领力进一步提高，中国发展道路、发展理念、发展经验得到国际社会广泛认同，中国智慧、中国方案、中国贡献得到世界各国高度赞誉，全方位、多层次、立体化的中国特色大国外交布局为我国发展营造了良好的外部条件。但一些西方国家的敌对势力认为中国发展是对其资本主义社会制度和价值观的挑战，是对现存国际秩序的挑战，进而大肆渲染"中国威胁论""中国称霸论""中国不遵守国际规则论"等，以混淆视听；有的制造"塔西佗陷阱""修昔底德陷阱""中等收入陷阱""金德尔伯格陷阱"等各式各样的"陷阱论"，企图影响中国发展进程；有的甚至歪曲中国社会制度，说成"国家资本主义""威权资本主义"等。西方敌对势力对我国实施西化、分化、弱化的图谋一直没有改变，有时还会借机插手我国国内矛盾和问题，蓄意制造各种事端；一些西方国家拉拢我周边国家堵截我国发展前进的道路等，这些也都直接体现为意识形态领域的斗争。

四是意识形态管理工作方式面临各种新媒体迅猛发展的挑战问题。当今时代，互联网不仅是意识形态斗争的主战场，也是意识形态工作的主阵地和最前沿。意识形态领域许多新情况新矛盾新问题往往因网而生、因网而增，许多错误思潮以网络新媒体为平台迅速生成发酵及传播。近年来，移动互联网技术正在经历裂变式发展，加速推动意识形态领域发生"移动化革命"，由传统媒体主导的"意识形态场域"被彻底改变。因此，做好意识形态工作，要把维护网络意识形态安全作为重中之重。此外，西方国家凭借长期积累的话语强势和对信息技术的控制权，在意识形态话语权争夺中仍占据优势地位，移动新媒体已经成为一些西方国家对我国进行意识形渗透的主要依托，给我国意识形态管理带来新的问题和挑战，传统的宣传管理方式和做法还不能够完全适应各种新媒体的迅猛发展。

紧紧围绕"统一思想、凝聚力量"中心环节，切实增强社会主义意识形态的凝聚力和引领力

新时代是意识形态建设任务更加繁重的时期，也是大有作为的时期。要因事而化、因时而进、因势而新，以习近平新时代中国特色社会主义思想为指导，以不断增强思想工作"两个巩固"为根本任务，以坚定"四个自信"为关键，以服务党和国家工作大局为方针，以增强主流意识形态的凝聚力和引领力为着力点，为决胜全面建成小康社会、实现"两个一百年"奋斗目标、夺取新时代中国特色社会主义新胜利提供强大的思想引领、舆论引导、理论支撑和精神力量。

一是做好做强马克思主义宣传教育工作，特别是要在学懂弄通做实习近平新时代中国特色社会主义思想上下功夫。马克思主义始终是我们党和国家的指导思想，是我们认识世界、把握规律、追求真理、改造世界的强大思想武器。新时代中国共产党人要深入学习掌握马克思主义基本原理和立场观点方法，不断从中汲取科学智慧和理论力量，用经典涵养正气、淬炼思想、升华境界、指导实践，真正把马克思主义这个看家本领学精悟透用好。

当前，加强理论武装的中心任务就是用马克思主义中国化最新成果习近平新时代中国特色社会主义思想武装全党、教育人民，切实增强干部群众的政治认同、思想认同、理论认同、情感认同，增强"四个意识"，坚定"四个自信"，推动当代中国马克思主义、二十一世纪马克思主义深入人心、落地生根。我们应深刻领会这一科学理论贯穿的马克思主义世界观和方法论，深刻掌握其精神实质、核心要义、科学体系、丰富内涵、实践要求，树立长期坚持和不断

发展这一科学理论的自觉性和坚定性，更加自觉地用这一重大思想武装头脑、指导实践、推动工作。

二是牢牢掌握意识形态工作领导权。意识形态工作关乎旗帜、关乎道路、关乎国家政治安全，决定着文化前进方向和发展道路，对一个政党、一个国家、一个民族的生存和发展至关重要，一刻也不能放松和削弱。各级党组织必须全面落实意识形态工作责任制，坚持党管宣传、党管阵地、党管舆论、党管媒体，做到守土有责、守土负责、守土尽责，压实压紧各级党委（党组）责任，做到任务落实不马虎、阵地管理不懈怠、责任追究不含糊，确保意识形态安全和政治安全。意识形态工作领导权只有牢牢掌握在坚定的马克思主义者手中，才能更好巩固和发展社会主义意识形态，不断增强党、国家和民族的凝聚力向心力，增强意识形态工作的引领力控制力，为在新时代顺利推进党和国家的各项事业提供思想保证、汇聚强大力量、凝聚广泛共识。

三是持续提升主流意识形态的话语权和引领力。要围绕干部群众普遍关心的理论和现实问题，开展具有说服力的理论阐释、具有号召力的教育引导、具有感染力的典型宣传，更加高昂地弘扬主旋律、更加强劲地壮大正能量。要以丰富发展壮大主流意识形态为目标，更加积极主动地推进话语权建设，坚持马克思主义在我国哲学社会科学领域的指导地位，坚持文化自信是最基础、最广泛、最深厚的自信，是更基本、更深沉、更持久的力量，建设具有中国特色、中国风格、中国气派的哲学社会科学、理论体系和话语体系，巩固和提升主流意识形态引领力。要着力推进国际传播能力建设，通过创新对外宣传方式、构建对外话语体系，传播中国优秀文化，传播好中国声音，主动宣介新时代中国特色社会主义思想，主动讲好中国共产党治国理政的故事、中国人民奋斗圆梦的故事、中国坚持和平发展合作共赢的故事，让世界更好地了解中国。

四是增强意识形态工作队伍政治素养和专业能力。意识形态工作本质上是政治工作，必须旗帜鲜明讲政治。意识形态工作队伍要不断提高政治觉悟和政治能力，不断强化政治敏锐性和政治鉴别力，不断增强脚力眼力脑力笔力，做到善于从政治上观察和处理问题。要坚持以立为本、立破并举，加强对各种社会思潮的辨析和引导，敢于发声亮剑，善于释疑解惑，守护好社会主义意识形态的前沿阵地。要开展积极的舆论斗争，针对各种非主流意识形态的新动态、新特点和新趋势，及时分析研判，掌握主动权，打好主动仗。同时，要注意区分政治原则问题、思想认识问题、学术观点问题，用中国特色社会主义这把尺子作为区分和评判标准，坚持具体问题具体分析、是什么问题就解决什么问题，既不丧失政治原则性，也不随意上纲上线。

五是不断创新意识形态工作的方式和方法。既要注重意识形态的教育性、灌输性，又要注重意识形态的说服性、说理性，根据受众需要精准施策。同时还要适应现代传播方式、传播形态、传播格局的深刻变革，做好新媒体意识形态建设。必须科学认识网络传播规律，提高用网治网水平，使互联网这个最大变量变成事业发展的最大增量。要加强互联网内容建设，做大做强网上正面宣传，汇聚传播正能量，营造风清气正的网络空间。要准确分析研判网络舆情，善于把主流意识形态宣传教育与群众关心的热点问题紧密结合起来。要紧跟各种传播平台发展步伐，创新传播手段，拓宽工作渠道，把传统媒体内容优势和新媒体传播优势紧密结合起来，推动两类媒体尽快从相"加"迈向相"融"，提高新闻舆论传播力、引导力、影响力、公信力，巩固壮大主流思想舆论。要坚持以人民为中心的工作导向，加强话语方式创新，善于运用大众的、通俗的内容和形式，善于将主流意识形态的政治话语、理论话语、学术话语转化为广大人民群众喜闻乐见的话语形式，让党的创新理论"飞入寻常百姓家"。

坚持马克思主义在意识形态领域指导地位的根本制度[*]

党的十九届四中全会从新时代党和国家事业全局出发，把坚持马克思主义在意识形态领域指导地位作为一项根本制度明确提出和全面部署。这是我们党首次提出把马克思主义在意识形态领域指导地位作为根本制度，是进入新时代以来我们党在意识形态领域做出的最新制度安排，是中国特色社会主义制度在意识形态和文化领域的具体体现，表明我们党对坚持以马克思主义为指导的意识形态工作规律的认识达到一个新高度。这一重大制度安排，对于进一步做好新时代意识形态工作，建设具有强大凝聚力和引领力的社会主义意识形态，巩固全党全国人民团结奋斗的共同思想基础，繁荣发展社会主义先进文化，维护国家意识形态安全，具有根本性、全局性、长远性的重大意义。深入学习贯彻党的十九届四中全会精神，在新时代更好地坚持马克思主义在意识形态领域指导地位根本制度，就要深刻理解和全面把握"为什么、做什么、怎么做"，真正把这项意识形态及思想文化领域根本制度的显著优势转化为思想认同、行动自觉和治理效能。

---

[*] 本文发表于《红旗文稿》2020年第5期。

把坚持马克思主义在意识形态领域指导地位作为一项根本制度的重大意义

一是有效解决马克思主义指导地位面临新情况新问题的迫切需要。党的十八大以来，在以习近平同志为核心的党中央高度重视和推动部署下，马克思主义在我国意识形态领域指导地位更加鲜明、巩固深化，思想文化领域发生了历史性的根本变化。马克思主义学习研究取得实效，马克思主义世界观方法论得到切实贯彻，马克思主义中国化时代化大众化取得显著成绩，党的创新理论深入人心。运用马克思主义立场观点方法分析解决当代中国发展的实际问题不断增强，坚持用习近平新时代中国特色社会主义思想武装头脑、指导实践、推动工作取得显著成效。同时，也要清醒地看到，当前在坚持马克思主义指导地位方面，仍存在需要根本解决的问题。比如，有的领域中马克思主义被边缘化、空泛化、标签化的问题还没有得到根本解决；教条主义、实用主义对待马克思主义的倾向还没有彻底克服；运用马克思主义指导实践的主动性、自觉性、坚定性仍需增强；运用马克思主义立场观点方法解决中国实际问题的功力和水平有待提升；建设以马克思主义为指导的学科体系、学术体系、话语体系上还需下大的功夫；用党的创新理论武装全党、教育人民需要确立切实有效机制等。这些问题，都需要在理论与实践的结合上下大力气解决。

二是用马克思主义中国化最新成果武装起来的迫切需要。理论创新每前进一步，理论武装就要跟进一步。我们党始终重视思想建党、理论强党，使全党始终保持统一的思想、坚定的意志、协调的行动、强大的战斗力。毛泽东同志曾说："如果我们党有一百个至二百个系统地而不是零碎地、实际地而不是空洞地学会了马克思列宁主义的同志，就会大大地提高我们党的战斗力量。"① 习近平同志也指出："我们党之所以能够不断历经艰难困苦创造新的辉煌，很重要的一条就是我们党始终重视思想建党、理论强党，坚持用科学理论武装广大党员、干部的头脑，使全党始终保持统一的思想、坚定的意志、强大的战斗力。"② 目前，我们党已经拥有9000多万党员、460多万个基层党组织，在14亿人口的大国长期执政，党面临的形势更加复杂、肩负的任务更加繁重，如果党员干部缺乏理论思维，是难以战胜各种风险和挑战的，也是难以不断前进的。只有坚持用习近平新时代中国特色社会主义思想这一当代中国马克思主义、二十一世纪马克思主义武装头脑，才能使全党全社会思想上的团结统一更加巩固，确保全党统一意志、统一行动、步调一致前进。当前，马克思主义中国化进程处于历史新飞跃中，党的理论创新和实践创新步伐大大加快，新时代新思想不断丰富发展。学懂弄通做实习近平新时代中国特色社会主义思想还要下大功夫，需要紧密结合新时代新实践，紧密结合思想和工作实际，掌握贯穿其中的马克思主义立场、观点、方法，不断加强马克思主义理论武装，需要随着时代和实践的新发展而切实做到长期坚持与不断发展的有机统一。我们党依靠学习创造了历史，更要依靠学习走向未来。加快推进马克思主义学习型政党、学习大国建设，就必须坚持把学习贯彻习近平新时代中国特色社会主义思想作为重中之重，使思想、能力、行动跟上党中央要求、跟上时代前进步伐、跟上事业发展需要。

三是推进国家制度和治理能力建设的迫切需要。国家治理体系和国家治理能力是一个国家的制度和制度执行能力的集中体现。推进国家治理体系和治理能力现代化，是完善和发展中国特色社会主义制度的必然要求，是实现社会主义现代化的题中应有之义。纵观社会主义从诞生到现在的历史过程，怎样治理社会主义社会这样的

---

① 《毛泽东选集》第2卷，人民出版社1991年版，第533页。
② 《习近平谈治国理政》第2卷，外文出版社2014年版，第67页。

全新社会，在以往的世界社会主义实践中没有解决得好。推进国家治理体系和治理能力现代化，必须解决好价值体系问题。坚持以马克思主义为指导，能够有效整合社会意识，是社会系统得以正常运转、社会秩序得以有效维护的重要途径，是国家治理体系和治理能力的重要方面。习近平同志指出："我国今天的国家治理体系，是在我国历史传承、文化传统、经济社会发展的基础上长期发展、渐进改进、内生性演化的结果。"[1] 我国国家治理制度和国家治理体系之所以显示出强大生命力和巨大优越性，归根结底，就在于它是以马克思主义为指导、植根中国大地、具有深厚中华文化根基、深得人民拥护的制度和治理体系。新中国成立以来，我们党治国理政的一条重要经验和独特优势，就是善于运用与时俱进的科学思想指引方向、凝聚力量，把思想理论文化建设作为贯穿制度建设和国家治理的一条红线。坚持和完善中国特色社会主义制度、推进国家治理体系和治理能力现代化，必须始终坚持马克思主义指导地位，用党的创新理论科学指引，提升信仰信念，筑牢思想根基，夯实理论基础，使党和国家事业始终沿着正确的方向前进。

四是有效应对意识形态风险挑战的迫切需要。意识形态工作是一项为国家立心、为民族立魂的工作，关系党的执政地位和事业大局。习近平同志反复强调："经济建设是党的中心工作，意识形态工作是党的一项极端重要的工作。"[2] 我们在集中精力搞经济建设的同时，绝不能忽视、放松或削弱意识形态工作。现实生活又总是在不断发展变化的，这就要求理论能够对现实中碰到的新情况、新问题做出合理的有说服力的解释或引导。进入新时代，我国意识形态领域面临的内外部环境发生深刻变化，必须立足于时代课题，研究新情况，解决新问题，为马克思主义意识形态理论发展注入新的活力。

---

[1] 中共中央文献研究室编：《习近平关于全面深化改革论述摘编》，中央文献出版社2014年版，第21页。

[2] 《习近平谈治国理政》，外文出版社2014年版，第153页。

习近平同志和党中央把意识形态安全置于国家安全的重要位置，把应对意识形态领域风险挑战作为直接关系党和国家前途命运的重大问题。从国内看，随着深化改革过程中利益格局和利益关系的深刻调整，人们思想观念、价值观念、价值取向更趋多元多样多变，我国主流意识形态面临新挑战，马克思主义、非马克思主义甚至反马克思主义的思想观点同时存在，先进的和落后的相互交织，积极的和消极的相互影响，坚持马克思主义的指导地位面临新环境新问题。从外部环境看，基于多元共生的不同历史文化基础，不同文明、不同社会制度之间相互交流与相互对冲呈现新特点，甚至有时趋于相互斗争且复杂尖锐，我国意识形态安全面临新挑战。只有坚持马克思主义在意识形态领域指导地位的根本制度，才能在意识形态斗争中立根本、强底气，有效维护国家意识形态安全。

习近平同志指出："马克思主义是我们立党立国的根本指导思想。背离或放弃马克思主义，我们党就会失去灵魂、迷失方向。在坚持马克思主义指导地位这一根本问题上，我们必须坚定不移，任何时候任何情况下都不能有丝毫动摇。"[1] 制度具有根本性、全局性、稳定性和长期性，要把"根本指导思想"作为根本的制度遵循长期坚持稳固下来，把内在信念转化为外在的自觉遵守和行为规范，把思想引领、理论教育同刚性规定的规章制度结合起来，对于更有效地坚持马克思主义指导地位具有十分重要的意义。

坚持马克思主义在意识形态领域指导地位的根本制度的主要任务

一是巩固马克思主义指导地位、加强意识形态领导权的问题。意识形态作为一定社会的观念上层建筑，对于社会的经济发展、政

---

[1]《十八大以来重要文献选编》（下），中央文献出版社2018年版，第346页。

权巩固、社会稳定具有巨大的反作用。毛泽东同志说过："凡是要推翻一个政权，总要先造成舆论，总要先搞意识形态方面的工作。无论革命也好，反革命也好。"习近平同志反复强调，意识形态工作是党的一项极其重要的工作，关乎旗帜、关乎道路、关乎国家政治安全，要牢牢掌握意识形态工作领导权和话语权。新时代，随着党和国家事业取得历史性成就，以马克思主义为核心的主流意识形态地位稳步提升，牢牢占据优势和主导地位，确保党和国家事业沿着社会主义方向胜利前进。但也要清醒看到，各种错误观点思潮对马克思主义指导地位的挑战还不同程度存在，在一些重要节点和重要时期也以新的形式集中发起挑战。比如，新自由主义、西方"宪政民主"、"普世价值"、民粹主义等错误思潮时有出显，对中国特色社会主义经济、政治、文化、社会、生态文明等各方面建设造成冲击，甚至矛头指向中国共产党领导和中国特色社会主义制度。还有人渲染"意识形态终结论""意识形态淡化论""去意识形态化""非意识形态化"等错误观点，也不同程度地淡化或削弱马克思主义在意识形态领域的指导地位。从根本制度上保证马克思主义指导地位的巩固和中国化马克思主义最新成果的统领，是一项长期艰巨的重大任务。

二是不断用党的创新理论成果武装头脑、凝心聚力的问题。坚持马克思主义在意识形态领域的指导地位的根本制度，必须不断推进实践基础上的理论创新和理论武装。党带领人民进行的革命、建设、改革实践充分证明，只有坚持把马克思主义基本原理同中国具体实践和时代特征相结合，不断推进马克思主义中国化时代化大众化，不断发展当代中国马克思主义、二十一世纪马克思主义，才能坚定主心骨、把准定盘星，牢牢坚持实现共同目标的方向，夯实共同的思想基础，拉紧共同的精神纽带，促进全体人民在思想上精神上紧紧团结在一起，更好汇集起攻坚克难、开拓前行的磅礴伟力。习近平新时代中国特色社会主义思想是我们在新时代进行伟大斗争、建设伟大工程、推进伟大事业、实现伟大梦想的强大思想武器。在当代中国，坚持和发展习近平新时代中国特色社会主义思想，就是真正坚持和发展马克思主义。坚持马克思主义指导地位不动摇，必须坚持习近平新时代中国特色社会主义思想指导地位不动摇。至关重要的，就是大力弘扬理论联系实际的马克思主义学风，紧密结合新时代新实践新要求，强化问题导向、实践导向，自觉做习近平新时代中国特色社会主义思想的坚定信仰者、忠实实践者。

三是用社会主义核心价值观统领多元多样多变的社会思潮的问题。一个国家和社会的核心价值观，具有引领方向、支撑制度、凝聚人心、增强团结、树立风尚的重要作用。党的十八大以来，党中央高度重视培育和践行社会主义核心价值观。习近平同志多次做出重要论述，为加强社会主义核心价值观教育实践指明了努力方向，提供了重要遵循。习近平同志在党的十九大报告中指出，培育和践行社会主义核心价值观，要以培养担当民族复兴大任的时代新人为着眼点，强化教育引导、实践养成、制度保障，把社会主义核心价值观融入社会发展各方面。随着社会变革在广度和深度上的不断发展，人们思想观念和价值取向的多样性、独立性、选择性、差异性随之加大，用社会主义核心价值观引领整合多元价值观念的难度也在加大。比如功利主义、物质主义、拜金主义、极端个人主义等，冲击作为社会主义价值观之基础的集体主义精神、团结互助精神、奉献精神等；西方消费主义、娱乐至上、解构主义等思潮的影响，造成"去思想化""去价值化""去中心化""去主流化""去历史化"，也增加了人们思想价值观念的多元复杂性，甚至有的提出"消解主流意识形态"，对培育和弘扬社会主义核心价值观造成许多不利影响。如何把握正确思想舆论导向，唱响主旋律，壮大正能量，做强做大主流意识形态，特别是增强对多样化社会思潮的统领和整合能力，不断增强时代感、吸引力、引领力、凝聚力，仍然是新时代意识形态工作的艰巨任务。马克思主义指导思想是社会主义核心价值观的灵魂，把马克思主义的指导地位贯穿到核心价值观的各领域各环节，关系到社会和谐稳定，关系到党和国家长治久安。

四是有效应对那些遏制打压我国发展壮大的舆论攻击、争取主动权和话语权的问题。国际范围内意识形态领域的形势错综复杂，我们面临着严峻挑战和许多新的问题。随着我国发展壮大，日益走近世界舞台中央，中国的国际影响力、感召力、塑造力、引领力进一步提高，中国发展道路、发展理念、发展经验，中国智慧、中国方案、中国贡献得到国际社会高度赞誉和广泛认同。但一些国家和势力不愿意看到我国崛起和强大，把我国发展壮大不视为机遇而认为是挑战，对我国发展道路和社会制度竭尽歪曲污蔑丑化之能事，不断挑起各种事端制造对立对抗。比如，把中国特色社会主义说成是"资本社会主义""国家资本主义""新官僚资本主义"，把我国崛起发展丑化为"新帝国主义"，把我国的"一带一路"倡议等成功实践歪曲为"新殖民主义"，目的就是颠覆中国共产党领导和我国社会主义制度，阻滞或中断中华民族伟大复兴的历史进程。对此，我们必须头脑清醒，保持战略定力，绝不自失主张、自乱阵脚，同时有力有效开展斗争，充分掌握主动权和话语权。在国际领域意识形态斗争中，马克思主义、社会主义、共产党领导、中国特色社会主义等，既是我们的标识性话语，也需要我们下大功夫创造性地将其转化为独特优势和话语权，讲好中国共产党的故事、中国特色社会主义的故事、中国人民的故事、中华民族伟大复兴的故事。

把坚持马克思主义在意识形态领域指导地位的根本制度落到实处

坚持马克思主义在意识形态领域指导地位的根本制度，是我们党重大的思想文化制度创新，关系到党和国家事业长远发展，关系到我国文化前进方向和发展道路。要深刻把握坚持这一根本制度的重大意义和实践要求，增强政治自觉和思想自觉，强化制度意识、抓好制度执行，切实把这一根本制度体现到坚持正确的政治方向、舆论导向、价值取向上，落实到工作理念、思路、举措上，为新时代坚持和发展中国特色社会主义、实现中华民族伟大复兴的中国梦提供坚强思想保证和强大精神动力。

第一，学懂弄通做实习近平新时代中国特色社会主义思想。在新时代，坚持和巩固马克思主义指导地位，最重要的就是坚持和巩固习近平新时代中国特色社会主义思想的指导地位。要按照学懂弄通做实的要求，密切结合新时代中国特色社会主义伟大实践，准确把握这一思想的理论逻辑、历史逻辑、实践逻辑，深刻把握精神实质、丰富内涵、核心要义、实践要求，系统完整地掌握科学体系、巨大贡献、历史地位，深刻体悟贯穿其中的马克思主义立场观点方法，以及人民至上、历史自觉、实事求是、问题导向、战略思维、斗争精神等鲜明品格，不断增进对这一思想的政治认同、思想认同、情感认同。要弘扬理论与实践相结合的马克思主义优良学风，把学习贯彻习近平新时代中国特色社会主义思想同进行伟大斗争、建设伟大工程、推进伟大事业、实现伟大梦想的实践结合起来，同落实党中央路线方针政策和各项战略部署结合起来，做到学思用贯通、知信行统一，切实把这一思想蕴含的强大真理力量转化为实践伟力。

第二，建立健全落实用党的创新理论武装全党、教育人民的工作体系。坚持用习近平新时代中国特色社会主义思想武装全党、教育人民，对于统一思想认识、明确前进方向、凝聚奋进力量，实现社会主义现代化和中华民族伟大复兴，具有重大现实意义和深远历史意义。全面贯彻落实习近平新时代中国特色社会主义思想，必须持续推进、不断深入，建立健全理论武装的体制机制和工作体系。提升工作科学化、规范化水平，完善学习教育、研究阐释、宣传普及等方面制度机制。突出抓好领导干部学习，完善党委（党组）理论学习中心组等各层级学习制度。突出抓好领导干部这个"关键少数"，建立健全领导干部学习制度，把学习运用马克思主义作为看家本领，不断提高运用科学理论指导应对重大挑战、抵御重大风险、克服重大阻力、解决重大矛盾的能力。抓好各级党员干部的教育培训，把学习贯彻延伸拓展到各个层面、覆盖到广大干部群众。丰富和创新学习内容形式，建设和用好网络学习平台，充分发挥"学习强国"学习平台的聚合和引领作用。大力推进习近平新时代中国特色社会主义思想研究中心建设，推出深度理论阐释的精品力作。持续推进科学理论大众化，建立健全精准传播、有效覆盖的工作机制。

第三，建立健全落实"不忘初心、牢记使命"的制度。为中国人民谋幸福、为中华民族谋复兴的初心和使命，集中体现了党的性质宗旨、理想信念、奋斗目标。忘记这个初心和使命，党就会改变性质、改变颜色，就会失去人民、失去未来。建立健全落实"不忘初心、牢记使命"的制度，是巩固党的领导地位和执政基础的根本保证，是坚持马克思主义在意识形态领域指导地位的必然要求。深入总结运用"不忘初心、牢记使命"主题教育的成功经验和做法，以党章为根本，建立不忘初心、牢记使命的制度，形成长效机制。持之以恒加强理论武装，完善党员干部自学、党委（党组）理论中心组学习、干部教育培训、基层党组织学习、理论宣讲等制度。巩固和拓展"不忘初心、牢记使命"主题教育成果，健全查改问题的长效机制，完善推动党中央重大决策落实机制，完善调动全党积极性主动性创造性制度，认真落实"三会一课"、党内组织生活等制度等。通过健全各项制度，真正使广大党员干部把初心铭记心上、把使命担在肩上，不驰于空想、不骛于虚声，不急功近利、不哗众取宠，坚决克服形式主义、官僚主义，以踏石留印、抓铁有痕的韧劲抓好工作落实，努力创造经得起实践、人民、历史检验的业绩。

第四，谋划部署落实新时代马克思主义理论研究和建设工程。马克思主义理论研究和建设工程，是坚持和巩固马克思主义在意识形态领域指导地位的基础工程、战略工程。这一工程的成功实施，对巩固马克思主义在意识形态领域的指导地位发挥了重要作用，积累了丰富经验，形成了有效做法。要准确把握新时代新要求，推动工程制度化，谋划部署落实新时代马克思主义理论研究和建设工程，切实把坚持以马克思主义为指导全面落实到思想理论建设、哲学社会科学研究、教育教学各方面。要加强对经典著作的编译和研究，深化对党的基本理论、基本路线、基本方略的研究，深化对中国特色社会主义道路、理论、制度、文化的研究。要强化问题意识和问题导向，加大对重大理论问题、重大现实问题、重大实践经验研究总结。要加快构建中国特色哲学社会科学，努力建设以马克思主义为指导的学科体系、学术体系、话语体系。要推动马克思主义中国化最新成果进教材、进课堂、进师生头脑，推进科学理论全面融入教育教学之中。习近平同志指出："理论上不彻底，就难以服人。我们要以更加宽阔的眼界审视马克思主义在当代发展的现实基础和实践需要，坚持问题导向，坚持以我们正在做的事情为中心，聆听时代声音，更加深入地推动马克思主义同当代中国发展的具体实际相结合，不断开辟二十一世纪马克思主义发展新境界，让当代中国马克思主义放射出更加灿烂的真理光芒。"[①] 这为新时代加强马克思主义理论研究和学科建设提供了重要遵循。

第五，建立健全落实意识形态工作责任制。坚持马克思主义在意识形态领域指导地位这一根本制度，必须坚持党的全面领导，提高政治站位，增强"四个意识"，坚定"四个自信"，做到"两个维护"。始终坚持党管宣传、党管意识形态、党管媒体不动摇。各级党组织要强化担当，落实主体责任，压紧压实做好意识形态工作的政治责任、领导责任，把意识形态工作领导权牢牢掌握在党的手中。要完善阵地建设和管理制度，落实好主管主办和属地管理原则，做到守土有责、守土负责、守土尽责，决不允许搞法外之地、舆论飞地。要注意区分政治原则问题、思想认识问题、学术观点问题，坚持具体问题具体分析，是什么问题就解决什么问题。要坚持立破并举，发扬斗争精神，敢于斗争，善于斗争，理直气壮批驳各种错误言论，旗帜鲜明反对和抵制各种错误观点。要认真研判意识形态领

[①] 《十八大以来重要文献选编》（下），中央文献出版社 2018 年版，第 346—347 页。

域动态和形势,有效解决重大问题和热点难点问题。切实提高意识形态领域治理能力,牢牢把握意识形态工作领导权,确保意识形态领域的领导权掌握在忠于马克思主义、忠于党、忠于人民的人的手中。

全面治党建党的基本经验*

如何全面从严治党，与时俱进建党，不断保持党的先进性和纯洁性，是我们党在新的历史时期面临的重大课题。回答解决这一问题，要不断总结和运用我们党自身建设正反两方面经验，同时也要借鉴世界上一些政党兴衰成败的经验教训。共产党作为历史上最先进、最能代表人类前进方向的政党，必须超越一般的"政党现代化"，探索自身建设规律以及保持先进性和纯洁性的基本规律。这是一条最重要的经验。马克思说过"工人的政党不应当成为某一个资产阶级政党的尾巴，而应当成为一个独立的政党，它有自己的目的和自己的政治"①。在新的历史时期，我们党如何始终走在时代前列，同时又坚持"自己的目的和自己的政策"，提高领导水平和执政能力，保持先进性和纯洁性呢？以下几个方面的问题，是必须认真研究和解决的。

党的指导思想要不断丰富发展，同时必须始终坚持党的理论根基和基本原则

指导思想是政党的生命和灵魂，是政党制定其路线、方针和政

---

* 本文发表于《红旗文稿》2015 年第 13 期。
① 《马克思恩格斯选集》第 3 卷，人民出版社 2012 年版，第 170 页。

策的基石。指导思想的理论根基和基本原则具有相对稳定性，一旦更改和替代，往往意味着政党发生实质性的变化。指导思想的具体内容不是一成不变的，一个真正先进的政党，必须在坚持其理论基础和基本原则的基础上，不断适应时代发展和社会变化，以本国本民族的具体实践为着眼点，积极进行思想理论创新，不断赋予党的指导思想以新的时代内容和民族特色。

纵观世界上一些政党得失成败的经验教训，必须谨防和抵制以下两种倾向。

一是抛弃根基，改旗易帜。主要是从实用主义出发，迎合政治需要，随波逐流，抛弃党的基本立场和原则，搞折中主义和"去意识形态化"。西欧的一些共产党、社民党在指导思想及意识形态上的演变就是如此。这样做，由于与体制内右翼政党思想主张的趋同，使得这些左翼政党陷入严峻的身份特征危机，传统选民流失，无法建立稳定的社会基础，于是在政治竞争中纷纷落败。实践表明，放弃自己理论根基和基本原则的政党，最终必将因丧失自己的身份特征而日渐衰微。东欧剧变前后意大利共产党的"新道路"改革，法国共产党在20世纪90年代末的所谓"新共产主义"改革，就使得这些原本很有政治影响力的政党，逐步沦为边缘化政党。

二是思想僵化，活力泯灭。主要是不能结合时代和实践的变化进行理论创新，曾经正确的指导思想变成固守的教条，曾经先进有为的政党变成僵化保守的政党。这种情况，邓小平在30多年前就尖锐指出，"一个党，一个国家，一个民族，如果一切从本本出发，思想僵化，迷信盛行，那它就不能前进，它的生机就停止了，就要亡党亡国"[①]。苏联共产党领导人先是犯僵化教条的错误，后来又犯了改旗易帜的错误，最终导致了这种"亡党亡国"的后果。

---

① 《邓小平文选》第2卷，人民出版社1994年版，第143页。

党的纲领要不断与时俱进，同时必须始终保证党纲党章不沦为"泛众条款"

党的纲领是政党的旗帜，是评判一个政党的基本依据。对于马克思主义政党来说，第一，党纲必须清晰、明确。列宁强调："党纲应当包括绝对不可反驳的和确凿无疑的东西。只有这样的党纲才是马克思主义的党纲。""确凿无疑的东西"就是党的性质、最终目标、根本任务、组织原则等内容。第二，党纲是最高纲领和阶段性纲领的统一。既应包括规定最终目标的最高纲领，也包括反映政党在一个历史时期的基本主张和主要任务的阶段性纲领。最高纲领规定着阶段性纲领的方向和原则，必须作为主线贯彻始终；阶段性纲领要适应一个时期的发展形势和运动水平，提出符合时代发展和实际需要的路线和政策，但不能偏离最高纲领规定的方向和目标。第三，党纲必须根据实践发展不断丰富完善。阶段性纲领必须与时俱进，应因社会环境和条件的变化进行调整和修改，使政党顺应时代变化和实践发展，制定切合实际要求的路线方针政策。

一个成熟的、先进的马克思主义政党，其党纲既要贯穿"确凿无疑"的、规定自己性质和方向的内容，又要具有时代性、实践性、发展性。二者有机统一。失去前者，党纲就成为实用的"泛众条款"，政党必然遭遇"身份危机"迷失方向；失去后者，党纲就成为无用的僵化教条，政党必然丧失生机，无所作为。

世界各国政党在实现现代化的过程中，党纲党章的调整修改都是一项重要任务。近年来，西方包括社民党和共产党的一些左翼政党，刻意迎合"中间选民"，在理论纲领上呈现明显的"中间化"发展趋向，实际上向右翼政党靠拢，自身特色越来越弱，遭遇"身份危机"，在纲领上甚至与右翼政党别无二致，在实践中直接导致了选民的摇摆不定以及政党传统支持者的大量流失，一些原来很有实力的政党现在已经沦为边缘化的党派。相反，一些具有鲜明政治主张的激进政党，如法国国民阵线、意大利北方联盟、瑞典民主党、美国茶党等右翼平民主义政党，以及法国新的反资本主义党等激进左翼政党在政治舞台上迅速崛起，这也从另一个侧面说明了政党理论纲领有自身特色的重要。

马克思主义政党的党纲党章的性质和内容与其他政党有质的不同。马克思主义政党的先进性，很大程度上首先体现在党的纲领章程的先进上，是党的旗帜和鲜明标识，其党纲党章应该具有自身的鲜明特点，而不能成为人云亦云的"泛众条款"。恩格斯就曾提出要保持党纲先进性的问题，认为不能把只顾眼前利益而忽视运动长远发展的东西纳入党纲，不能盲目迎合某些党派、利益团体和个人。恩格斯指出"为了迎合这些人而放弃任何党纲，是不能带领他们前进的"[①]。他还指出，工人阶级政党的纲领："不管它最初具有什么形式，都必须朝着预先可以确定的方向发展。"

中国共产党成立 90 多年来，共有 16 次党纲党章的重要修改，这充分体现了我们党解放思想、实事求是、与时俱进的品格。在修改过程中同时坚持一以贯之的核心内容，即"确凿无疑的东西"包括马克思主义指导思想、工人阶级先锋队性质、共产主义目标、民主集中制原则等，这些是马克思主义政党与非马克思主义政党相区分的根本特征。

党的基础要不断巩固，同时不断扩大党的阶级基础和群众基础

一个政党要争取执政或实现长期执政，必须拥有广泛的社会支持。世界上各种类型的政党，都努力争取生存和发展的政治和社会

[①] 《马克思恩格斯全集》第 35 卷，人民出版社 1971 年版，第 402 页。

空间，虽然具体做法不尽相同。总的来看，努力适应时代发展和经济社会的变化，不断进行战略策略调整以拓展党的社会基础，寻求获得最大限度的社会支持，拓展生存发展空间，是世界政党调整变革的普遍趋势。

对于马克思主义政党来说，一方面，根据时代和实践的发展变化不断巩固阶级基础和扩大群众基础，是保持先进性和执政地位的必然要求。另一方面，党的性质和宗旨决定其拓展社会基础的目的、内容和方式，与其他类型的政党有实质性的区别。我们党应借鉴国外政党这方面的经验和教训，妥善处理好阶级性和群众性、先进性和广泛性的关系。其中有两个重要的方面。

一是要坚持和公开申明自己的阶级性，以始终保持党的先锋队性质为前提。党章指出，中国共产党是中国工人阶级的先锋队，同时是中国人民和中华民族的先锋队。政党是阶级的组织，阶级性是政党的本质属性。共产党与其他政党的重要区别，就是不掩饰和公开申明自己的阶级性，即工人阶级的先锋队。毛泽东曾指出"要团结全党、全民，这并不是说我们没有倾向性。有些人说共产党是'全民的党'，我们不这样看。我们的党是无产阶级政党，是无产阶级的先进部队，是用马克思列宁主义武装起来的战斗部队"。历史和实践证明，对于马克思主义政党来说，公开申明阶级性，不是损害而是有利于获得社会支持和群众基础，不是损害而是有利于推进党领导的事业。其阶级基础与群众基础交融交织、密不可分。

国外许多政党之所以掩盖或根本不再提自己是"阶级的党"，而声称自己是"超越阶级的党""全民的党"，这主要是为了赢得选举的实用之策、权宜之计。观其效果，有的政党获得暂时的或阶段性选举胜利从而上台执政，但难以跳出政党交替、成败轮回的"周期律"。比如，西方国家一些共产党等左翼政党，为了得到社会不同阶层和群体的接受，普遍提出"人民党""全民党"的口号，有的还在包括特权阶层在内的社会各阶层中谋求支持力量。一些本来有影响力的共产党组织，像法国共产党、意大利共产党等，也在调整变革中放弃"先锋党""领导党"的身份，强调自己从阶级的党变化为"全民的党每个人的党"。虽然也能在某次选举中增加些选票，但由于变得同其他政党别无二致，结果被逐渐边缘化而难有作为。20世纪90年代中期后，欧洲社会民主党通过"第三条道路""全民党"化的变革而掀起了"左翼政党复兴潮"，到21世纪初则纷纷下台、风光难继。其中有些政党更是一蹶不振，逐渐边缘化。

可见，西方许多政党都是在政党轮流执政的政治环境下，以选举上台为目的，力图扩大选民人数和社会支持率，刻意扮演"超阶级政党"的角色，将阶级性与群众性的关系对立起来、割裂开来。而中国共产党是要永葆先进性和长期执政。为此，就必须在不断巩固阶级基础和扩大群众基础的过程中，始终公开申明自己的阶级属性，始终发挥"先锋队"和"领导党"的作用，并正确处理阶级性与群众性的关系。

二是要做到巩固阶级基础和扩大群众基础的有机结合，不可偏执或偏废一端。习近平同志指出，我国工人阶级是我们党最坚实最可靠的阶级基础。阶级基础是立党之基，群众基础是力量之源，二者有机统一，不可偏废。一方面，要在巩固阶级基础上有新的作为。始终全心全意依靠工人阶级，保证其主人翁地位的实现和提升。要正确认识由于时代发展和社会结构变化带来的工人阶级变化及其新特点，比如工人阶级的构成成分、队伍规模、从业领域、工作生活方式等发生的新变化，以新的眼光、新的办法促进工人阶级主人翁地位的实现、先进性的保持、领导阶级作用的发挥。另一方面，要在扩大群众基础上有新的作为。相信社会主义是亿万人民群众的事业，充分发挥我们党密切联系群众的政治优势，团结一切可以团结的力量建设中国特色社会主义，不断增强党的代表性、广泛性和开放性。

要注意和克服三种错误倾向：第一种是狭隘的"关门主义"倾向。借口保持党的先进性、纯洁性而将各领域各行业许多优秀分子排斥在党外，这样会使党变成孤立封闭的宗派。第二种是肤浅的

"人多势众"倾向。认为应降低入党条件和标准，只要党员数量多了，社会基础就广泛了，力量就增强了。这样会使党变为庞杂涣散的泛众团体。第三种是西方的"全民党"倾向。彻底否认党的阶级性，认为"现代政党"就是"全体国民的党"，必须超越"过时的阶级观点和偏见"等。以上错误倾向和做法，都会使党的阶级基础和群众基础遭到破坏，损害党的先进性和领导地位。

我们看看国外一些共产党的做法和变化。经过"欧洲共产主义"时期以及20世纪90年代以来的两次调整，发达资本主义国家共产党对工人阶级的认识和态度，与传统马克思主义的无产阶级政党和阶级理论相比已经发生了很大变化。除少数党外，多数党的变革取向表现为弱化自身的工人阶级立场，淡化党的阶级意识形态色彩，逐渐在抛弃一些带有鲜明激进特征的观点和主张。这种"去阶级化"取向很大程度上是为党的议会斗争服务的。在当代西方经济社会结构发生巨大变化的条件下，进行相关理论政策调整变革，是各国共产党在新环境下生存和发展的需要。但从整体上看，这种发展取向使共产党失去特点和特色，从而弱化自己的阶级基础和群众基础，也在一定程度上造成了传统选民的流失，在实践中原本属于共产党的大量底层阶级选民转而倒戈投向更具激进特点的极左翼或极右翼政党。

党内民主建设要不断加强，同时必须始终巩固党的团结和统一

当前在世界政党发展过程中，提倡和实践党的民主化，是政党组织运行机制建设的普遍趋向和潮流。一些国外政党在发展党内民主过程中，也存在一个普遍的问题，就是过分泛化的公开和民主引发党内争论不休、分歧丛生、派别林立、内讧不断，造成党的分裂，严重破坏党的活动和力量。我们要从我们党自身的性质和宗旨出发，

积极探索符合世情、国情、党情的党内民主建设内容和形式。以下两个方面值得强调。

一是发展党内民主与维护党的团结和统一的辩证关系。要明确我们党是按照民主集中制组织起来的统一整体。一方面必须充分发扬党内民主，保障党员民主权利，发挥各级党组织和广大党员的积极性创造性。另一方面必须实行正确的集中，保证全党的团结统一和行动一致，保证党的决定得到迅速有效的贯彻执行。从这个意义上说，党内民主是党的生命，团结和统一也是党的生命。二者相辅相成，不可或缺。没有党的团结和统一，就不可能有统一意志和统一行动，党就会一事无成。

二是发展党内民主必须防止极端民主化倾向。极端民主化倾向的表现，比如有的认为党内民主就应是各个派别间无条件地自由辩论，就是国外一些政党内部的那种"争吵的自由""任何言论的自由""反对派的自由"；有的认为党内民主就是党内自由选举，结果应是国外一些政党那样，是"一些人代替另一些人"，认为只有如此才达到了党内民主的目的，等等。这样的所谓"党内民主"，必然削弱党的领导和威信，必须加以抵制和反对。

党的执政能力建设要不断提高，同时必须始终坚持执政为民的宗旨

不断加强党的执政能力建设，是党的先进性和纯洁性建设的必然要求。对于马克思主义执政党来说，执政能力建设与先进性和纯洁性建设密不可分，相辅相成。一个保持党的先进性和纯洁性的政党，必然是符合时代和实践要求、符合广大人民意愿的执政能力强的政党。离开执政能力来讲先进性和纯洁性，会陷入空想和侈谈；而一个执政能力强的政党，必然要实现先进性和纯洁性的要求，离开先进性和纯洁性来讲执政能力，会陷入实用主义和迷途。这是我

们党将执政能力建设和先进性和纯洁性建设同时作为新时期党的建设两大主线的根本原因。

国外一些政党之所以失去民心、执政失败，主要有以下三个方面的教训值得吸取。

一是经济发展滞后，造成执政危机。人们评判一个政党的成败得失，最直接的依据就是其执政期间促进经济发展的能力。经济发展搞不好，就失去了执政的物质基础，丧失执政信誉。我们党在世界上人口最多的国家执政，继续坚定不移地坚持发展经济是硬道理，无论如何，都要千方百计地发展经济，不断巩固我们党执政的物质基础。

二是社会公平失衡，导致社会基础不稳。实现社会公平和公正，是一个执政党得到人民群众支持的重要保证。即使在执政期间实现了经济的增长和发展，但如果不能正确处理效率与公平之间的关系，不能解决好公平公正问题，也不能完全保证执政地位的稳固。经济增长并不必然带来执政党认同度的上升。在发展经济的同时注意维护社会公平与公正，让大多数人都能享受到经济增长的成果，对于巩固执政地位更为关键。

三是腐败现象泛滥，侵蚀政党执政根基。腐败是执政党面临的最大危险和危害。对于马克思主义执政党来说，腐败更与党的性质和宗旨格格不入，惩治腐败关系到党的生死存亡。向腐败开战，是我们党必须打赢的一场硬仗。

全面从严治党思想的科学内涵[*]

2016年10月,党的十八届六中全会胜利召开,以习近平同志为核心的党中央聚焦全面从严治党重大问题,就新形势下加强党的建设做出新的重大部署,激励全党不忘初心、继续前进。

深刻学习领会和贯彻落实党的十八届六中全会精神,是全党的重要政治任务,也是理论界的重要学术使命。要完整准确深刻地把握全会精神,就不能孤立地就本次全会来谈,而必须看到,党的十八届六中全会与党的十八大以来习近平总书记发表的一系列重要讲话精神、党中央全面从严治党实施的一系列重大举措、我们党带领全国各族人民坚持和发展中国特色社会主义的伟大征程都是密不可分的,共同构成一个科学而宏大的整体战略。

"四个全面"战略布局之一的治党战略

治国必先治党,治党务必从严。抓住从严治党,就抓住了治国理政的关键枢纽。以习近平同志为核心的党中央全面从严治党思想最鲜明的特点之一,就是将管党治党上升到"四个全面"战略布局

---

[*] 原题为《全面从严治党思想的科学内涵分析》,发表于《世界社会主义研究》2016年第2期,姜辉、王广执笔。

的高度。

习近平总书记上任伊始，就不断强调管党治党至关重要的战略意义。在党的十八届中央政治局常委同中外记者见面时，他就明确指出，我们党面临着许多严峻挑战，党内存在着许多亟待解决的问题，要求"全党必须警醒起来"。[①] 2014 年 12 月，习近平同志在江苏考察调研时明确指出，全面从严治党是推进党的建设新的伟大工程的必然要求。这是在我们党 90 多年的历史上第一次提出全面从严治党，也是首次正式将全面从严治党与全面建成小康社会、全面深化改革、全面推进依法治国一并提出。全面从严治党，既是"四个全面"战略布局的重要组成部分，又在其中处于关键地位，是其他三个"全面"的重要保证，这就从治国理政总方略、总布局的高度，确立了治党管党的战略地位，为新形势下全面从严治党确立了根本坐标。因此，党的十八大以来，我们党在先后对全面深化改革、全面依法治国、全面建成小康社会做出部署之后，在党的十八届六中全会上专题研究全面从严治党，使党中央治国理政方略既有整体设计又梯次推进，既同向发力又各有侧重，渐次展开，深度拓展。

保持同人民群众血肉联系的治党宗旨

全面从严治党，宗旨何在？从党的十八大到十八届六中全会的中央决议和文件都反复强调，答案只有一个，就是永远保持同人民群众的血肉联系。

中国共产党是将马克思主义写在旗帜上的政党。马克思主义鲜明地坚持人民群众是历史创造者的观点。毛泽东同志说："人民，只有人民，才是创造世界历史的动力。"[②] 脱离了人民群众，无产阶级

[①] 《习近平谈治国理政》，人民出版社 2014 年版，第 4 页。
[②] 《毛泽东选集》第 3 卷，人民出版社 1991 年版，第 1031 页。

政党就成为无源之水、无本之木。习近平同志反复强调："得民心者得天下，失民心者失天下，人民拥护和支持是党执政的最牢固根基。人心向背关系党的生死存亡。党只有始终与人民心连心、同呼吸、共命运，始终依靠人民推动历史前进，才能做到哪怕'黑云压城城欲摧''我自岿然不动'安如泰山、坚如磐石。"① 在这方面中国必须吸取苏联解体的历史教训。苏联解体，苏共丧失国家政权，有改革措施不力、意识形态阵地失守、西方国家"和平演变"等多重因素错综复杂的作用和影响，但从内因的角度来说，是由于苏共未能从根本上有效地解决从严治党问题，严重脱离群众，贪污腐败横行，党的高级干部贵族化严重，党的号召力丧失、凝聚力涣散、战斗力耗竭，从而不可避免地陷入国家分裂、执政失败的历史旋涡。正是在这一意义上，习近平同志强调，从严治党必须依靠人民，贯彻党的群众路线、保持党同人民群众的血肉联系。"核心的问题是党要始终紧紧依靠人民，始终保持同人民群众的血肉联系，一刻也不脱离群众。"② 他强调，"如果我们党脱离群众，党就要变质，就要走向反面，也就可能出现'霸王别姬'这样的时刻"，③ 全党一定要有这样的危机意识。党的十八届六中全会再次强调，我们党来自人民，失去人民拥护和支持，党就会失去根基。因此"必须把坚持全心全意为人民服务的根本宗旨、保持党同人民群众的血肉联系作为加强和规范党内政治生活的根本要求"。④ 全会要求，全党必须贯彻党的群众路线，为群众办实事、解难事，当好人民公仆。坚持问政于民、问需于民、问计于民，决不允许在群众面前自以为是、盛气凌人，

---

① 《习近平总书记重要讲话文章选编》，中央文献出版社、党建读物出版社2016年版，第43页。

② 《习近平关于党风廉政建设和反腐败斗争论述摘编》，中央文献出版社、中国方正出版社2015年版，第6页。

③ 同上书，第1页。

④ 《中国共产党第十八届中央委员会第六次全体会议公报》，人民出版社2016年版，第9页。

决不允许当官做老爷、漠视群众疾苦,更不允许欺压群众、损害和侵占群众利益。

使我们党永远立于不败之地的治党目标

全面从严治党,不是一隅之事,更不是权宜之计,而是关乎党的生死存亡,关乎党能否长期执政,关乎中国梦能否顺利实现。习近平同志从世界历史的广阔视野出发,站在坚持和发展中国特色社会主义的高度,深刻审视管党治党和反腐败斗争,严肃指出:"我们党把党风廉政建设和反腐败斗争提到关系党和国家生死存亡的高度来认识,是深刻总结了古今中外的历史教训的。中国历史上因为统治集团严重腐败导致人亡政息的例子比比皆是,当今世界上由于执政党腐化堕落、严重脱离群众导致失去政权的例子也不胜枚举啊!"[①] 全面从严治党,正是汲取历史经验教训,应对严峻挑战,是我们党永远立于不败之地的根本保证。

全面从严治党,核心是加强党的领导。在新的历史条件下坚持和发展中国特色社会主义,我们党日益突出地面临着执政的考验、改革开放的考验、市场经济的考验、外部环境的考验;全体党员、干部日益突出地面临着精神懈怠的危险、能力不足的危险、脱离群众的危险、消极腐败的危险。"历史使命越光荣,奋斗目标越宏伟,执政环境越复杂,我们就越要增强忧患意识,越要从严治党,做到'为之于未有,治之于未乱',使我们党永远立于不败之地。"[②]

党的十八届六中全会指出,办好中国的事情,关键在党,关键

[①]《习近平关于党风廉政建设和反腐败斗争论述摘编》,中央文献出版社、中国方正出版社2015年版,第5页。

[②] 习近平:《历史使命越光荣奋斗目标越宏伟越要增强忧患意识越要从严治党》,新华网,http://news.xinhuanet.com/politics/2014-10/08/c_1112740503.htm,2014年10月8日。

在党要管党、从严治党。党要管党必须从党内政治生活管起，从严治党必须从党内政治生活严起。严肃党内政治生活，既是我们党的优良传统和政治优势，又在新的时代背景下被党中央赋予了新的使命和要求。

尤其要强调的是，党的十八届六中全会明确了习近平总书记的核心地位，正式提出"以习近平同志为核心的党中央"，这是中国共产党的郑重选择，对坚持党的领导、全面从严治党具有重要历史意义。"一个国家、一个政党，领导核心至关重要。"① 邓小平同志早在1989年就强调："任何一个领导集体都要有一个核心，没有核心的领导是靠不住的。第一代领导集体的核心是毛主席。因为有毛主席作领导核心，'文化大革命'就没有把共产党打倒。第二代实际上我是核心。因为有这个核心，即使发生了两个领导人的变动，都没有影响我们党的领导，党的领导始终是稳定的。进入第三代的领导集体也必须有一个核心，这一点所有在座的同志都要以高度的自觉性来理解和处理。"② 关于核心的地位和作用，邓小平同志明确指出："开宗明义，就是新的常委会从开始工作的第一天起，就要注意树立和维护这个集体和这个集体中的核心。只要有一个好的政治局，特别是有一个好的常委会，只要它是团结的，努力工作的，能够成为榜样的，就是在艰苦创业反对腐败方面成为榜样的，什么乱子出来都挡得住。"③ 回顾八九政治风波的紧迫历史关头，我们完全可以感受到"什么乱子出来都挡得住"这句话沉甸甸的分量。对于中国和中国共产党这样一个大国、大党来说，要凝聚全党力量、带领全国人民、克服艰难险阻、乘风破浪前进，保证我们党始终成为集中统一、坚强有力的马克思主义执政党，始终成为中国特色社会主义的

---

① 《中国共产党第十八届中央委员会第六次全体会议公报》，人民出版社2016年版，第7页。
② 《邓小平文选》第3卷，人民出版社1993年版，第310页。
③ 同上。

坚强领导力量，党中央、全党就必须有一个核心。党的十八大以来，习近平总书记带领全党全军全国各族人民开创了中国特色社会主义伟大事业和党的建设新的伟大工程新局面，在改革发展稳定、内政外交国防、治党治国治军等方面提出了一系列新理念新思想新论断，取得了一系列具有重大现实意义和深远历史意义的成就，成功地引领当代中国走在实现民族复兴伟大中国梦的通衢大道上。历史实践表明，习近平同志在新的伟大斗争实践中已经成为党中央的核心、全党的核心。党的十八届六中全会正式提出"以习近平同志为核心的党中央"，是党心所向、军心所向、民心所向，反映了全党全军全国人民的共同意志，对于坚持和加强党的领导，胜利开展具有许多新的历史特点的伟大斗争，坚持和发展中国特色社会主义伟大事业具有重大而深远的历史意义。

"打铁还需自身硬"的治党责任

中国共产党在实现中国梦的历史进程中发挥着至关重要的火车头作用、领头羊作用。全面从严治党，就是要求我们党通过严格的自身锤炼，永葆共产党的先锋队本色，时刻走在时代前列。

习近平同志指出，我们的责任，就是同全党同志一道，坚持党要管党、从严治党，切实解决自身存在的突出问题，切实改进工作作风，密切联系群众，使我们党始终成为中国特色社会主义事业的坚强领导核心。在习近平总书记的坚强领导下，全面从严治党首先从中央政治局做起，要求别人做到的首先自己做到，要求别人不做的自己坚决不做。

全面从严治党必须实实在在地体现在党员干部的具体行动中，体现在人民群众的具体感知中。习近平同志有针对性地提出了"三严三实"原则，明确要求各级领导干部都要树立和发扬好的作风，既严以修身、严以用权、严以律己，又谋事要实、创业要实、做人要实。严以修身，强调要加强党性修养，坚定理想信念，提升道德境界，追求高尚情操，自觉远离低级趣味，自觉抵制歪风邪气。严以用权，突出要坚持用权为民，按规则、按制度行使权力，把权力关进制度的笼子里，任何时候都不搞特权、不以权谋私。严以律己，就是要心存敬畏、手握戒尺，慎独慎微、勤于自省，遵守党纪国法，做到为政清廉。谋事要实，要求领导干部从实际出发谋划事业和工作，使点子、政策、方案符合实际情况、符合客观规律、符合科学精神，不好高骛远，不脱离实际。创业要实，要求领导干部脚踏实地、真抓实干，敢于担当责任，勇于直面矛盾，善于解决问题，努力创造经得起实践、人民、历史检验的实绩。做人要实，则是要求领导干部对党、对组织、对人民、对同志忠诚老实，做老实人、说老实话、干老实事，襟怀坦荡，公道正派。

把制度建设摆在突出位置、严明党规党纪的制度治党

党的十八大强调"要把制度建设摆在突出位置"，以习近平同志为核心的党中央全面从严治党的一个重要特征，就是强调制度治党。

习近平反复强调，要坚持用制度管权管事管人，抓紧形成不敢腐、不能腐、不想腐的有效机制，让人民监督权力，让权力在阳光下运行，把权力关进制度的笼子里。党的十八届三中全会对反腐败体制机制建设进行了重要部署，明确要求落实党风廉政建设责任制，党委负主体责任，纪委负监督责任。习近平同志明确指出，要落实党委的主体责任和纪委的监督责任，强化责任追究，不能让制度成为纸老虎、稻草人。要坚持制度面前人人平等、执行制度没有例外，不留"暗门"不开"天窗"，坚决维护制度的严肃性和权威性。

尤其要强调的是，中国共产党有一系列严格的党规党纪，对党员干部形成了特殊的刚性要求。这正是我们党区别于其他政党而能

永葆先进性的重要法宝。1920年9月16日,蔡和森给毛泽东写信探讨建立中国共产党时,就首次提出了"党的纪律为铁的纪律"的科学概念,认为"党的纪律为铁的纪律,必如此才能养成少数极觉悟极有组织的份子,适应战争时代及担负偌大的改造事业"①,毛泽东高度肯定这一主张"见地极当"②。在这一问题上,反面的历史教训同样深刻。习近平同志指出:"人们曾经提出一个问题,苏共早年在有二十万党员时能够夺取政权,在有二百万党员时能够打败法西斯侵略者,而在有近二千万党员时却丢失了政权、丢失了自己,这是为什么?我看,很重要的一个原因是政治纪律被动摇了,谁都可以言所欲言、为所欲为,那还叫什么政党呢?那是乌合之众了。"③鉴于历史的经验,习近平高度重视党章党纪,旗帜鲜明地提出依规治党,要求党员领导干部要做学习党章、遵守党章的模范,各级领导干部要把学习党章作为必修课。2013年7月11日,习近平在革命圣地西柏坡调研指导党的群众路线教育实践活动时强调,这里是立规矩的地方。他指出:"加强纪律建设是全面从严治党的治本之策",全面从严治党,重在加强纪律建设。我们现在要强调的是扎紧党规党纪的笼子,把党的纪律刻印在全体党员特别是党员领导干部的心上"。④

在以习近平同志为核心的党中央坚强领导下,中央先后印发了《中国共产党廉洁自律准则》《中国共产党纪律处分条例》《中国共产党问责条例》。党的十八届六中全会又审议通过了《关于新形势下党内政治生活的若干准则》和《中国共产党党内监督条例》,直面新形势下党的建设面临的新情况新问题,尤其是当前党内政治生活

---

① 《蔡和森文集》,人民出版社1980年版,第70页。
② 《毛泽东文集》第1卷,人民出版社1993年版,第4页。
③ 《习近平总书记重要讲话文章选编》,中央文献出版社、党建读物出版社2016年版,第23页。
④ 《党面临的"赶考"远未结束 习近平再访西柏坡侧记》,新华网,http://news.xinhuanet.com/politics/2013-07/13/c_116524927_2.htm,2013年7月13日。

和党内监督存在的突出问题，形成了新的制度安排，实现了党内政治生活和党内监督的制度化、规范化、程序化。

以加强理想信念教育为核心的思想建党

我们党一贯重视思想建党，重视用科学的革命理论、崇高的革命理想、坚定的共产主义信念促进党的团结统一。在新的历史条件下，面临具有许多新的特点的伟大斗争，习近平同志更加重视共产党人理想信念的重要作用。

习近平同志明确指出，一个国家、一个民族、一个政党，任何时候任何情况下都必须树立和坚持明确的理想信念。中华文明绵延五千年而弦歌不辍，靠的正是我们民族共同坚守的理想信念。中国共产党历经革命、建设、改革的艰苦历程，历经腥风血雨而发展壮大，屡遭严峻考验而长盛不衰，靠的是对共产主义的坚定信仰，实现国家富强、民族振兴、人民幸福的伟大理想。当今世界，不同国家、民族之间思想文化的交流日益频繁深入，文化"软实力"的竞争日渐重要，更加凸显了理想信念建设的重要性。习近平同志多次强调，坚定理想信念，坚守共产党人精神追求，始终是共产党人安身立命的根本。对马克思主义的信仰，对社会主义和共产主义的信念，是共产党人的政治灵魂，是共产党人经受住任何考验的精神支柱。没有理想信念，丧失共产主义信仰，就会丧失精神之"钙"，就会患上"软骨病"。

在这一问题上，党的十八届六中全会再次强调："共产主义远大理想和中国特色社会主义共同理想，是中国共产党人的精神支柱和政治灵魂，也是保持党的团结统一的思想基础。"为此，必须把坚定理想信念作为开展党内政治生活的首要任务。全党同志必须把对马克思主义的信仰、对社会主义和共产主义的信念作为毕生追求，坚定对中国特色社会主义的道路自信、理论自信、制度自信、文化自信。

要抓住领导干部这一"关键少数"

全面从严治党，一个极其重要的问题就是领导干部特别是高级干部能否率先垂范、以身作则，这直接影响到党的战斗力、公信力、号召力，因而，必须聚焦党员领导干部特别是高级干部这个"关键少数"。

毛泽东同志曾经明确指出，政治路线确定以后，干部就是决定的因素。① 党要管党，首先是管好干部；从严治党，关键是从严治吏。习近平同志善于运用辩证思维处理问题，在全面从严治党的整体部署中，敏锐地指出，要抓住领导干部这个"关键少数"。十八届六中全会强调，新形势下加强和规范党内政治生活，重点是各级领导机关和领导干部，关键是高级干部特别是中央委员会、中央政治局、中央政治局常务委员会的组成人员。高级干部特别是中央领导层组成人员必须以身作则，模范遵守党章党规，严守党的政治纪律和政治规矩，坚持不忘初心、继续前进，坚持率先垂范、以上率下，为全党全社会做出示范。在全面从严治党过程中，习近平总书记始终强调把从严管理干部贯彻落实到干部队伍建设全过程，要求每一个干部都深刻懂得，当干部就必须付出更多辛劳、接受更严格的约束。习近平同志高度重视培养焦裕禄式的好干部，要求组织党员、干部"把焦裕禄精神作为一面镜子来好好照一照自己"，② 努力做焦裕禄式的好党员、好干部，深入查摆自己在思想境界、素质能力、作风形象等方面存在的问题和不足。《尚书·毕命》尝云："惟公懋德，克勤小物，弼亮四世，正色率下。"抓住领导干部这个"关键少

---

① 参见《毛泽东选集》第2卷，人民出版社1991年版，第527页。
② 习近平：《党员干部要把焦裕禄精神作为镜子照照自己》，新华网，http://news.xinhuanet.com/politics/2014-03/19/c_119830628—3.htm，2014年3月19日。

数",就是抓住了全面从严治党的枢纽和关键。

全面从严治党的系统治理

党的建设是一项系统工程,习近平总书记的全面从严治党思想,既包括善于抓住主要矛盾和矛盾的主要方面的重点论,也是一套全面、系统的科学理论,是两点论与重点论的辩证统一。

在2014年10月党的群众路线教育实践活动总结大会上,习近平同志明确提出了思想建党、制度治党的重大课题,将其作为全面从严治党的两大重点,并要求把思想建党和制度治党紧密结合。他反复强调,要把思想建党摆在党的建设的首位,同时要把制度治党作为党的建设的治本之道。从严治党靠教育,也靠制度,二者一柔一刚,要同向发力、同时发力。2016年1月,习近平同志在党的十八届中央纪委六次全会上讲话指出:"全面从严治党,核心是加强党的领导,基础在全面,关键在严,要害在治。"① 这深刻阐释了全面从严治党的新内涵,进一步明确了管党治党的新要求,是推进全面从严治党的重要遵循。"全面"要求管全党、治全党,面向8700多万党员、430多万个党组织,覆盖党的建设各个领域、各个方面、各个部门,重点是抓住"关键少数"。"严"要体现在真管真严、敢管敢严、长管长严上,凸显了严肃性和长效性要求。"治"就是从党中央到省市县党委,从中央部委党组(党委)到基层党支部,都要肩负起主体责任,党委书记要把抓好党建当作分内之事、必须担当的职责;各级纪委要担负起监督责任,敢于瞪眼黑脸,勇于执纪问责。这一新概括,从空间维度、时间维度、治理效度等方面进一步明确了全面从严治党的整体要求,全覆盖、严要求、重在治,使管

---

① 习近平:《在第十八届中央纪律检查委员会第六次全体会议上的讲话》,《人民日报》2016年5月3日第3版。

党治党真正从宽、松、软，走向严、紧、硬。

  在庆祝中国共产党成立95周年大会上，习近平总书记站在把握党的建设规律的高度指出："党和人民事业发展到什么阶段，党的建设就要推进到什么阶段。这是加强党的建设必须把握的基本规律。"①党的十八大以来，以习近平同志为核心的党中央坚定推进全面从严治党，以理论与实践的双重创新推动了党的建设新的伟大工程，为开创党和国家事业新局面提供了根本的政治保证。我们必须深入学习领会和贯彻落实习近平总书记系列重要讲话，不断增强政治意识、大局意识、核心意识、看齐意识，坚定不移维护党中央权威和党中央集中统一领导，深入研究和切实贯彻党中央全面从严治党的战略部署和系统要求，为实现中华民族伟大复兴中国梦做出应有贡献。

---

  ① 习近平：《在庆祝中国共产党成立95周年大会上的讲话》，《人民日报》2016年7月2日第2版。

把党的政治建设作为党的根本性建设*

习近平总书记明确指出,把党的政治建设作为党的根本性建设,为我们党不断发展壮大、从胜利走向胜利提供重要保证。这一重要论述,是对党的十九大提出党的政治建设重大命题、加强党的政治建设重要地位作用、全面推进党的政治建设重大部署的进一步重申,是深化对党的政治建设的认识、增强推进党的政治建设的自觉性和坚定性的科学指南,是新时代新形势下继续推进党的建设伟大工程、推进全面从严治党纵深发展的根本遵循。

把党的政治建设作为根本性建设,是对马克思主义政党建设规律认识的进一步深化

把党的政治建设作为党的根本性建设,继承弘扬了马克思主义政党鲜明的政治品格和政治先进性。马克思主义政党具有鲜明的政治属性,从组建独立的无产阶级政党伊始,马克思主义创始人就突出强调党的独立政治性,并将政治先进性作为马克思政党区别于其他政党的根本标志。恩格斯在《关于工人阶级的政治行动》中指出:"应当从事的政治是工人的政治;工人的政党不应当成为某一个资产

---

* 本文发表于《光明日报》2018年11月30日。

阶级政党的尾巴，而应当成为一个独立的政党，它有自己的目的和自己的政治。"他还讲："每个真正的无产阶级政党，……总是把阶级政治，把无产阶级组织成为独立政党当作首要条件。"马克思主义政党这种政治上的先进性，决定了它的成员首要地从政治上看问题，才能实现党的政治目标和各项任务。正如列宁指出的："一个阶级如果不从政治上正确地看问题，就不能维持它的统治，因而也就不能完成它的生产任务问题。"马克思主义政党政治上的先进性集中体现在政治理想、政治纲领、政治路线、组织原则、政治纪律等党的建设各个方面、各个环节，比如共产主义政治理想、先进理论武装、民主集中制的组织原则、集中统一领导和铁的纪律，等等。习近平总书记在一系列重要论述中，就深刻阐明了马克思主义政党为什么要讲政治、讲什么样的政治、怎样讲政治等问题。他指出，马克思主义政党具有崇高政治理想、高尚政治追求、纯洁政治品质、严明政治纪律。如果马克思主义政党政治上的先进性丧失了，党的先进性和纯洁性就无从谈起。这就是我们把党的政治建设作为党的根本性建设的道理所在。

把党的政治建设作为党的根本性建设，是马克思主义政党不断发展壮大的重要保证。马克思主义政党创始人和领袖总是强调党在思想和行动上的统一、党的政治和组织原则的有效贯彻、党内政治生活的健康开展以及党的纪律得到严格遵守执行。马克思和恩格斯在总结无产阶级国际性政党国际工人协会同各种机会主义斗争的经验时就指出："为了保证革命的成功，必须有思想和行动的统一。"列宁在领导马克思主义政党建设过程中，确立了党的团结统一原则、民主集中原则、铁的纪律、党内民主和党内监督、自我批评和纠正错误、正确开展党内斗争等党的政治建设基本原则。把这些宝贵的原则同各国共产党建设的实际结合起来，创造性地进行党的政治建设，是马克思主义政党发展史上的一条最根本经验。回顾国际共产主义运动史和我们党的历史就会看到，什么时候党的政治建设搞好了，党内政治生活就能正常开展，党的领导就会坚强有力，党的纲领和路线方针政策就能够得到正确有效贯彻，全党就能够团结统一，充满生机活力，党和社会主义事业就能蓬勃发展；什么时候党的政治建设搞不好，党的领导必然遭到削弱，党内政治生活就难以正常开展，党内错误思想得不到及时纠正，党内机会主义、宗派主义就会出现，党内野心家、阴谋家就能作祟，党和社会主义事业就会遭受巨大损害。习近平总书记曾总结历史经验指出，我们党作为马克思主义政党，必须旗帜鲜明讲政治，严肃认真开展党内政治生活。讲政治，是我们党补钙壮骨、强身健体的根本保证，是我们党培养自我革命勇气、增强自我净化能力、提高排毒杀菌政治免疫力的根本途径。什么时候全党讲政治、党内政治生活正常健康，我们党就风清气正、团结统一，充满生机活力，党的事业就蓬勃发展；反之，就弊病丛生、人心涣散、丧失斗志，各种错误思想得不到及时纠正，给党的事业造成严重损失。因而他强调，党的政治建设是一个永恒课题，要抓好这一党的根本性检建设，为我们党不断发展壮大、从胜利走向胜利提供重要保证。习近平总书记关于党的政治建设的一系列重要论述，是对马克思主义政党政治建设宝贵经验和原则的深刻总结，进一步深化了对马克思主义政党建设规律的认识。

把党的政治建设作为根本性建设，是对我们党加强党的政治建设宝贵经验的总结升华

中国共产党建党近百年来，在领导全国人民进行革命、建设、改革的伟大社会革命历史进程中，坚持把马列主义建党原则同我们党的建设实际相结合，始终保持鲜明的马克思主义政党的政治品格，以马克思主义为指导思想，以实现共产主义为最高目标，以全心全意为人民服务为根本宗旨，具有优良的政治建设传统和优势，与时俱进地保持和不断加强党的政治先进性，积累了党的政治建设的宝贵经验。

在我们党的历史上，党的政治建设始终占据极端重要的地位，并与党的思想建设、组织建设紧密地联系在一切，相互贯通，相辅相成。1929年古田会议上，毛泽东同志就提出必须提高党和军队的政治水平，确立了思想建党、政治建军的政治原则，要求从思想上政治上把党的队伍组织起来、武装起来。抗日战争时期，毛泽东在《〈共产党人〉发刊词》中，提出党的建设要与党的政治路线、与党的历史相联系，要始终掌握正确的政治路线和组织路线，把马克思列宁主义的理论与中国革命实际结合起来，使党得到思想上、政治上、组织上的完全巩固。社会主义建设时期，我们党始终强调"政治工作是一切经济工作的生命线"。改革开放时期，邓小平同志反复强调各级领导干部要善于从政治上观察和处理问题，提出"到什么时候都得讲政治"的明确要求。我们党开展"讲学习、讲政治、讲正气"的教育活动，不断深化党的政治建设并积累经验，逐步把政治建设纳入党的建设的总体布局。

党的十八大以来，以习近平同志为核心的党中央高度重视党的政治建设，明确指出："政治问题，任何时候都是根本性的大问题。全面从严治党，必须注重政治上的要求。"党的十九大报告明确了新时代党的建设总要求，突出强调党的政治建设的重要地位和作用。在新时代党的建设总体布局中，明确把党的政治建设摆在首位，提出以党的政治建设为统领，全面推进党的政治建设、思想建设、组织建设、作风建设、纪律建设，把制度建设贯穿其中，深入推进反腐败斗争。可见，明确提出政治建设在党的建设总布局中的首要地位和统领作用，是新时代全面从严治党的现实要求，也是对党的十八大以来党的政治建设经验的深刻总结和理论升华。党的十九大以来，习近平总书记反复强调把党的政治建设作为党的根本性建设，是对党的政治建设总要求、总布局、总部署的深刻阐发，也是对党的政治建设经验及执政党建设规律认识的进一步深化。

把党的政治建设作为党的根本性建设，是党的十八大以来全面从严治党的现实迫切要求。党的十八大以后，面对党内存在的突出问题，以习近平同志为核心的党中央以坚定决心、顽强意志深入推进全面从严治党，坚持思想从严、执纪从严、治吏从严、反腐从严，反腐败斗争取得压倒性胜利。但也要看到，我们党面临的"四大考验""四种危险"是长期的、严峻的，影响党的先进性、弱化党的纯洁性的因素也是长期的、复杂的，党内存在的思想不纯、组织不纯、作风不纯等突出问题尚未得到根本解决。具体表现有很多，比如，有的党员干部理想信念不坚定、对党不忠诚，耍两面派，做两面人；有的无视党中央权威，不能同党中央保持高度一致，在重大政治问题上公开发表同党中央精神相违背的意见；有的在贯彻党的决议和党中央决策部署上搞上有政策、下有对策，甚至背着党中央另搞一套；有的高高在上、脱离群众、弄虚作假、形式主义、官僚主义、享乐主义和奢靡之风问题突出；有的不作为，慵懒怠惰，消极敷衍；少数高级干部政治野心膨胀，搞阳奉阴违、结党营私，甚至搞谋取权位等政治阴谋活动；等等。这些问题的发生有许多原因，问题也可以表现为经济问题、腐败问题、作风问题等，归根结底来说，还是政治上出了问题，党的政治建设没有抓紧、没有抓实、没有抓好。正如习近平总书记指出的："政治问题，任何时候都是根本性的大问题。全面从严治党，必须注重政治上的要求，必须严明政治纪律，特别是各级领导干部要时刻绷紧政治纪律这根弦，坚持党的领导不动摇，贯彻党的路线方针政策不含糊，始终做政治上的明白人。"① 实践使我们深刻认识到，党的政治建设决定党的建设方向和效果，不抓党的政治建设或背离党的政治建设指引的方向，党的其他建设就难以取得预期成效。

---

① 习近平：《在第十八届中央纪律检查委员会第六次全体会议上的讲话》，《人民日报》2016 年 5 月 3 日第 2 版。

把党的政治建设作为根本性建设，
是对新时代深入推进党的政治建设的战略部署

习近平总书记明确指出："党的政治建设是一个永恒课题。要把准政治方向，坚持党的政治领导，夯实政治根基，涵养政治生态，防范政治风险，永葆政治本色，提高政治能力。"[①] 这为新时代加强党的政治建设指明了前进方向，提供了根本遵循。总的来看，以下方面是长期的、主要的任务。

一是坚定正确政治方向，牢牢树立"四个意识"。习近平总书记强调，"政治方向是党生存发展第一位的问题，事关党的前途命运和事业兴衰成败"。[②] 正确的政治方向，就是以习近平新时代中国特色社会主义思想为指导，牢固树立"四个意识"，坚定"四个自信"，在思想上行动上自觉地与以习近平同志为核心的党中央保持高度一致，不折不扣贯彻执行党中央的路线方针政策和重大工作部署，坚决贯彻落实新时代党的基本理论、基本路线、基本方略。善于从政治上分析问题、解决问题，练就一双政治慧眼，不畏浮云遮望眼。"看齐是最最紧要的政治"，要经常、主动向党中央看齐，向党的理论和路线方针政策看齐。要以党的旗帜为旗帜、以党的方向为方向、以党的意志为意志。在政治方向上要表里如一、知行合一，任何时候任何情况下都要做到政治立场不移、政治方向不偏。

二是加强党的政治领导，坚决维护中央权威。中国特色社会主义最本质的特征是中国共产党领导，中国特色社会主义制度的最

---

① 《把党的政治建设作为党的根本性建设　为党不断从胜利走向胜利提供重要保证》，《人民日报》2018 年 7 月 1 日第 1 版。

② 同上。

大优势是中国共产党领导，党是最高政治领导力量。这是习近平新时代中国特色社会主义思想中"八个明确"核心内容之一。要按照新时代党的建设总要求，坚持和加强党的全面领导，以党的政治建设为统领。加强党的领导的最高原则，党的政治建设的核心问题，就是维护习近平同志在党中央在全党的核心地位，维护党中央权威和集中统一领导。只有这样，才能把全党8800多万名党员和440多万个基层党组织牢固凝聚起来，进而把全国各族人民紧密团结起来，形成团结奋斗的磅礴力量，勠力同心实现中华民族的伟大复兴。

三是严肃党内政治生活，涵养政治生态。严肃认真的党内政治生活、健康洁净的党内政治生态，是党的优良作风的生成土壤，是党的旺盛生机的动力源泉，是保持党的先进性纯洁性、提高党的创造力凝聚力战斗力的重要条件，是党团结带领全国各族人民完成历史使命的有力保障，是我们党区别于其他非马克思主义政党的鲜明标志。各级党组织和党员干部要尊崇党章，严格执行新形势下党内政治生活若干准则，着力增强党内政治生活的政治性、时代性、原则性、战斗性，营造风清气正的良好政治生态。围绕坚持党的政治路线、思想路线、组织路线、群众路线，坚持和完善民主集中制、严格党的组织生活等重点内容，集中解决好突出问题。通过严肃认真的党内政治生活，使广大党员干部坚守真理、坚守正道、坚守原则、坚守规矩，让党内正能量充沛，让歪风邪气无所遁形，实现干部清正、政府清廉、政治清明，营造和涵养风清气正的政治生态。

四是提升政治素质，提高政治能力。习近平总书记明确指出，政治能力就是把握方向、把握大势、把握全局的能力，就是辨别政治是非、保持政治定力、驾驭政治局面、防范政治风险的能力。广大党员干部要牢固树立政治理想，正确把握政治方向，坚定站稳政治立场，严格遵守政治纪律，加强政治历练，积累政治经验，自觉把讲政治贯穿于党性锻炼全过程。要把对党忠诚、为党分忧、为党尽职、为民造福作为根本政治担当,永葆共产党人政治本色。用习近平新时代中国特色社会主义思想武装头脑、指导实践、推动工作,不断增强学习本领、政治领导本领、改革创新本领、科学发展本领、依法执政本领、群众工作本领、狠抓落实本领、驾驭风险本领。既要政治过硬,也要本领高强,切实担负起党和人民赋予的政治责任。

坚持以伟大自我革命引领伟大社会革命[*]

习近平总书记在党的十九届中央纪委四次全会上全面总结党的十八大以来全面从严治党的历史性、开创性成就和主要的、基本的经验，深刻阐释新时代全面从严治党对于保证党和国家长治久安、实现中华民族伟大复兴的重要意义，对坚持以伟大自我革命引领伟大社会革命、推动全面从严治党纵深发展指明方向、做出新的部署，丰富发展了马克思主义政党建设理论，是新时代协同推进"两个革命"、推动全面从严治党向纵深发展的科学指南。

全面从严治党是新时代的伟大自我革命

以全面从严治党的巨大勇气和显著成效彰显马克思主义政党自我革命的鲜明品格。马克思主义政党勇于自我批评、勇于自我革命是其成熟强大的内在动力，是区别于其他政党的根本标志，是推动伟大事业不断发展的制胜法宝。正如恩格斯曾经讲的那样，"这样无情的自我批评引起了敌人极大的惊愕，并使他们产生这样一种感觉：一个能够这样做的党该具有多么大的内在力量啊！"列宁也说过：

---

[*] 本文发表于《中国纪检监察报》2020年4月23日。

"自我批评对于一个富有活力、朝气蓬勃的政党来说是绝对必要的。"中国共产党就是在不断自我批评、自我革命中发展壮大从而富有蓬勃生命力、强大战斗力的伟大马克思主义政党。毛泽东同志就指出:"有无认真的自我批评,也是我们和其他政党互相区别的显著的标志之一。"以习近平同志为主要代表的新时代中国共产党人,彻底践行马克思主义政党勇于自我革命的品格,以刀刃向内、壮士断腕的勇气和决心推进全面从严治党、进行伟大自我革命。习近平总书记指出:"中国共产党的伟大不在于不犯错误,而在于从不讳疾忌医,敢于直面问题,勇于自我革命,具有极强的自我修复能力。"以习近平同志为核心的党中央将全面从严治党纳入"四个全面"战略布局,实现治党与治国的有机融合,推动新时代全面从严治党取得了历史性、开创性成就,产生了全方位、深层次影响,以自我革命的显著成效开创了我们党近百年历史上前所未有的管党治党新局面。

把管党治党上升到自我革命的高度来践行,在马克思政党建设史上是一个重大贡献。党的十八大以来,习近平总书记明确提出并反复强调党要勇于自我革命,坚持问题导向,号召"全党要以自我革命的政治勇气,着力解决党自身存在的突出问题"。他提出"发扬将革命进行到底精神的问题",认为对于长期执政的马克思主义政党来说,"如何保持革命精神是一个重大而又必须解决好的问题"。发扬革命精神,首要的就是自我革命。他深刻总结我们党建设的历史经验,指出我们党"始终保持了自我革命的精神,保持了承认并改正错误的勇气,一次次拿起手术刀来革除自身的病症,一次次靠自己解决了自身问题"。这种能力既是我们党区别于世界上其他政党的显著标志,也是我们党长盛不衰的重要原因所在。通过自我革命找到跳出"其兴也勃、其亡也忽"的历史周期率,既有力回应了那种认为"一党执政无法解决自身问题"的所谓"悖论",又创造性回答了马克思主义政党长期执政条件下始终不变质、永远保持先进性和纯洁性的重大问题。这极大丰富了马克思主义执政党建设理论与实践,是新时代中国共产党人的伟大创举。

协同推进新时代"两个伟大革命"

始终保持马克思主义政党的革命性，发扬将革命进行到底的精神，要求坚持伟大工程与伟大事业的统一。习近平总书记指出："我们党不仅能够领导人民进行伟大的社会革命，而且能够领导全党进行伟大的自我革命。"协同推进全面从严治党的伟大自我革命、坚持和发展中国特色社会主义事业的伟大社会革命，必须以党的自我革命来推动党领导人民进行的伟大社会革命。习近平总书记在党的十九届中央纪委四次全会上的重要讲话中高度概括了"坚持以伟大自我革命引领伟大社会革命"的重要经验，为协同推进新时代"两个伟大革命"的伟大实践指明了方向。

进行自我革命是新时代党领导人民进行伟大社会革命的重要法宝，也是继续推进党的建设新的伟大工程的迫切的、必然的要求。新时代中国特色社会主义是我们党领导人民进行伟大社会革命的成果，也是我们党领导人民进行伟大社会革命的继续。要把这场伟大社会革命进行好，我们党必须勇于进行自我革命，充分发挥好伟大自我革命的引领作用、推动作用、保障作用。最为重要的，是使我们党在领导伟大社会革命中必须自身始终过硬。习近平总书记深刻阐释说："怎样才算过硬，就是要敢于进行自我革命，敢于刀刃向内，敢于刮骨疗伤，敢于壮士断腕，防止祸起萧墙。这就是为什么我们党要不断进行自我革命的根本意义所在。"[①] 具体地讲，必须以勇于自我革命的精神打造和锤炼自己，始终保持党的先进性和纯洁性，始终走在时代前列、成为中国人民和中华民族的主心骨，成为中国特色社会主义事业的坚强领导核心。自我革命就是在我们党面

---

① 《推进党的建设新的伟大工程要一以贯之》，《人民日报》2019年10月3日第1版。

临的挑战和风险日益复杂,"四大考验""四种危险"更加严峻的情况下,实现自我净化、自我完善、自我革新、自我提高,在革故鼎新、守正出新中实现自身跨越。伟大社会革命和伟大自我革命如同鸟之两翼、车之双轮,两者有机统一于党领导的坚持和发展新时代中国特色社会主义、实现中华民族伟大复兴的实践中。

推动党的自我革命不断向纵深发展

革命只有进行时,没有休止符。全面从严治党永远在路上,新时代党的自我革命面临着更加艰巨复杂的任务。面对世情国情党情的深刻变化,面对世界百年未有之大变局,面临的风险和考验更加严峻复杂。在这种情况下,"有没有强烈的自我革命精神,有没有自我净化的过硬特质,能不能坚持不懈同自身存在的问题和错误做斗争,是成为决定党兴衰成败的关键因素"。必须以永不停顿的自我革命,引领新时代伟大社会革命,不断推动党的自我革命向纵深发展,引领伟大社会革命取得新的胜利。

一是坚持以党的创新理论指引自我革命深入开展。习近平新时代中国特色社会主义思想是当代中国马克思主义、二十一世纪马克思主义,为新时代党的建设提供了强大思想理论武器。只有深入学习贯彻这一伟大思想,学深悟透、融会贯通、自觉践行,才能真正理解把握自我革命的根本性质、深刻内涵、现实意义和实践要求,才能增强贯彻落实的自觉性和坚定性。要坚持不懈地用习近平新时代中国特色社会主义思想武装头脑、指导实践、推动工作,把党的创新理论转化为推动自我革命向纵深发展的正确方向、强大动力、卓著成效。

二是进一步巩固发展反腐败斗争胜利成果。腐败是社会毒瘤,是我们党面临的最大威胁,是社会革命事业向前发展的最大阻碍,是自我革命的最艰巨任务。党的十八大以来,我们党坚定不移开展反腐败斗争，坚持无禁区、全覆盖、零容忍，一体推进不敢腐、不能腐、不想腐，反腐败斗争已经取得压倒性胜利。但是我们看到，同党和国家事业发展要求相比，同新时代全面从严治党的要求相比，同广大人民群众的期待要求相比，反腐败斗争只能加强、不能放松。况且，反腐败面临的形势依然严峻复杂，腐败的种类、形式、手法等也有许多变化。要清醒认识腐蚀和反腐蚀斗争的严峻性、复杂性，认识反腐败斗争的长期性、艰巨性，切实增强防范风险意识，反腐败工作决不松劲停步，必须与时俱进、久久为功，持续深化标本兼治，集中查处严重阻碍党的理论和路线方针政策贯彻执行、严重损害党的执政根基的腐败问题，集中整治广大群众反映强烈的突出问题，进一步巩固扩大反腐败压倒性胜利成果，切实提高治理腐败效能。

三是坚持完善和全面落实全面从严治党制度。党的十九届四中全会的重大部署中，对坚持和完善党的领导制度体系、党和国家监督体系、强化对权力运行的制约和监督等都做出重大制度安排，把全面从严治党制度作为党的领导制度的重要组成部分，纳入中国特色社会主义制度和国家治理体系中进行全面部署，为推动全面从严治党向纵深发展提供了基本遵循。要坚持制度治党、依规治党，建立健全以党的政治建设为统领、全面推进党的各方面建设的体制机制，健全党管干部、选贤任能制度和解决党自身问题的长效机制，完善和落实党内政治生活制度规定，狠抓全面从严治党制度的执行，加强制度执行的监督，扎牢制度篱笆，真正让禁令生威、让铁规发力。

四是构建一套行之有效的权力监督制度和执纪执法体系。健全党统一领导、全面覆盖、权威高效的党和国家监督体系，在党中央统一领导下，把党委（党组）全面监督、纪委监委专责监督、党的工作部门职能监督、党的基层组织日常监督、党员民主监督等有机结合，推动人大监督、民主监督、行政监督、司法监督、群众监督、舆论监督等各种形式监督有机贯通、相互协调，推进权力运行法治化，消除权力监督的真空地带，压缩权力行使的任性空间。同时要强化监督执纪，及时发现和查处依法履职、秉公用权、廉洁从政从业以及道德操守等方面的问题，形成执行坚决、监督有力的执纪执法机制。坚持制度创新，持续推进纪检监察体制改革，继续健全制度、完善体系，使纪检监察体系融入党的领导体制，融入国家治理体系。

在推进"两个伟大革命"中践行党的执政使命[*]

中国共产党作为百年大党,已在全国执政70多年。近百年波澜壮阔的历史,就是我们党领导中国人民为实现中华民族伟大复兴不懈奋斗的历史。一代人有一代人的使命,一代人又接着一代人持续奋斗。在不同历史时期,历史使命始终如一,而党面临的历史任务、阶段目标、具体使命又有不同。我们党经历革命、建设、改革不同时期,追求实现民族独立、人民解放,国家富强、人民幸福,中华民族迎来了从站起来、富起来到强起来的历史性飞跃。新时代,以习近平同志为主要代表的中国共产党人为中国人民谋幸福、为中华民族谋复兴、为世界谋大同,彰显了中国共产党执政使命的丰富内容和鲜明特征。百年大党要保持朝气蓬勃,实现长期执政,就要在新时代的新征程中坚定地践行执政使命,谱写中华民族伟大复兴的崭新篇章。

---

[*] 本文发表于《中国党政干部论坛》2020年第6期。

新时代中国共产党执政使命的时代内涵和鲜明特征

顾名思义，一个政党的使命就是党的奋斗目标以及党的纲领、任务、战略的实际表达。马克思主义政党的使命是其性质宗旨、理想信念、奋斗目标的集中体现，也是永葆先进性、革命性、战斗力、生命力的重要支撑。近百年来，中国共产党高度自觉地确立使命、英勇顽强地践行使命、无比自信地实现使命，带领中国人民创造了一个又一个伟大奇迹，自身也成为世界上的大党强党。正如习近平总书记指出的，"回顾党的历史，为什么我们党在那么弱小的情况下能够逐步发展壮大起来，在腥风血雨中能够一次次绝境重生，在攻坚克难中能够不断从胜利走向胜利，根本原因就在于不管是处于顺境还是逆境，我们党始终坚守为中国人民谋幸福、为中华民族谋复兴这个初心和使命，义无反顾向着这个目标前进，从而赢得了人民衷心拥护和坚定支持"。[①] 今天，百年大党恰是风华正茂，千秋伟业迎来光明前景。

一个时代有一个时代的问题，一代人有一代人的使命。新时代中国共产党的执政使命，既是百年追求实现的历史使命的继续，又具有与时俱进的鲜明特征。中国特色社会主义新时代，党的执政使命就是在全面建成小康社会的基础上全面建成社会主义现代化强国，实现中华民族伟大复兴的中国梦。中国共产党带领中国人民接过历史的接力棒，顽强奋斗，不懈奋斗，实现人民幸福、国家富强、民族复兴，使中华民族更加坚强有力地自立于世界民族之林，为人类作出新的更大贡献。从这个意义上说，新时代我们党的执政使命就

[①] 《习近平关于"不忘初心、牢记使命"论述摘编》，党建读物出版社、中央文献出版社2019年版，第20页。

是"三为三谋"：为人民谋幸福、为民族谋复兴、为世界谋大同。它体现了理想与现实、理论与实践、中国与世界的有机统一，具有重要的鲜明特征。

新时代党的执政使命，统一于"四个伟大"的实践中。习近平总书记在党的十九大报告中明确阐述了新时代中国共产党的历史使命，并用实现中华民族伟大复兴这个伟大梦想把"四个伟大"贯穿起来，形成一个紧密联系、相互贯通、相互作用的有机整体，贯穿于新时代党和国家事业的全部实践中。实现历史使命，必须进行伟大斗争，针对的主要是党在实现新时代历史使命过程中面临的各种风险挑战，特别是那些可能迟滞或中断中华民族伟大复兴进程的全局性风险；必须推进伟大工程，党的建设新的伟大工程起决定性作用，是实现新时代历史使命的根本政治保证；必须推进伟大事业，中国特色社会主义道路是实现民族复兴的必由之路，要把共产主义远大理想同中国特色社会主义共同理想统一起来。

新时代党的执政使命，熔铸于中国与世界的密切联系中。新时代，我国日益走近世界舞台中央。百年大党实现执政使命，不仅创造了中国发展奇迹，也使中国与世界的关系发生历史性变化。党的十九大报告不仅明确了新时代党的历史使命，而且提出庄严承诺："中国共产党是为中国人民谋幸福的政党，也是为人类进步事业而奋斗的政党。中国共产党始终把为人类作出新的更大贡献作为自己的使命。"2018年4月8日，习近平总书记在会见联合国秘书长古特雷斯时指出："我们所做的一切都是为人民谋幸福，为民族谋复兴，为世界谋大同。"这是统筹世界百年未有之大变局和中华民族伟大复兴战略全局的"两个大局"，对党的历史使命的精辟概括和丰富发展。推动构建人类命运共同体，是我们党为人类对更好社会制度的探索提供中国方案，为应对人类共同挑战、解决共同问题提供中国智慧。因而，为世界谋大同、为人类作贡献，也是新时代党的执政使命的题中之义。

新时代党的执政使命，践行于"行百里者半九十"的艰苦奋斗中。一方面，我们发展处于较好的历史机遇期和战略机遇期，"今天，我们比历史上任何时期都更接近、更有信心和能力实现中华民族伟大复兴的目标"①；另一方面，"中华民族伟大复兴，绝不是轻轻松松、敲锣打鼓就能实现的"②。新时代使命更光荣、任务更艰巨、挑战更严峻、工作更伟大。"我们现在所处的，是一个船到中流浪更急、人到半山路更陡的时候，是一个愈进愈难、愈进愈险而又不进则退、非进不可的时候。"③ 实现伟大的理想，没有平坦的大道可走，还有许多"雪山""草地"需要跨越，还有许多"娄山关""腊子口"需要征服，一切贪图安逸、不愿继续艰苦奋斗的想法都是要不得的，一切骄傲自满、不愿继续开拓前进的想法都是要不得的。艰苦奋斗、不懈奋斗贯穿于实现民族复兴使命的全过程。

实现党的执政使命，共同推进"两个伟大革命"

近百年来我们党实现中华民族伟大复兴历史使命的过程，就是领导人民接续推进伟大社会革命的过程，同时也是不断加强党的自身建设、不断进行自我革命的过程。习近平总书记在十九届中央政治局常委同中外记者见面时指出，实践充分证明，中国共产党能够带领人民进行伟大的社会革命，也能够进行伟大的自我革命。新时代，"两个伟大革命"相互促进、相辅相成，是有机统一的整体。开新局于伟大的社会革命，强体魄于伟大的自我革命，坚持以伟大自我革命引领伟大社会革命，是新时代伟大实践的显著标志，也是实

---

① 《中国共产党第十九次全国代表大会文件汇编》，人民出版社2017年版，第12页。

② 同上。

③ 习近平：《论坚持全面深化改革》，中央文献出版社2018年版，第524页。

现党的执政使命的必然要求和根本途径。"两个伟大革命"如同鸟之两翼、车之双轮，有机统一于实现中华民族伟大复兴的实践中。

实现党的执政使命，共同推进"两个伟大革命"，百年大党面临的任务和挑战更加艰巨。习近平总书记强调，新时代推进党的长期执政能力建设，必须发扬勇于自我革命精神，担当起领导伟大社会革命的责任。百年来，我们党从革命时期局部范围执政到革命胜利后实现全国执政，从不断巩固执政地位再到实现长期执政，随着党的历史方位的转变，随着形势和任务的变化，党的奋斗目标和纲领政策、执政方略不断与时俱进，党的执政使命具有鲜明的时代性、现实性、全局性、长远性。

从进行伟大社会革命来看，百年来，我们党领导人民进行的新民主主义革命、社会主义革命、改革开放"第二次革命"，都是不同历史时期伟大社会革命的重要组成部分。"新时代中国特色社会主义是我们党领导人民进行伟大社会革命的成果，也是我们党领导人民进行伟大社会革命的继续，必须一以贯之进行下去。"① 我们党形成了从全面建成小康社会到基本实现现代化，再到全面建成社会主义现代化强国的战略安排，发出了实现中华民族伟大复兴中国梦的最强音。百年来，建立中国共产党、成立中华人民共和国、推进改革开放和中国特色社会主义事业、全面建成小康社会和全面建设社会主义现代化强国，是实现中华民族伟大复兴的四大里程碑。在百年进程中，中国共产党人能不能打胜仗，新中国的成立已经说明了；中国共产党人能不能搞建设搞发展，改革开放的推进也已经说明了；但是，能不能在日益复杂的国际国内环境下坚持党的领导，坚持和发展中国特色社会主义，还需要一代又一代中国共产党人继续作出回答。践行党的执政使命，接续推进伟大社会革命，就要把不忘初心、牢记使命作为加强党的建设的永恒课题，作为全体党员干部的

---

① 《习近平关于"不忘初心、牢记使命"论述摘编》，党建读物出版社、中央文献出版社2019年版，第37页。

终身课题。

从进行伟大自我革命来看,百年来,自我革命是我们党带领人民取得伟大革命胜利的根本保证。习近平总书记指出:"党的初心和使命是党的性质宗旨、理想信念、奋斗目标的集中体现,越是长期执政,越不能丢掉马克思主义政党的本色,越不能忘记党的初心使命,越不能丧失自我革命精神。"① 新时代,要把坚持和发展新时代中国特色社会主义、建成社会主义现代化强国这场伟大社会革命进行好,我们党必须勇于进行自我革命,充分发挥好引领作用、推动作用、保障作用。最为重要的,是使我们党在领导伟大社会革命中必须自身始终过硬。习近平总书记曾告诫全党,我们党作为世界第一大党,处在执政地位、掌控执政资源,很容易在执政业绩光环照耀下,陷入"革别人命容易,革自己命难"的境地。"没有什么外力能够打倒我们,能够打倒我们的只有我们自己。前途命运都掌握在自己手上。"② 中国共产党作为中华民族伟大复兴的领航者,必须保持自我革命的决心和意志,以勇于自我革命精神打造和锤炼自己,始终保持党的先进性和纯洁性,保持永不自满、永不懈怠的品格,在面临的挑战和风险日益复杂、更加严峻的情况下,不断实现自我净化、自我完善、自我革新、自我提高,在革故鼎新、守正出新中实现自身跨越。

越是长期执政,越不能忘记初心使命

坚守笃行执政使命,驰而不息践行目标,是中国共产党实现长期执政的必然要求。习近平总书记反复警醒全党:"越是长期执政,越不能丢掉马克思主义政党的本色,越不能忘记党的初心使命,越

---

① 习近平:《牢记初心使命,推进自我革命》,《求是》2019 年第 15 期。
② 习近平:《论坚持全面深化改革》,中央文献出版社 2018 年版,第 327 页。

不能丧失自我革命精神。"① 初心不会自然保质保鲜，使命也不会自然一劳永逸。忘记初心和使命，党就会改变性质、改变颜色，就会失去人民、失去未来。新时代，围绕长期执政确立任务和践行使命，是我们党面临的最直接、最突出、最迫切的问题。牢记初心使命，防止走着走着就"忘记为什么要出发、要到哪里去"和"走散了、走丢了"的情况发生。习近平总书记指出："只有不忘初心，牢记使命、永远奋斗，才能让中国共产党永远年轻。"② 我们党作为百年大党，如何永葆先进性和纯洁性、永葆青春活力，如何永远得到人民拥护和支持，如何实现长期执政，是我们必须回答好、解决好的一个根本性问题。

牢记初心使命，践行新时代执政使命，必须以习近平新时代中国特色社会主义思想为指导。这一伟大思想，正是在中华民族迎来从站起来、富起来到强起来的伟大飞跃中创立并不断发展的，是当代中国马克思主义、二十一世纪马克思主义。为人民谋幸福、为民族谋复兴、为世界谋大同，是习近平新时代中国特色社会主义思想的金钥匙。在当代中国，只有这一伟大思想而没有什么别的思想理论能够指引实现中华民族伟大复兴。这一伟大思想，系统回答了新时代坚持和发展中国特色社会主义的一系列重大理论和实践问题；承载弘扬中国共产党百年历史使命，擘画实现中华民族伟大中国梦的宏伟蓝图；洞察时代风云，把握世界发展大势，提出并积极构建人类命运共同体，指引具有百年历史的中国共产党和日益走近世界舞台中央的中国为人类作出新的更大贡献。

牢记初心使命，践行新时代执政使命，要求在统揽"四个伟大"、推进"两个伟大革命"中，始终坚持党对一切工作的领导，增强"四个意识"，坚定"四个自信"，做到"两个维护"，确保党

---

① 习近平：《牢记初心使命，推进自我革命》，《求是》2019 年第 15 期。
② 《习近平关于"不忘初心、牢记使命"论述摘编》，党建读物出版社、中央文献出版社 2019 年版，第 239 页。

始终走在时代前列、成为中国人民和中华民族的主心骨，成为实现民族复兴大业的坚强领导核心；始终坚持以人民为中心的根本立场，贯彻全心全意为人民服务的根本宗旨，尊重人民主体地位和首创精神，凝聚起众志成城的磅礴力量，团结带领人民共创历史伟业；始终坚持改革开放，继续用好决定实现"两个一百年"奋斗目标、实现中华民族伟大复兴的"关键一招"，使改革开放成为当代中国最显著的特征、最壮丽的气象；始终坚持自我革命，全面从严治党，保持和巩固反腐败斗争压倒性胜利，使我们党永不变质、永不变色，不断加强党的长期执政能力建设，不断提高领导水平；始终发扬革命精神，反对安于现状、不思进取、不敢斗争、贪图享乐，保持过去革命战争时期的那么一股劲、那么一股革命热情、那么一种拼命精神，把革命进行到底，开辟实现中华民族伟大复兴的崭新天地。

将新时代党的伟大自我革命进行到底*

近期出版的《习近平谈治国理政》第三卷，以一系列具有原创性、时代性、指导性的重大思想观点，进一步丰富和发展了党的理论创新成果，是一部闪耀着马克思主义真理光芒的纲领性文献。这部著作贯穿弘扬马克思主义政党自我革命精神，创造性回答了在新时代"什么是自我革命、怎样进行自我革命"的重大课题，全面深入阐述了持续推进和不断深化党的自我革命的重大意义、指导原则、时代内涵、基本方略、主要问题、重要途径和科学方法，进一步深化了对共产党执政规律的认识，丰富发展了马克思主义政党建设理论，是广大党员、干部不忘初心、牢记使命，坚持不懈把党的自我革命推向深入的根本遵循。

以不断深化自我革命
持续推进不忘初心、牢记使命

牢记初心使命，推进自我革命，两者是紧密联系、相互作用、相辅相成的。崇高理想、光荣使命是推进党的自我革命的前进方向和不懈动力；勇于和善于自我革命，是我们党不断走向成熟的重要

---

* 本文发表于《人民日报》2020年8月6日。

标志，也是共产党员做到不忘初心、牢记使命的内在力量和自觉行动。习近平总书记指出："我们党作为百年大党，要始终得到人民拥护和支持，书写中华民族千秋伟业，必须始终牢记初心和使命。"面对新的世情国情党情，面对前所未有的考验和挑战，做到不忘初心、牢记使命，并不是一件容易的事情，必须具有强烈的自我革命精神。

牢记和践行初心使命，需要通过不断推进自我革命来保持党的先进性和纯洁性。这是我们党近百年来加强自身建设的一条基本经验。毛泽东同志在革命时期讲过，以中国最广大人民的最大利益为出发点的中国共产党人，随时准备拿出自己的生命去殉我们的事业，"难道还有什么不适合人民需要的思想、观点、意见、办法，舍不得丢掉的吗？难道我们还欢迎任何政治的灰尘、政治的微生物来玷污我们的清洁的面貌和侵蚀我们的健全的肌体吗？"近百年来，从石库门到天安门，从兴业路到复兴路，党的初心使命始终坚守不移，党的自我革命持续推进。强大的政党是在自我革命中锻造出来的。习近平总书记指出："回顾党的历史，我们党总是在推动社会革命的同时，勇于推动自我革命，始终坚持真理、修正错误，敢于正视问题、克服缺点，勇于刮骨疗毒、去腐生肌。正因为我们党始终坚持这样做，才能够在危难之际绝处逢生、失误之后拨乱反正，成为永远打不倒、压不垮的马克思主义政党。"

牢记和践行初心使命，必须以正视问题的勇气和刀刃向内的自觉不断推进自我革命。由其阶级性、人民性所决定，马克思主义政党"没有任何同整个无产阶级的利益不同的利益"，它领导的运动"是绝大多数人的，为绝大多数人谋利益的独立的运动"。中国共产党除了国家、民族、人民的利益，没有任何自己的特殊利益。唯有这样的党，才能克服其他政党不能克服的阶级局限和利益局限，而具有无可比拟的先进性；才能直面自己的缺点错误、毫不留情批评自己、绝不容忍内部腐败分子，而具有无可比拟的纯洁性。习近平总书记指出："中国共产党的伟大不在于不犯错误，而在于从不讳疾忌医，敢于直面问题，勇于自我革命，具有极强的自我修复能力。"

新时代党的自我革命任重而道远，必须以刀刃向内、刮骨疗毒的自觉和勇气强化"四个自我"，既要施药动刀，又要固本培元，不断纯洁党的队伍，坚决保证党的肌体健康。

越是长期执政，越不能丧失自我革命精神

习近平总书记指出："越是长期执政，越不能丢掉马克思主义政党的本色，越不能忘记党的初心使命，越不能丧失自我革命精神。"这是着眼于百年大党面临的最直接、最突出、最迫切的问题而提出的谆谆告诫和明确要求。党的执政地位不是与生俱来的，是历史的选择、人民的选择。党的执政地位也不是一劳永逸、一成不变的。"我们党作为百年大党，如何永葆先进性和纯洁性、永葆青春活力，如何永远得到人民拥护和支持，如何实现长期执政，是我们必须回答好、解决好的一个根本性问题。"习近平总书记深刻总结我们党的建设的历史经验，指出我们党"始终保持了自我革命精神，保持了承认并改正错误的勇气，一次次拿起手术刀来革除自身的病症，一次次靠自己解决了自身问题。"这种能力既是我们党区别于世界上其他政党的显著标志，也是我们党长盛不衰的重要原因。

实现长期执政，关键是通过自我革命成功跳出历史周期率。新民主主义革命时期，毛泽东同志回答如何跳出历史周期率、提出"民主新路"，思考的是革命胜利以后将在全国执政的中国共产党如何不变质、如何依靠人民监督来实现长期执政的问题。这条"民主新路"，贯穿于此后革命、建设、改革的整个过程，随着党所处历史方位的转变，其内容和形式不断丰富。从实现全国执政到巩固执政地位，再到确保长期执政，如何跳出历史周期率的问题越来越突出和迫切。党的十八大以来，以习近平同志为核心的党中央以自我革命的精神推进全面从严治党，不断提高党的执政能力和领导水平，不断增强党自我净化、自我完善、自我革新、自我提高的能力，探

索出一条长期执政条件下解决自身问题、跳出历史周期率的成功道路。从延安时期的"民主新路",到社会主义建设和改革时期持续加强党的先进性建设和执政能力建设,再到新时代全面从严治党的伟大自我革命,这一历程凝聚了几代中国共产党人的不懈奋斗和孜孜求索。我们党要跳出历史周期率,关键是不能丧失自我革命精神,要不断把党的自我革命推向深入,这样才能在不断解决问题中实现自我超越,永葆我们党的先进性和纯洁性。

实现长期执政,持续推进自我革命,对于百年大党来说越来越具有严峻性、艰巨性和迫切性。新时代,形势环境变化之快、改革发展稳定任务之重、矛盾风险挑战之多、对我们党治国理政考验之大前所未有。在这种情况下,"有没有强烈的自我革命精神,有没有自我净化的过硬特质,能不能坚持不懈同自身存在的问题和错误作斗争,就成为决定党兴衰成败的关键因素"。民族复兴梦想越接近实现,改革发展稳定任务越繁重,越要加强党的建设,在新时代把党的自我革命不断推向深入。

坚持以伟大自我革命引领伟大社会革命

习近平总书记在十九届中央政治局常委同中外记者见面时指出:"实践充分证明,中国共产党能够带领人民进行伟大的社会革命,也能够进行伟大的自我革命。"习近平总书记指出:"我们党总是在推动社会革命的同时,勇于推动自我革命。"在党的十九届中央纪委四次全会上,习近平总书记深刻总结新时代全面从严治党的历史性成就,高度概括了党的十八大以来"坚持以伟大自我革命引领伟大社会革命"的重要经验。新时代"两个伟大革命"相互促进、相辅相成,有机统一于实现中华民族伟大复兴的实践中。我们党开新局于伟大的社会革命,强体魄于伟大的自我革命,坚持以伟大自我革命引领伟大社会革命。

坚持以伟大自我革命引领伟大社会革命，关键在于我们党自身始终过硬。新时代，我们党要把坚持和发展中国特色社会主义、建成社会主义现代化强国这场伟大社会革命进行好，必须勇于进行自我革命。我们党作为世界第一大党，处在执政地位、掌控执政资源，很容易在执政业绩光环的照耀下，陷入"革别人命容易，革自己命难"的境地。习近平总书记强调："没有什么外力能够打倒我们，能够打倒我们的只有我们自己。前途命运都掌握在自己手上。"必须以自我革命的决心和意志打造和锤炼自己，始终保持党的先进性和纯洁性，保持永不自满、永不懈怠的品格，不断实现自我净化、自我完善、自我革新、自我提高，在革故鼎新、守正出新中实现自身跨越。

坚持以伟大自我革命引领伟大社会革命，必须发扬斗争精神和革命精神。习近平总书记指出，对于长期执政的马克思主义政党来说，"如何始终保持革命精神是一个十分重大而又必须解决好的课题"。在新时代，我们党领导人民进行伟大社会革命，涵盖领域的广泛性、触及利益格局调整的深刻性、涉及矛盾和问题的尖锐性、突破体制机制障碍的艰巨性、进行伟大斗争形势的复杂性，都是前所未有的。越是接近民族复兴越不会一帆风顺，越充满挑战乃至惊涛骇浪。必须安不忘危、存不忘亡、乐不忘忧，时刻保持警惕，不断振奋精神，勇于进行具有许多新的历史特点的伟大斗争。习近平总书记明确要求："我们必须增强忧患意识、责任意识，把党的伟大自我革命进行到底。"

着力解决党自身存在的突出问题，不断把自我革命推向深入

党的十八大以来，我们党推动全面从严治党取得显著成效，自我革命不断深化，党的建设更加坚强有力。与此同时，党面临的

"四大考验""四种危险"是长期的、尖锐的，影响党的先进性、弱化党的纯洁性的因素也是复杂的，党内存在的思想不纯、政治不纯、组织不纯、作风不纯等突出问题尚未得到根本解决，一些老问题反弹回潮的因素依然存在，实践中还出现了一些新情况新问题。习近平总书记指出："严重的问题不是存在问题，而是不愿不敢直面问题、不想不去解决问题。"习近平总书记明确要求："全党要以自我革命的政治勇气，着力解决党自身存在的突出问题。"

深入学习习近平新时代中国特色社会主义思想，加强思想建党和理论强党。马克思主义政党的先进性，首先体现为思想理论上的先进性。从延安整风运动以来，我们党开展历次集中教育活动，都是以思想教育打头。习近平新时代中国特色社会主义思想是当代中国马克思主义、二十一世纪马克思主义，是新时代推进党的自我革命的强大思想武器。只有学深悟透、融会贯通、自觉践行，才能真正把握推进党的自我革命的根本性质、深刻内涵、现实意义和实践要求，才能增强贯彻落实的自觉性和坚定性。要着力解决学习不深入、思想不统一、行动跟不上的问题，通过学习，坚定理想信念，掌握贯穿其中的马克思主义立场观点方法，用党的创新理论成果统一思想、统一意志、统一行动。

坚持以党的政治建设为统领，坚决维护党中央权威和集中统一领导。旗帜鲜明讲政治是马克思主义政党的显著特征。党内存在的各种问题，从根本上讲，都与政治建设软弱乏力、政治建设不严肃不健康有关。加强政治建设，必须把维护党中央权威和集中统一领导作为首要任务，不折不扣贯彻落实党中央决策部署，始终在政治立场、政治方向、政治原则、政治道路上同以习近平同志为核心的党中央保持高度一致。要严肃政治纪律和政治规矩，用严明的党纪管全党治全党，不断净化党内政治生态，不断增强"四个意识"、坚定"四个自信"、做到"两个维护"。

大力加强党的作风建设，紧扣保持党同人民群众血肉联系这个关键。坚持不懈整治"四风"，抓紧解决人民群众反映强烈的形式主义和官僚主义、干部不担当不作为、侵害群众利益等突出问题，既注重维护最广大人民根本利益和长远利益，又切实解决群众最关心最直接最现实的利益问题。锲而不舍落实中央八项规定精神，保持定力、寸步不让，防止老问题复燃、新问题萌发、小问题坐大。引导广大党员、干部坚守人民立场，坚持以人民为中心的发展思想，增进同人民群众的感情，自觉同人民想在一起、干在一起，着力解决群众的操心事、烦心事，以为民谋利、为民尽责的实际成效取信于民。

持续巩固反腐败斗争压倒性胜利，驰而不息抓好正风肃纪反腐。清醒认识腐蚀和反腐蚀斗争的严峻性、复杂性，认识反腐败斗争的长期性、艰巨性，切实增强防范风险意识，提高治理腐败效能。严肃查处和严加整治那些党的十八大以来不收敛不收手，严重阻碍党的理论和路线方针政策贯彻执行、严重损害党的执政根基的腐败问题。深刻把握党风廉政建设规律，持续贯彻一体推进不敢腐、不能腐、不想腐这个新时代全面从严治党的重要方略。以严格的执纪执法增强制度刚性，充分运用"四种形态"，通过有效处置化解存量、强化监督遏制增量，实现政治效果、纪法效果、社会效果有机统一。

完善和发展党内制度，形成全面从严治党的长效机制。坚持制度治党、依规治党，完善全面从严治党制度。健全党的领导制度体系，把党的领导落实到各领域各方面各环节。建立不忘初心、牢记使命的制度，使广大党员、干部始终做到初心如磐、使命在肩。贯彻新时代党的组织路线，健全党的组织体系，不断增强各级党组织的创造力、凝聚力、战斗力。构建一套行之有效的权力监督制度和执纪执法体系。继续健全制度、完善体系，使监督体系契合党的领导体制，融入国家治理体系。用严明的纪律维护制度，增强纪律约束力和制度执行力，维护制度权威，保障制度运行。总之，构建系统完备、科学规范、运行有效的制度体系，把全面从严治党提升到一个新水平。

深入把握科学思想方法和工作方法[*]

《习近平新时代中国特色社会主义思想学习纲要》（以下简称《纲要》）的出版，对于广大干部群众深入学习贯彻习近平新时代中国特色社会主义思想，凝聚起新时代坚持和发展中国特色社会主义的强大精神力量，起到有力推动和促进作用。《纲要》用一章篇幅围绕掌握马克思主义思想方法和工作方法展开，集中阐述了关于新时代坚持和发展中国特色社会主义的能力建设，为我们深刻把握习近平新时代中国特色社会主义思想中贯穿的马克思主义立场观点方法提供了重要辅导和指引。

思想方法和工作方法彰显格局、境界和胸怀

《纲要》集中阐发习近平新时代中国特色社会主义思想中贯穿的马克思主义思想方法和工作方法，体现习近平新时代中国特色社会主义思想的宏大气魄，有助于广大干部群众更好理解把握这一思想的基本精神、基本内容、基本要求，更好理解习近平同志的大格局、大境界、大胸怀，更好理解以习近平同志为核心的党中央顺应时代、引领时代，开创新时代中国特色社会主义发展新局面的大作为。

---

[*] 本文发表于《人民日报》2019年7月30日。

大时代需要大格局。习近平同志心里装着人民、民族、国家和世界，习近平新时代中国特色社会主义思想具有长远指导性和现实穿透力，着眼大格局、体现大智慧。格局大、眼界宽，才能勇于担当、甘于奉献。"我将无我，不负人民"，这至真至诚的话语体现习近平同志的大境界。"无我"是一种大境界，是不计得失、不谋私利，是鞠躬尽瘁、无私奉献。从"人民对美好生活的向往就是我们的奋斗目标"，到"为人民服务，担当起该担当的责任"；从"我们追求的发展是造福人民的发展"，到"人民是我们执政的最大底气"，无不彰显着人民至上的情怀，无不蕴含着以身许党许国、报党报国的境界。

大境界造就大胸怀。有了这种境界，才能全心全意爱民、贴心交心亲民、诚心诚意惠民，涵养心系人民、为民担当的博大胸怀。正因为有了这种胸怀，以习近平同志为核心的党中央才能以"不畏浮云遮望眼"的宏阔视野、"乱云飞渡仍从容"的战略定力、"千磨万击还坚劲"的意志品质，统筹推进"五位一体"总体布局，协调推进"四个全面"战略布局，团结带领全党全国各族人民进行伟大社会革命，同时进行党的伟大自我革命，坚定不移向着"两个一百年"奋斗目标和中华民族伟大复兴的中国梦奋力前行。

大格局、大境界、大胸怀成就大作为。党的十八大以来，以习近平同志为核心的党中央以巨大的政治勇气和强烈的责任担当，统揽伟大斗争、伟大工程、伟大事业、伟大梦想，提出一系列新理念新思想新战略，出台一系列重大方针政策，推出一系列重大举措，推进一系列重大工作，解决了许多长期想解决而没有解决的难题，办成了许多过去想办而没有办成的大事，推动党和国家事业取得历史性成就、发生历史性变革。回望来时路，在以习近平同志为核心的党中央坚强领导下，在习近平新时代中国特色社会主义思想指引下，我们已经取得重大成就。展望新征程，中国共产党必将带领全国各族人民在新时代创造中华民族新的更大奇迹，创造让世界刮目相看的新的更大奇迹，党和国家事业必将取得更大的成就。

坚持和发展马克思主义世界观方法论

习近平新时代中国特色社会主义思想，既坚持和运用马克思主义世界观和方法论，又在指导新时代伟大实践中丰富和发展了马克思主义世界观和方法论。

习近平同志指出："马克思主义哲学深刻揭示了客观世界特别是人类社会发展一般规律，在当今时代依然有着强大生命力，依然是指导我们共产党人前进的强大思想武器。"① 马克思主义哲学即辩证唯物主义和历史唯物主义，集中体现了马克思主义立场观点方法，是科学的世界观和方法论。只有坚持辩证唯物主义和历史唯物主义，才能不断把对中国特色社会主义建设规律的认识提高到新的水平。习近平同志运用辩证唯物主义和历史唯物主义世界观和方法论，对新时代我国社会发展的阶段性特征进行深入分析，坚持社会基本矛盾分析法，全面把握社会的基本面貌和发展方向，提出社会主要矛盾的变化是关系全局的历史性变化；坚持人民是历史创造者的观点，强调坚持以人民为中心，做到发展为了人民、发展依靠人民、发展成果由人民共享；坚持运用生产力与生产关系、经济基础与上层建筑辩证关系的原理考察当代中国的改革发展，着力推动经济高质量发展，实现物的不断丰富和人的全面发展的统一；等等。这些都创造性地丰富发展了辩证唯物主义和历史唯物主义。

习近平同志指出，面对极其复杂的国内外经济形势，面对纷繁多样的经济现象，学习马克思主义政治经济学基本原理和方法论，有利于我们掌握科学的经济分析方法，认识经济运动过程，把握社会经济发展规律，提高驾驭社会主义市场经济能力，更好回答我国

---

① 《推动全党学习和掌握历史唯物主义 更好地认识规律更加能动地推进工作》，《人民日报》2013年12月5日第1版。

经济发展的理论和实践问题，提高领导我国经济发展能力和水平。习近平同志提炼和总结我国经济发展实践的规律性成果，形成了习近平新时代中国特色社会主义经济思想。坚持走共同富裕道路、逐步实现全体人民共同富裕，发展了马克思主义关于社会主义生产本质和目的的理论；创造性提出创新、协调、绿色、开放、共享的新发展理念，创新了马克思主义发展观；创造性提出使市场在资源配置中起决定性作用和更好发挥政府作用，使社会主义市场经济体制更加完善，发展了社会主义市场经济理论；创造性提出"一带一路"倡议，深化了社会主义对外开放理论；等等。这些都丰富和发展了马克思主义政治经济学，开拓了中国特色社会主义政治经济学新境界。

新时代推进党和国家事业的强大思想武器

习近平新时代中国特色社会主义思想，坚持和发展马克思主义世界观和方法论，体现出当代中国马克思主义、二十一世纪马克思主义鲜明的理论品格和实践特色，是新时代推进党和国家事业的强大思想武器。

学懂弄通做实习近平新时代中国特色社会主义思想，要理解把握贯穿其中的科学思想方法和工作方法。党员、干部特别是领导干部要掌握马克思主义哲学这一"看家本领"，坚持实事求是，坚持从实际出发研究和解决问题，贯彻落实党的路线方针政策，在实践中检验真理和发展真理；提高科学思维能力，不断提高战略思维、历史思维、辩证思维、创新思维、法治思维和底线思维能力；毫不动摇坚持和发展中国特色社会主义，坚持稳中求进工作总基调，集中精力做好自己的事，坚定不移走和平发展道路，在复杂多变的国际环境中保持战略定力，善于审时度势、内外兼顾、趋利避害，从形势和条件的发展变化中把握方向、用好机遇、创造条件、驾驭全局。

习近平同志指出，问题是事物矛盾的表现形式，我们强调增强问题意识、坚持问题导向，就是承认矛盾的普遍性、客观性，就是要善于把认识和化解矛盾作为打开工作局面的突破口。党员、干部特别是领导干部要聚焦我国发展和我们党执政面临的重大理论和实践问题，把化解矛盾、破解难题作为打开局面的突破口，科学统筹、优先解决事关战略全局、事关长远发展、事关人民福祉的紧要问题。没有调查就没有发言权，没有调查就没有决策权。党员、干部特别是领导干部要重视调查研究。开展调查研究要务求"深、实、细、准、效"，通过扎实深入的调查研究，把事情的真相和全貌调查清楚，把问题的本质和规律把握准确，把解决问题的思路和对策研究透彻。习近平同志强调："为官一方，为政一时，当然要大胆开展工作、锐意进取，同时也要保持工作的稳定性和连续性。"一张好的蓝图，只要是科学的、切合实际的、符合人民愿望的，就要一茬一茬接着干。党员、干部特别是领导干部要发扬钉钉子精神，不折腾、不反复，切实把工作干出成效来。

掌握科学的思想方法和工作方法，一方面要向实践学习，从广大人民群众的实践中获得真知，另一方面要进行系统的理论学习。习近平同志指出："贯彻落实党的十九大精神，在新时代坚持和发展中国特色社会主义，要求全党来一个大学习。"我们党依靠学习创造了历史，更要依靠学习走向未来。只有加强学习，才能解决本领不足、本领恐慌、本领落后问题，使思想、能力、行动跟上党中央要求、跟上时代前进步伐、跟上事业发展需要。习近平新时代中国特色社会主义思想，蕴含着丰富的马克思主义思想方法和工作方法，党员、干部特别是领导干部只有认真学习和真正掌握，才能提升境界、增强本领，更好地带领广大群众干事创业。